新时代公共秩序的文化建构和实践

马立志 著

U0755226

东华大学出版社

·上海·

图书在版编目（CIP）数据

新时代公共秩序的文化建构和实践 / 马立志著 .
上海 : 东华大学出版社 , 2025. 1. -- ISBN 978-7-5669-
2485-8

Ⅰ . D631.43

中国国家版本馆 CIP 数据核字第 2025ST3062 号

新时代公共秩序的文化建构和实践
XINSHIDAI GONGGONG ZHIXU DE WENHUA JIANGOU HE SHIJIAN

责 任 编 辑　高路路
封 面 设 计　程远文化

著　　　者　马立志
出 版 发 行　东华大学出版社
　　　　　　（上海市延安西路 1882 号　邮政编码：200051）
联 系 电 话　021-62373924
营 销 中 心　021-62193056　62373056
出版社网址　http://dhupress.dhu.edu.cn/
天猫旗舰店　http://dhdx.tmall.com
印　　　刷　上海盛通时代印刷有限公司
开　　　本　787mm×1092mm　1/16　印张 12.25　字数　276 千字
版　　　次　2025 年 1 月第 1 版　　印次　2025 年 1 月第 1 次印刷
书　　　号　ISBN 978-7-5669-2485-8
定　　　价　78.00 元

目　录

第一章 导 论

第一节 选题背景与研究意义

明确新时代公共秩序文化构建及其中国实践的出场背景及意义，就是要真正搞清楚、弄明白在理论和现实中，对这一研究有了何种需要。也就是说，阐释清楚这种需要对人类文明发展而言，有何必然性和紧迫性；对中国而言，彰显中国担当有何必然性和应然性，如何为世界作出更大更多的新贡献。这是本书首先要明晰的逻辑前提，也是贯穿本书的逻辑线索。

一、选题背景

伴随历史向世界历史转变，今天人类已然真正见证并切身进入了一个这样的时代——利益交融，安危与共——人类命运共同体新时代。无论谁多么不情愿承认，但这却是无法回避的客观事实，"是完全物质的、可以通过经验证明的行动。"[1] 而且，"构建人类命运共同体成为引

---

[1] 马克思恩格斯文集：第 1 卷 [M]. 北京：人民出版社，2009：541.

领时代潮流和人类前进方向的鲜明旗帜。"① 这是新时代具有的鲜明双重性质。一方面，和平与发展仍是时代主题，世界生产力获得空前解放，我们创造了人类历史上前所未有的物质财富和精神财富。国际力量对比更趋平衡。特别是代表世界发展未来的新兴市场国家和发展中国家的群体性崛起，他们要求自身在推动全球治理体系和国际秩序变革中的代表性和发言权呼声高涨，推动着团结合作、互利共赢、共同发展的理念或愿望越来越成为国际社会共识，这在现实上加速了全球治理体系变革。同时科技迅猛发展，使得人类文明发展迎来有史以来最高水平。另一方面，全球性挑战此起彼伏，世界正经历"百年未有之大变局"。全球经济和金融危机、生态危机频发，地区冲突、恐怖主义从未休止；传统安全、非传统安全风险相互叠加、交织，"黑天鹅"和"灰犀牛"事件不时发生，世界各国深受"蝴蝶效应"和"多米诺骨牌效应"束缚，世界的不稳定性和不确定性进一步加剧，使得全球治理面临巨大挑战。在此背景下，独善其身、绝对安全已不可行，共同风险和挑战亟待各国共同应对。

而诱发全球不稳定性和不确定性的重要肇因之一，就是资本主义生产方式的全球扩展，即企图"按照他自己的面貌为自己创造出一个世界。"② 而与之相伴随的资本主义文明观和价值观也遍布于全球各个角落，表现为"文明冲突论"和"普世价值"。这是资本主义主导全球化的独特产物，也是其在全球范围内摄取私人利益，而采用的公开的、露骨的、赤裸裸的"遮羞布"和所谓的"合法性"或"合理性""理由"。

"文明冲突论"是冷战后塞缪尔·亨廷顿（Samuel P. Huntington）提出的著名论断。他指出，冷战后"全球政治开始沿着文化线被重构。"③ 不仅如此，不同文明的国家和集团间的对抗将成为常态。因为西方企图以私人利益取代共同利益的方式永恒保全其世界领导权及巩固利益。这便为美国和西方国家日后采取一切行动谋求私人利益，提供了"全球合法性"。而这种"合法性"，在马克思看来，归根结底，不过是他们"把自己的特殊利益冒充为普遍的利益"④，并不知廉耻地"把世界范围的剥削美其名曰普遍的友爱。"⑤ 所以，必然被非西方人指责为伪善、"双标"和"例外"。今天"四大赤字"的产生，与美国和西方国家在全世界推行"文明冲突论"和"普世价值"不无关系，成为威胁普遍安全的重要因子。因此，深度剖析"文明冲突论"和"普世价值"的本质，以构建一种全新的、能够反映公共利益的全球文明观和价值观就显得尤为重要。

---

① 中共中央关于党的百年奋斗重大成就和历史经验的决议 [M]. 北京：人民出版社，2021：61.

② 马克思恩格斯文集：第 2 卷 [M]. 北京：人民出版社，2009：36.

③ 亨廷顿. 文明的冲突与世界秩序的重建 [M]. 周琪，刘绯，张立平等，译. 北京：新华出版社，2009：3.

④ 马克思恩格斯全集：第 3 卷 [M]. 北京：人民出版社，1960：195.

⑤ 马克思恩格斯文集：第 1 卷 [M]. 北京：人民出版社，2009：757.

21 世纪以来，虽然伴随新兴市场国家和发展中国家的群体性崛起，特别是中国式现代化道路的成功开辟，"文明冲突论"和"普世价值"已失去绝对生存空间，但却仍然不时沉渣泛起。如单边主义、恐怖主义等未曾绝迹。这使得"人类文明向何处"去的时代命题再次被提上 21 世纪的人类议事日程。基于此，我们党站在人类文明高度，以马克思主义为指导，扎根中华优秀传统文化，借鉴人类文明有益资源，理性审视人类文明发展大势后，对多元文化何以并行不悖给出了中国方案：推动文明交流互鉴。作为新时代公共秩序文化构建的核心要义和精神实质，或文明交往新范式，它切中了"文明发展的本质要求"[①]，是对"文明冲突论"的超越。同时，我们党还为探寻人类命运共同体的价值"最大公约数"，提出了全人类共同价值，为跨越"普世价值"陷阱铺设了思考进阶和实践指向。

然而囿于文化先天异质禀赋，长期以来，西方意识形态偏见，文化霸权主义侵扰以及中国"大国弱语"现实境遇，特别是阐释技巧、传播力度乏力，削弱了当代中国价值观念国际知晓率和认同度。因而，中国方案屡遭美国和西方国家非议、诘难。在一定程度上，遮蔽了中华文化在人类命运共同体构建中的价值作用，影响了其参与全球治理的效度和实践落地效能，从而成为实现中国梦、建设文化强国以及维护国家文化安全的不利外部因素。这意味着新时代中国推动人类命运共同体文化构建当务之急，应是为讲好中国故事，传播好中国声音，让世界全面客观了解中国而探寻实践内容和突围之策。可以说，中国只有以自身行动和方案助推人类命运共同体文化构建行稳致远，才能真正不负这个前所未有、大有可为的美好新时代。

正是为了阐释人类多元文化何以并行不悖，中国在其中遵循怎样的价值理念和实践逻辑，以从文化视角夯实人类命运共同体构建的理论基础和实践效度，从而坚定和彰显中国在这一文化构建中的角色定位和大有可为，本书以"新时代公共秩序的文化建构和实践"为题，试图深入探究新时代公共秩序文化构建的丰富内涵、本质规定、资源功能、理论渊源及实现机制，并在此基础上，进一步分析中国推动人类命运共同体文化构建的必然性、可能性以及实践逻辑。

二、研究意义

作为构建新时代公共秩序的一个重要维度，廓清其文化构建的逻辑意蕴，不仅有助于在整体上把握文化在人类命运共同体中的地位和功能，而且在理论上有助于拓展马克

---

① 习近平谈治国理政：第三卷 [M]. 北京：外文出版社，2020：469.

思主义理论研究，丰富中国共产党外交思想，增强文化自信，澄清、彰显并弘扬被误解的中华文化价值；在实践上，能为积极回应"人类文明向何处去"这一命题提供致思理路；为提高人类命运共同体国际认同提供路径参考；对夯实当代中国文化软实力具有重要意义。

（一）理论意义

科学的理论意义主要表现为继承性和发展性，前者体现的是一脉相承，着重强调空穴来风的理论没有也根本不可能存在，后者体现的是时代价值，着重强调理论的当代价值即拓展性或创新性。新时代公共秩序的文化构建及中国实践作为科学理论形态莫不如此。

1. 拓展马克思主义理论研究。在更加注重通过文化推动构建新时代公共秩序，以期建设文化强国和推进特色大国外交的背景下，中国深耕新时代公共秩序文化构建是对马克思共同体思想、马克思世界历史理论、新中国以来和平外交思想、中国共产党人文化思想的继承和拓展，同时这些思想理论作为马克思主义理论的重要组成部分，对其的继承和拓展又对推动马克思主义理论整体研究具有重要意义。

2. 丰富中国共产党外交思想。高度重视并与时俱进推进中国外交事业，是中国共产党历来倾心关注的重要理论和实践课题，也是新时代中国由大变强的必然要求。回顾新中国成立以来，我们党在不同时期所创造的外交理论和积累的外交经验（如和平共处五项原则、和谐世界等），无疑为新时代加快构建新时代公共秩序提供了重要理论和实践资源。从继承性上来说，新时代公共秩序文化构建的根本方向与党的外交目标一以贯之、始终如一。从创新性上来说，新时代公共秩序文化构建，本身就是中国外交在新时代历史方位下的新思考，是对我们党外交思想的丰富和发展，而且在可预见的未来，此研究还必将成为中国乃至世界外交理论和实践研究的重大课题。

3. 增强文化自信。新时代公共秩序从理念到实践的发展历程，就是不断彰显中国文化自信的过程。文化自信既要有自我认知，致力于国内自身文化的认同，以推动国家治理和建设不断迈上新台阶，又要致力于"他者"对中国智慧和中国方案的国际认同，即打开国门不断推动其世界场域的展开，促使全球善治。这是中国坚定文化自信并促使其从"大写意"到"工笔画"的必然逻辑，同时也是中国作为新兴负责任大国必须承担的文明自觉使命。可以说，一种文明如果不能自觉地发展，其结果将是灾难性的。中国在新时代公共秩序文化构建中所主张的文明交流互鉴、新全球治理观等，就是文化自信的客观产物，也是其世界场域展开的现实景观。深入探究这一课题，能够为中国文化策略的内外融合互通，提供更多可能和现实，有助于推动形成域内外文化交流互鉴的新格局，彰显中国国家治理与全球治理的内在契合。从继承性上来看，它促使文化自信的世界场域得以持久延续，充分彰显负责任的大国形象。从创新性上来说，它为文化自信世界场域的扩容增量不断开辟道路。正如党的十九大报告指出，当前中国已经进入为人类作出更大贡献的新时代。在这样的背景下，中华文化在推动新时代公共秩序文化构建的过程中，也必然进入前所未有的新高度和新境界，而这正是坚定和增强文化自信的理论表现。

4. 澄清、彰显并弘扬被误解的中华文化价值。价值与文化紧密相联。不同国家民族的文化既有着不同的价值表现，也有着相通或相同的价值共性。对新时代公共秩序文化构建而言，其价值认同则是全人类共同价值。当前，由中国在推动新时代公共秩序建设过程中所提出的这一价值，虽然已被写入联合国文件，但由于西强东弱的国际话语格局，国际上还长期存在对当代中国价值观念持有偏见、误解、扭曲现象，更甚的还有"被屏蔽的真相、被颠倒的事实。"[①] 如直接套用"修昔底德陷阱""金德尔伯格陷阱"等西方理论解读中国理念或理论、以"中国版的马歇尔计划"解读"一带一路"倡议、以"新殖民主义论"诋毁中非合作……凡此种种，对中国在国际上的形象产生了恶劣负效应，严重阻碍着中国实践新时代公共秩序的进程。由此可见，新时代公共秩序文化构建的理论研究面临着严峻的现实考验。鉴于此，从理论和实践的互动关系中，系统梳理和准确把握新时代公共秩序文化构建的理论内涵、理论渊源以及中国境遇等，致力于提高新时代公共秩序的国际认同，为世界提供更多公共文化产品，这对于澄清、彰显并弘扬被误解的中华文化价值，从而在全球范围内进一步铸牢新时代公共秩序意识，积极践行其理念有着重要理论价值。

（二）实践意义

科学理论的自我确证必须诉诸于其积极的现实意义。这符合认识与实践原理。可以说，只要是科学理论，就一定具备指导实践的正向现实意义。与之相联系，新时代公共秩序文化构建及其中国实践作为科学理论同样具有此品质。

1. 为积极回应"人类文明向何处去"提供致思理路。世界的绚丽多彩源于多样的人类文明，人类文明的持久得益于不同文明交流互鉴。然而，回顾人类文明发展历程，长期以来，由于西方资本主义占据全球话语权，致使"文明冲突论""文明优越论"等论调曾一度被奉为"座上宾"，直至今天仍然不时沉渣泛起。进入 21 世纪，因国际力量、国际格局都发生了新变化，加之世界成为命运共同体，"人类文明向何处去"再次摆在

---

① 中共中央文献研究室. 习近平关于社会主义文化建设论述摘编 [M]. 北京：中央文献出版社，2017：199.

各国面前。站在这样的十字路口，中国立足人类高度强调"文明交流互鉴是推动人类文明进步和世界和平发展的重要动力。"[①] 为"人类文明向何处去"提供了中国方案和指明了方向。

2. 为提高新时代公共秩序国际认同提供路径参考。当前，由于中国经济实力和国际话语权出现的不同步、不协调现象，导致"西强我弱"的现实困局，加之文化天然的异质性或多样性特征所导致的互斥性，以及前文所说的阐释技巧欠佳等，降低了中国方案国际知晓率。这也就是我们党所一直强调的，当代中国价值理念不仅有时处于有理没处说、说了也传不开的被动境地，而且因偏见和误解而陷入"被骂"的尴尬境地，实践效果也随之大打折扣，极大降低了中国方案的国际知晓率和认同度，从而直接影响作为全球性议题回应之新时代公共秩序文化构建的进程。基于此，研究新时代公共秩序文化构建，要解决的一个重要问题，就是着力提高其国际认同。这对塑造当代中国良好形象大有助益，或者说他们共处同一进程。

3. 有助于夯实当代中国文化软实力。文化软实力反映了一国国际地位及其影响力。当前，中国提出人类命运共同体理念，并在各方面均取得了一定实践成效，这原本就是当代中国文化软实力增强的具体表现。但提高文化软实力要循序渐进，这与人类命运共同体文化构建过程具有高度一致性。因为从根本上来说，人类命运共同体源于中国文化，它是推进其文化构建进程的重要思想资源。可以说，中国文化软实力提高到什么程度，由中国提出的人类命运共同体文化构建的中国实践水平就会发展到什么程度，二者共处同一历史进程。也正是从这个意义上来说，深化人类命运共同体文化构建对当代中国夯实文化软实力意义重大。

第二节　国内外研究述评

人类命运共同体理念的历史性生成经历了从无到有的演进过程。伴随这一演进过程的发展，作为其重要组成部分的文化，其作用不断凸显。而国内外学术界对"人类命运共同体文化构建及其中国实践"的关注与探讨也随之不断升温。加之，文化多样化已是时代潮流。在这样的时代背景下，文化在人类命运共同体建设中的极端重要性已然不言

---

① 习近平谈治国理政：第一卷 [M]. 北京：外文出版社，2018：258.

而喻。所以，从理论和实践上廓清当前国内外学术界对这一课题的研究现状就显得尤为重要。这对深化"人类命运共同体的文化构建及其中国实践"研究意义重大。

一、国内相关研究述评

对人类命运共同体文化构建及其中国实践的研究于 21 世纪在国内学界日益兴起，尤其是进入新时代以来，党和国家对人类命运共同体的高度重视和推崇，推动了国内学界在文化领域对其展开探究，走向学术前沿。系统梳理和总结当前国内学界关于这方面研究的已有成果，既有助于深入理解和全面认识这一研究，也有利于推进其研究向纵深发展，更有利于推动对其当下研究"热"的"冷"思考。总体来讲，当前国内学者在这方面的探究，主要集中在以下几个方面。

（一）人类命运共同体与传统文化研究

一切科学理论都必然内蕴民族传统文化。这是科学理论得以从萌芽到成熟再到发展的文化基因支撑。离开了自身文化传统的理论没有也不可能具有现实土壤，因而是不存在的。人类命运共同体也是一样，有着深刻的传统文化底蕴。即是说，后者为前者的成长提供了根本的文化养分，而且，伴随理论与实践互动的成长过程，其还会产生对自身文化传统进行继承和超越的运动。关于人类命运共同体的传统文化底蕴研究，学者也主要围绕继承和超越两个方面来展开。

首先，从继承来看，这一方面研究的学者，在"和合"文化的传统文化底蕴上已经形成普遍理论共识。经由当代人类命运共同体实践，"和合"价值追求"正从理想一步步变成现实。"[1] 对此，张立文将这一文化基因深刻概括为中国传统文化的真精神和核心价值。[2] 他还将"和""合"进行了分别阐释：前者是和谐、和平之意，后者是合作之意。石书臣、张金福进一步指出，"和合"文化除了具有上述之意外，还蕴含着和衷共济、知行合一之意。这些传统文化智慧在新时代中国实践中的阐发、运用，可概括为和合之社会、国际、生态、实践等四观。这是对破解时下全球性难题作出的积极回应，并深刻回答了新型国际关系、全球治理理念变革、人类命运共同体理念由中国提出何以可行与何以可能的问题。[3]

① 陈永金，张保华.从文化自觉到人类命运共同体 [J]. 群言，2019（8）.
② 张立文.中国传统和合文化与人类命运共同体 [J]. 中国人民大学学报，2019（3）.
③ 石书臣，张金福.中华"和合"文化的当代阐发与实践 [J]. 中国特色社会主义研究，2019（4）.

与此同时，一些学者还从其他方面对人类命运共同体所蕴含的传统文化智慧进行了探究。万俊人认为："真正的政治都得'讲道德'。"这一点体现在人类命运共同体上，就是对"仁道""仁义""仁政"等传统文化智慧的赓续。"仁道"就是政治要符合天下大道，才能产生权威。①"仁""义"则可以分别阐释，"仁"是"仁者爱人""己所不欲，勿施于人"，强调反对霸权和强权；"义"是公正、合理，主张秉承正确"义利观"。②作为表达"仁政"之内涵的恒产恒心、规矩方圆、谨庠序之教，为与之相对应的经济、政治、文化命运共同体提供了价值参考坐标。③

其次，从超越来看，这一方面研究的学者，主要从两个方面对超越进行了分析：一方面，体现为传统文化中的智慧对西方文明的超越。邓玉琼认为，儒家"天下观"超越了西方文明所倡导的"民族国家""文化冲突""一己私利"，彰显了真正的人性，而人类命运共同体理念之所以能够立足整体高度被提出和实践也与之不无关系，更重要的在于，这种超越的现实性，启示我们要坚持多元一体、互学互鉴、共建共享。④李栗燕认为，超越体现在"非意识形态输出性""和合"思维以及"天人合一"生态观。另一方面，主要是指为了适应时代需要和实践要求，对传统文化中所蕴含的智慧进行创造性转化和创新性发展。⑤张静、马超指出，人类命运共同体对传统文化的超越有：平等观上，实现了从传统等级社会理想状态向当代"实然"和"应然"相一致的现实存在转变，强调各国不分大小、贫富，都要关切，理应平等、公平对待；指导观上，"超越了中华传统文化的指导观念"，既有对其合理内核的汲取，又"更多的是以马克思主义理论为指导"；交往观上，打破"中国文化中心论"，大刀阔斧推进改革开放，提出"一带一路"倡议，不断扩大"朋友圈"；发展观上，主张文明交流互鉴，超越了传统文化更多注重自身发展的封闭性；义利观上，社会主义义利观是对传统义利观的超越式解读。⑥李岁月立足方法论角度进行探究后指出，其发扬了传统文化的整体性思维方式、辩证性思维方式、创新性思维方式。⑦

① 赵宁，路强. 从文化多元论视角透视人类命运共同体的伦理价值——万俊人教授访谈录 [J]. 晋阳学刊，2019（3）.

② 马俊峰，马乔恩. 构建人类命运共同体的历史性研究 [M]. 北京：人民出版社，2019：49-50、52-53.

③ 戴兆国. 人类命运共同体与孟子仁政理想的理论关联 [J]. 学术界，2017（10）.

④ 邓玉琼. 从"兼济天下"到"人类命运共同体"——儒学视域下新型文明观的构建 [J]. 江南大学学报（人文社会科学版），2017（5）.

⑤ 李栗燕. 人类命运共同体的中国文化智慧 [J]. 前线，2018（10）.

⑥ 张静，马超. 论习近平人类命运共同体思想对中华传统文化的传承与超越 [J]. 学术论坛，2017（4）.

⑦ 李岁月. 试析人类命运共同体的传统文化意蕴 [J]. 甘肃理论学刊，2017（5）.

（二）人类命运共同体文化构建的必要性研究

现实基础体现为敏锐的现实感。人类命运共同体文化构建的现实基础研究，主要回答的是为什么，即必要性和重要性的问题。

这一方面研究的学者，普遍认为"文明冲突论"是其最大的实践基础。"民主政治价值观带来的灾难"，呼唤人类命运共同体文化构建的出场并持续走向常态化。这里所说的民主政治价值，是指一直被美国所奉为圭臬的"普世价值"。众所周知，好的民主或者真正的民主，其实然和应然状态能且只能是政治和社会平等，以确保人民真正获利。但是，当我们全面考察美国所谓的民主时，不难发现，这种平等不仅荡然无存，而且就连徒有其表也都难以达到。因为战争、动乱、危机等灾难，构成这一价值观指导下的常态产物。这给将之视为放之四海而皆准的人以耳光。基于此，张立文指出，打造人类命运共同体的新世界迫在眉睫。① 王公龙也持类似观点，他强调，要破解和消除作为"治理赤字"重要表现的"普世价值论"、西方文明优越理念，必须构建人类命运共同体。② 张学广和秦海力认为，随着现代性的展开，不同民族国家的文明之间"有着远比国家之间利益纠葛更为复杂的差异性和多样性"，这决定了文明交往必须要坚持和而不同、多样包容，而这"恰好是对人类命运负责任的表现"。③ 刘志刚认为，这一文化构建，为积极应对西方文化霸权、有效调和文明冲突而产生。④

此外，也有学者从其他方面进行了探讨，赵学琳认为，人类的文化共识日益增强、各国各民族的主体意识逐渐彰显、文化生态不均衡性更加显著、文化互鉴日益得到广泛认同、共同行为准则和价值取向正在形成等成为其现实依据。⑤ 张新平、庄宏韬通过考察指出，由于中国国际话语格局仍弱，导致国际上发出"中国威胁论""中国崩溃论"等论调，以诋毁和抹黑中国形象。⑥ 这些声音不仅让发展中国家对中国产生质疑或疑惑，而且在一定程上，消解着人类命运共同体的国际认同。⑦

---

① 张立文 . 走向人类命运共同体的新世界 [J]. 人民论坛·学术前沿，2017（12）.

② 王公龙等 . 构建人类命运共同体思想研究 [M]. 北京：人民出版社，2019：51-52.

③ 张学广，秦海力 . 从"人类解放"到"人类命运共同体"——马克思主义人类命运观的演进历程 [J]. 西北大学学报（哲学社会科学版），2018（5）.

④ 刘志刚 . 人类命运共同体思想的文化价值 [N]. 新华日报，2018-05-15（11）.

⑤ 赵学琳 . 人类命运共同体的文化理念 [J]. 探索，2019（2）.

⑥ 张新平，庄宏韬 . 中国国际话语权：历程、挑战及提升策略 [J]. 南开学报（哲学社会科学版），2017（6）.

⑦ 陈鑫 . "人类命运共同体"国际传播的困境与出路 [J]. 宁夏社会科学，2018（5）.

（三）人类命运共同体文化构建的内涵研究

内涵是理论的核心或内核，回答是什么的问题。它内在规制着围绕其外围圈层之辅件的功能和作用。内核具有稳固性，辅件具有灵活性。或者换句话说，辅件必须根据不断发展变化的时空场景，适时调适自身以确保始终与内核相一致。从这个意义上来说，系统认识人类命运共同体文化构建的内涵研究，是深化对其内核及其辅件认识的必然要求。

首先，这一方面研究的学者，主要侧重于以文明交流互鉴来解读。他们主要是从"五位一体"（即经济、政治、文化、社会、生态文明）整体性视角探究人类命运共同体时，在关涉文化维度，基本主要从文明交流互鉴角度对其内涵进行阐释。但需要指出的是，在文明交流互鉴内涵的阐释上，不同的学者也有着不同的阐释维度。谢清果认为，这一内涵，具有鲜明的问题意识，作为世界文明交往范式的"中国方案"——文明共生论，它从理论上回应了不同文明共生何以可能的全球性问题，这既体现了鲜明的"中国立场"，又顺应了文明传播与发展规律。[①] 陈明琨则从理论、批判、价值、实践四个维度进行了解读，具体而言，就是致力于打造人类文明交往的新范式；坚决反对封闭自守、文化霸权主义等错误观点；为世界和平发展注入稳定、积极因素；多管齐下推进新理念落地生根。[②] 吴海江、徐伟轩指出，文明交流互鉴的时代内涵，包括文明多样性的格局观；亲、诚、惠、容的价值观；自尊、自信、自立的底线观；世界大同，和合共生的理想观；推动构建人类命运共同体的实践观，深入探究这些内涵，有助于认清文明优越、冲突以及同质等论调。[③]

其次，其他角度分析。种海峰和施烨认为，这一内涵可以概括为：以文化交流、融合、共存、包容超越其隔阂、冲突、优越，促进共荣。[④] 田江太指出，这一内涵体现了全球合作意识、文明融合意识以及共赢文化逻辑。[⑤] 叶小文解读为：新文明复兴、新人文主义。[⑥] 陈旭则将这一内涵概括为"多元文化融合"，并从如何正确处理中国文化与外国文化、先进文化与落后文化、文化普遍性与特殊性的关系等三个方面进行了集中阐

① 谢清果. 文明共生论：世界文明交往范式的"中国方案"——习近平关于人类文明交流互鉴重要论述的思想体系 [J]. 新疆师范大学学报（哲学社会科学版），2019（6）.

② 陈明琨. 理解习近平文明交流互鉴重要论述的四重维度 [J]. 党的文献，2019（3）.

③ 吴海江，徐伟轩. 论习近平文明交流互鉴观的时代内涵 [J]. 社会主义研究，2019（3）.

④ 种海峰，施烨. 推动构建人类命运共同体的文化意蕴 [J]. 长白学刊，2019（3）.

⑤ 田江太. 论人类命运共同体的文化维度 [J]. 河南大学学报（社会科学版），2018（4）.

⑥ 叶小文. 人类命运共同体的文化共识 [J]. 新疆师范大学学报（哲学社会科学版），2016（3）.

释。^①张鑫着眼价值、实践、心理三向度进行了分析。^②

（四）人类命运共同体文化构建的实践路径研究

理论的生命力在于指导实践，实践是理论本质力量的自我确证。从这个意义上来说，一定的实践行为，是一定理论内容导向的现实展开。也就是说，有什么样内容的理论，就会生发出什么样范式的实践，反之亦然。由此，人类命运共同体文化构建的现实途径，就是其本质或内容导向的客观结果。可归纳为以下两点。

第一点，从整体视角看，杨守明认为，这一路径可以称之为"人类文化共同体"，要推动其发展，必须利用"人性相通"纽带，在承认文化差异基础上，致力于探寻不同文化间共识；要深刻认识和理解文化多样性，并深入考察人类文明发展史，清晰明确不同文化之价值都有其存在意义，进而真正做到尊重其他文明，并与之在互鉴中同进；需求利益公约数，筑牢休戚与共理念，如建立多边合作平台、加强联合国作用等。^③王红光和李冬凤指出，各国应抵制文化相对主义，积极参与世界文明交流；始终秉持平等精神推动跨文化交流；完善主权平等基础上的文化交流机制与平台。^④范宝舟等以文明共处的正义原则为视角，对文明的多样性、平等性以及共生共存性何以可能进行初步探究后认为，在现实中要推动人类命运共同体文化构建，应以包容精神化解文明冲突，以平等对话筑牢共同价值基础，以文明共振效应取代零和博弈。^⑤陈忠怡等认为人类命运共同体的提出，本身就是对当代与日俱增的文化冲突作出的回应，它为化解不同文化之间的紧张关系提供了可行的实践方案，这就要求必须破除制度壁垒，以人的全球频繁流动促全球文化共识；善用多边对话，以理解拓宽全球文化共识的体量；坚持合作共赢，以利益共同体削弱全球文化共识的阻力。^⑥鲁鹏指出，各国只有选择与之相吻合的价值观，并形成价值共识，才能从文化上不断推进人类命运共同体建设。^⑦杨胜荣、郭强与之有着类似观点认为，文化维度的建构，各国必须在探寻"共同利益"的基础上，充分发挥

① 陈旭.习近平新时代人类命运共同体思想实践价值研究[D].长春：吉林大学博士学位论文，2019：127-134.

② 张鑫.人类命运共同体的三个文化向度：价值、实践与心理[J].东南学术，2019（1）.

③ 杨守明.人类命运共同体的文化内涵及其构建[J].学术界，2019（8）.

④ 王红光，李冬凤.价值共识视域下人类命运共同体的构建探究[J].赣南师范大学学报，2019（5）.

⑤ 范宝舟，王嘉曦.文明共处的正义原则与人类命运共同体构建[J].伦理学研究，2019（3）.

⑥ 陈忠怡，吕科，黄光芬.跨文化交流与人类命运共同体构建的文化共识[J].云南行政学院学报，2018（6）.

⑦ 鲁鹏.利益　协商　价值观——构建人类命运共同体的条件[J].云南大学学报（社会科学版），2018（4）.

作为共同价值之文化根基——国际政治文化的作用。[①] 田江太认为，当前科技层面带来的变革、新的生产方式和经济关系以及全球化时代互联互通新商业文明的崛起，为体现共同性的共赢文化逻辑建构提供了可能与现实。[②]

第二点，从专注某一视角看，陈强以"精神丝绸之路"为视角，在分析这一课题的现实意义后指出，从文化维度上可以通过重建"精神丝绸之路"来推进人类命运共同体建设。同时注意我们与历史上日本、俄罗斯、美国这些国家，在外交构想上曾实施的有关"丝绸之路"的相关计划有本质区别。[③] 梁也和王习贤从完善世界文化交流机制，增进文化共识的角度出发指出，应着眼于提高落后国家文化对外传播，创新各种可供文化交流使用的平台等。[④] 李梦云从哲学视角指出，必须要着眼于未来文化——实现人类幸福的文化，为此，这就要求我们必须具备"兼济天下"之胸怀，"海纳百川"之气度自觉进行东西汇通，同时还要顺应生命进化及文化演进规律，自觉将个体意识（既包括"己身"，又包括"他者"）根植于"人类命运共同体"中。[⑤] 邹广文和刘文嘉从文化哲学视角出发指出，以人类经验的方式塑造中国故事，但其塑造要有原则，即在坚守中华文化立场；构建我们自己的哲学社会科学等方面下功夫。[⑥] 李栗燕从国际关系视角出发指出，应以"和合"思想，构建公平合理国际新秩序；以礼义道德文化，促进形成永久和平国际关系理念；以"差序之和"引导形成国际公共制度规范。[⑦] 秦毅通过对中国中医药文化对外传播和阐释的情况进行探究后指出，可以让中医药文化助推构建人类命运共同体。[⑧] 杨章文从文化互通视角提出三条路径：坚持差异共生；推动"文化—文明"对话；提升中国话语权。[⑨]

从国内相关研究来看，无论是在理论上，还是在实践上，都为本书的开展提供了极大帮助。这些成果让我们廓清了当前学界对"人类命运共同体的文化构建研究"的把握到底处于何种程度，即哪些问题已经解决，还有哪些问题亟待解决；哪些观点需要批判和抵制，哪些观点需要坚持和运用。也正是在这个意义上，才能讲这些研究为深化本书

① 杨胜荣，郭强 . 论人类命运共同体的价值理想与秩序理念 [J]. 中州学刊，2017（11）.

② 田江太 . 论人类命运共同体的文化维度 [J]. 河南大学学报（社会科学版），2018（4）.

③ 陈强 ."人类命运共同体"的文化构建与"精神丝绸之路"[J].西北民族大学学报(哲学社会科学版），2016(4).

④ 梁也，王习贤 . "人类命运共同体"文化构建的进路 [J]. 南通大学学报（社会科学版），2018（4）.

⑤ 李梦云 . 建设人类命运共同体的文化构想 [J]. 哲学研究，2016（3）.

⑥ 邹广文，刘文嘉 . 文化哲学视域下的人类命运共同体研究 [J]. 人民论坛·学术前沿，2017（12）.

⑦ 李栗燕 . 人类命运共同体的中国文化智慧 [J]. 前线，2018（10）.

⑧ 秦毅 . 让中医药文化助推构建人类命运共同体 [N]. 中国文化报，2019-11-01（3）.

⑨ 杨章文 . 文化互通：新时代"人类命运共同体"的实践逻辑 [J]. 理论月刊，2018（11）.

的研究明晰了方向。

二、国外相关研究述评

人类命运共同体文化构建，既是中国理论，又是中国献给世界的方案和智慧。它是伴随全球化迅速推进，而不断日益凸显的一项现实而紧迫的时代课题。通过梳理已有文献，可以发现，国外学界在这一方面的研究，主要有两条路径，其一，沿着"共同体→马克思共同体思想→人类命运共同体"线索展开分析。这一线索表征着"'共同体'概念经历了从传统向现代转化的过程。"① 其二，探讨文化文明交流问题。

（一）共同体→马克思共同体思想→人类命运共同体

1. 关于共同体概念的探究

共同体不仅仅是当代的理论命题，也不仅仅是当代的实践课题。对这一概念的分析，可以溯源至古希腊时期。总体来看，具有典型代表的当属亚里士多德（Aristotle）、斐迪南·滕尼斯（Ferdinand Tönnies）等。

早在亚里士多德那里，他就已经关注到了共同体的问题。尤其是在其众所周知的《政治学》这部经典著作中，更是对这一问题进行了深刻阐释。他认为，人与城邦是一起发展起来的，二者命运与共，且具有天然的辩证关系：人生活在城邦之中，并天生是政治动物，作为构成城邦不可分割的重要组成部分，其全部生活也从属于城邦；反过来，城邦是人安身立命之所。这样公民都在一个政治团体中。可以说，有什么样的政治团体，人们就会结成什么样的城邦。显然，在这样的共同体中，每个人必须参与公共政治生活才能活。因为，在此城邦中个体平等、自由不取决于个体，而取决于群体"共同活动"下"共同利益"。也就是，前者从属于后者，当后者进入了自足和至善，前者也就随之实现了自足和至善。由此可见，共建城邦是现实必需。但是，由于此时的共同体尚处于一种"自然"状态，因而各个方面的发展水平都相对比较低级。

滕尼斯在其最负盛名、享有"滕尼斯思想遗产的总纲领"之美誉、被奉为"欧洲文化的百科全书"的《共同体与社会》一书中，用大量笔墨详细论述了他所视的"共同体的理论"。首先，对"共同体"与"社会"两者的概念进行了"辩护与命名"。在他看来，这是"一组既定的对立"。这一观点与之前科学术语中，常常将二者混淆使用根本不同。"既定"就是说，这种对立是天然就客观存在的。具体而言，"共同体"

---

① 马俊峰，马乔恩. 构建人类命运共同体的历史性研究 [M]. 北京：人民出版社，2019：2.

（Gemeinschaft）是"真实的（reales）与有机的（organisches）生命"。人们在这里，既"保持着结合"，又"相互扶持、相互慰藉、相互履行义务"，体现为一种"亲密的、隐秘的、排他性的、持久的、真实的共同生活"。当一个人从呱呱坠地那刻起就注定要同共同体相捆绑，同同伴共享幸福、悲伤。或者进一步讲，共同体的生活是相互的占有和享受善事和朋友，共同消灭恶事和敌人。这便是共同领会的特有意志。可以说，虽然滕尼斯将共处于共同体之中的人的地位，予以了较以往地位的提升和现实关注，但此时的共同体却"意味着人类原始的或自然的状态"，因而仍是"古老的"，如血缘共同体、地缘共同体。而"社会"（Gemeinschaft）则是"想象的（ideelle）与机械的（mechanische）构造"。人们在这里，"保持着分离"，即便人们之间通过契约产生了关联、形成了多种各样的结合，但彼此之间仍然互相独立，无法影响彼此内心，体现为一种"短暂的、表面的共同生活"，"社会就是世界"。当你进入社会仿佛置身于另一国度。因而，是"新的"。

2. 关于马克思共同体思想的探究

有关该方面的国外研究成果数量庞杂，但其中较具典型代表的当属日本战后马克思主义研究的代表人物——望月清司。之所以说其典型，主要有以下两个原因：其一，在这一方面形成专门著述的成果微乎其微。绝大部分国外学者对这一思想的关注，都是将其嵌入分析马克思某一思想的过程中才有所关涉，加之因作者的关注度以及著述主题与马克思共同体思想关联度的强弱，其着墨多寡不尽相同。所以，这些研究的深度和广度，也呈现出不同水平，因而难以从整体上和历史原貌上，对马克思共同体思想实现全面的考证与解读。其二，相较于其他绝大多数国外学者不同的是，望月清司以专门著述的形式，对马克思共同体思想进行了具有"学术性""综合性""时代感觉"的深刻分析。

在《马克思历史理论的研究》（2009 年）一书中，望月清司以历史与逻辑相统一的方法，试图将问题贯穿于从《德法年鉴》到《资本论》的研究和阐释中，"来重构'马克思的整体像'。"不仅如此，他还严格遵循"马克思本人固有的问题视角"，即"共同体→市民社会→社会主义"，将"'从共同体到市民社会'的视角与对'从市民社会到社会主义'的展望结合起来"，对"共同体的内容都是本源共同体如何向市民社会的生成"进行了社会历史性的整体分析。认为，共同体在重叠进化中积累起来的历史其实就是上述共同体即其自身到社会主义的历史。对此，作为此书译者的韩立新，在这部著作总序中明确指出，通过译介这部著作，为中国提供了新的可资借鉴的研究方法，特别是对于推进经典著作研究，拓宽了思路，有利于深化对中国现代化（是指市民社会化）的研究。

3. 基于人类命运共同体的评析

伴随这一理念的提出和付诸实践，国外政界和学界对这一方面有着高度密切关注。特别是党的十八大、党的十九大以来，这种关注度呈现出持续升温的态势。总体来看，主要聚焦于人类命运共同体的生成动因、理论内涵、实践路径以及各自对该思想所持的政治立场和个人观点等。①

其一，盛赞。Jeanne Hoffman 从文化维度对这一理念进行分析后，表达了自己的看法，他认为，这一理念所追求的理想状态，有着浓厚的儒家文化色彩。② Kivimäki Timo 认为，这一理念与"冷战思维"有着十分鲜明的异质性，它以共同利益为出发点，并正以中国自己独特的方式，为解决各国面对的共同难题贡献力量。③ Tiwari 指出，延续和创新是这一理念的主要特征，之于前者体现为中国特色，一如既往地致力于实现包容性、平衡性和可持续性，因而与新自由主义根本不同；之于后者，主张在不违反国际相关规则的前提下，呼吁建立以合作共赢为核心的新型国际关系。④ Nadège Roland 认为，这一理念有包容性、适用性，内蕴发展与安全辩证法。⑤ Evandro 指出，这一理念的提出，具有双重性：既符合中国实际，又符合世界要求。⑥ Michael J.Mazarr 指出，这一理念旨在先从周边外交实践开始，并从中总结经验，继而将其拓展至全球。⑦ Evan A.Feigenbaum 指出，这一理念反映在国际体系上的主张，表现出中国追求多样化，而

---

① 刘雨萌，王金燕.国外对"人类命运共同体"研究述评 [J].科学社会主义，2018（5）；王淼，王鹏.海外关于人类命运共同体的研究述评 [J].社会主义研究，2021（1）；殷文贵.动机·前景·理路：人类命运共同体理念的国外认知与评价 [J].云南民族大学学报（哲学社会科学版），2020（2）；罗云，胡尉尉，严双伍.西方学者对人类命运共同体的认知和评介 [J].社会主义研究，2020（1）.

② Jeanne Hoffman,"China's search for the future: A genealogical approach" *Futures*, No. 54, 2013, p.53-67.

③ Kivimäki Timo, "Soft Power and Global Governance with Chinese Characteristics" *The Chinese Journal of International Politics*, No.4, 2014, p.421-447.

④ Vladimir Yakunin,"The Future of World Order: Building a Community of Common Destiny" *China Quarterly of International Strategic Studies*, No.2, 2017, p.159-173.

⑤ 王俊美，赵媛.国外学界盛赞中国倡建人类命运共同体 [N].中国社会科学报，2017-12-29（08）.

⑥ Evandro Menezes de Carvalho."Shared Future for Mankind" Has Global Impact: Brazilian Expert. 2018-2-4. http://www.globaltimes.cn/content/1088110.shtml.

⑦ Michael J.Mazarr, Timothy R.Heath and, Astrid Stuth Cevallos, *China and the International Order*, RAND, 2018, p.87-88.

非推翻现有国际制度和体系。[①]

其二，有部分存在偏见、误读和曲解。Thomas Zimmerman 认为，人类命运共同体具有反美性质，其目的在于为使中国成为世界超级大国积累条件。[②] Nicola Casarini 指出，"一带一路"意在输出"中国模式"。[③]

其三，谨慎态度。该观点认为，人类命运共同体不仅规范模糊和不具体，而且具有诸多不确定因素，特别是对于中国自身来讲尚不具备将其从理念付诸实践的能力。[④]

这些国外评析，既让我们了解到国外对人类命运共同体及其实践平台——"一带一路"倡议的认知处于何种状态，也警醒我们必须时刻保持清晰头脑对那些存在偏见、误读和曲解的认知，要提高警惕和及时制定应对之策，凸显了提高人类命运共同体及其实践平台——"一带一路"倡议的国际认同任重道远，必须久久为功。

（二）探讨文化文明交流问题

这一方面的研究学者，主要侧重于文化差异论、文明相通论、文明冲突论、文明融合论、文明平等论等。

1. 文化差异论

该观点认为不同文化间虽然天然存在着可以相互区别的界线，但这并非意味着他们彼此间是永恒的平衡线即不可相交。或者说正是这种界线，使得其他同一外来文化进入不同文化后，经由与之本土文化的接触演变，而呈现出各种与本土文化相适合的形态。也就是，同一外来文化在不同文化形态的演变中产生了各自完全不同的意义。

奥斯瓦尔德·斯宾格勒（Oswald Spengler）在《西方的没落》中以两章的内容对"高级文化的类型"和"文化之间的关系"，进行了详细的历史学和历史哲学分析，占据整部著作七分之一。他首先就以往人们对文化考察的视角进行了纠偏：从关注文化本身到关注各种文化之间的关系。之于前者，他指出，早期创造物和较晚期文化、较年轻的存在和较古老的存在，他们始终存在着少许关系。之于后者，不同文化的界线是构成一

---

① Evan A.Feigenbaum, *Reluctant Stakeholder: Why China's Highly Strategic Brand of Revisionism Is More Challenging than Washington Thinks* (*In book*: *China's Economic Arrival*), Singapore：published by the registered company Springer Nature Singapore Pte Ltd., 2020, p.113-130.

② Thomas Zimmerman, *The New Silk Roads: China, the U.S. and the Future of Central Asia*, New York: New York University Press, 2015, p.1-28.

③ Nicola Casarini,"When All Roads Lead to Beijing. Assessing China's New Silk Road and its Implications for Europe" *The International Spectator*, No.4, 2016, p.1-14.

④ 王淼，王鹏. 海外关于人类命运共同体的研究述评 [J]. 社会主义研究，2021（1）.

种文化和另一种文化区别开来的共同标准，而形成各自所具有的历史图景或原始影像。可以说，正是有了这种明显的界线，才使得同一外来文化传入后，在与之交往过程中产生了不同版本的图景和影像。正如斯宾格勒所指出，同样的经文、教义、信条，却形成了各自的道路，如印度佛教和中国佛教；由于没有一种相同的概念和思想，在希腊、阿拉伯和哥特的不同文化下，就应该撰写出"三个亚里士多德"的历史；历经 2000 年都未被改变的罗马法，在与上述三种文化接触后，同样展现出了各自完全不同的意义。

阿诺德·汤因比（Arnold Joseph Toynbee）与斯宾格勒的观点有着相似之处，但是他也有着自己对文化之间关系理解的独特视角。在《历史研究》中汤因比指出，无论从地理上看，还是从空间上看，认识的历史研究领域，在经济方面的延展都是显而易见的。然而，对于前者在政治方面则有着鲜明的界限，对于后者在文化方面这种地理范围上的延展就立刻小多了，即便是不同文化之间都产生了相互的影响，甚至"我们自己的社会对其他社会的文化影响要强烈得多"，但是由于他们隶属于不同文化体系网络，也就是说，有着明显界限，所以无法形成如经济方面那般的延展空间。正因如此，汤因比批判了那些在文化上持统一性观点的人，并且澄清了他们这种误解，归根结底在于，不过是陷入了种种错觉之中，如自我中心、进步是直线式的等。他指出，持有这种观点的人只是观察到西方文明的经济和政治地图笼罩整个世界，就断言文化地图也如此，未免浅薄。

2. 文明相通论

该观点较斯宾格勒、汤因比对文化所持有的边界或界限的观点，有着联系和区别。联系在于，他们都承认不同文明之间的边界的客观存在，而且从这一点上看，他们彼此之间"显然有着某种渊源"，但重点在于区别。

威廉·麦克尼尔（William H. McNeill）在《西方的兴起：人类共同体史》中指出，汤因比"试图将世界所有文化融为一体"的观点，确实具有重大历史贡献。但他的缺陷也是显而易见的——这也正是构成麦克尼尔研究的重要支点。由于汤因比对非西方文明缺乏理解，而过分强调西方文明模式，导致其在分析不同文明时出现了"许多明显错误"。他直指这些缺陷并鲜明指出，以往的历史学家过于依赖"边界"而对不同文明进行定义。然而他们却犯了一个致命错误：轻视了外在于文明体"边界"所存在的贸易与交流效能。可以说，正是这种效能，在维持整体文明的同时，又促进了文明的演变。需要指出的是，这种"贸易和交流（或交往互动）的作用"，是伴随世界市场体系的日益形成，而完成了从边缘性到中心性的历史演变，今天中心性已经成为其性质。因此，人类社会不排除有一定的相互联结性。同时，麦克尼尔还强调："没听说过存在所有人都运行的这样的一个准则。"汤因比只看到了不同文化之间固有的边界，却忽视了他们彼此之间的影响，更没能充分认识到这种通过交流接触而产生的彼此影响，恰恰构成了推动文明发展的动力。

3. 文明冲突论

有学者将这种模式称之为"对抗式话语"，即非此即彼的绝对排他性。文明之间到底以何种范式来交往，是伴随冷战结束才进入人类视野的，而离冷战结束最近的答案或回应，就是"冲突"——"文明的冲突"。这一方面的研究者，有美国学者维克多·李·伯克（Victor Lee Burke）、塞缪尔·亨廷顿、吉姆·莱西（James Lacey）等。

伯克在分析对象上，与后两者有所不同。他在《文明的冲突：战争与欧洲国家体制的形成》中主要是立足西方现代国家，尤其是欧洲国家体制兴起的动力问题，构筑了自己的理论框架——"文明斗争模式"（The Civilization Struggle Model）。他认为，这一体制的兴起正是得益于不同文明之间的竞争、抗衡、战争与冲突，而且，他还形象地将这些因素比喻为驱动上述体制兴起的"发动机"。继而为理解文明冲突与经济状态之间的关系提供了一种框架。

亨廷顿的《文明的冲突与世界秩序的重建》全面阐释了"文明冲突"。在他看来，正是深刻的现实动因，催生出了这一理论结果。具体而言，冷战后，世界政治格局出现"新的对抗和协调模式"，在此背景下，如果再仅仅诉诸于以往那种意识形态对其进行分析已不可行，而"文明冲突"模式则对实现上述理解，提供了新框架或新范式。各国人民正以文化重新定义自己的认同。简言之，就是"西方和非西方：文明间的问题。"在亨廷顿看来，对抗性是不同文明——不管是从微观层面上，还是宏观层面上——之间相处的常态模式。这种观点的出现，是伴随"共产主义的崩溃"而逐渐蔓延开来的。西方人认为，这种"崩溃"意味着他们所主张的民主自由主义将成为普遍适用。更重要的在于，在实际中，他们不仅这样认为，而且还将其价值观念纳入非西方国家体制——不管非西方人民是否赞同，在全球推行一种"普世主义"——非西方人将其视为帝国主义，这样做的目的有且只有一个，那就是："将自己的利益确定为'世界共同体'的利益"，以使私人利益和主导地位得以稳固。这样一来，西方尤其是美国在世界范围内谋取私利，就具有了全球合法性，并成为一种范式扎根于西方人心中，反映在其理论和实践行为上，直至今天这种影响依然存在。文明冲突论不时沉渣泛起就是最好证明。然而，这种合法性并不是一成不变、持续稳固的。因为无永久有效的范式。这种合法性的式微，或者说西方的衰落，与非西方文化的复兴形成鲜明对比。尤其是政治独立运动在非西方国家民族的先后兴起，上述鲜明对比的景观从总体上来说越是日益凸显，且集中体现为伊斯兰国家和中国与西方在价值观念和利益方面的冲突与日俱增。20世纪70年代反西方浪潮的持续，就是这种冲突的现实结果。文明冲突的现实运动，倒逼人民不得不反思：无论是在"塑造世界的未来之时"，还是对于"21世纪的全球体制、权力分配"等，西方、伊斯兰国家和中国各自到底在文明中发挥着怎样的作用；价值观和利益的反映到底由哪一方来决定。

莱西在《文明的冲突：东西方文明的第一次交锋》中主要着眼于东西方文明，在深入分析马拉松战役的前因后果后指出，东西方之间的巨大文化差异，成为了希波战争之后长达2500多年间文化冲突——新生的西方文明与古老的东方文明之间——的核心。不仅如此，莱西还通过对这一战役的全面考察，得出最终结论。他说："古希腊人呈现的'西方战争方式'至今依然是优于其他文化的作战策略。"毫无疑问，这也就从正面确切回答了军事史学家们至今仍然激烈争论的一个问题："是否存在一种确切的，并且优于其他文化的资方战争方式。"

4. 文明融合论

该观点认为文明固然有差异、竞争，但却并非构成绝对冲突与矛盾。因为，各文明间具有相似性，因而可以彼此进行沟通，并且在沟通的过程中，积极吸收有利于自身文明的因素。

伊本·赫勒敦（Ibn Khaldun）对于文明的分类有着他自己独特的视角，而且他的分类与之前斯宾格勒、汤因比对文明形态的划分有所不同。在他看来，人类文明基本形态有农牧和城市两种，虽然在经济上，后者胜于前者；在道德上，后者较前者缺乏勇敢和刚毅的品质，但这两种文明形态并非对立，而是相互补益。

彼得·卡赞斯坦（Peter J. Katzenstein）认为，世界是多元多维文明集合。这便与以往学者所主张的一元论文明观主导下的一切政治行为的相对主义价值观根本对立。他还对多元和多维进行了进一步的详细阐释，前者主要是说明文明的外部即世界由不同文明单位所组成，后者主要说明文明的内部即便在同一文明中，囿于不同民族传统其表现也不尽相同。可以说，正是这些差异形成了不同文明之间的碰撞与交融，但归根结底，"文明的交融是主流，而文明的冲突则是偶发的支流。"因此，必须要坚持互相学习、取长补短，本土文化要善于有选择地吸收外来文化，以建设一个"吸收融合的世界"。[1]

5. 文明平等论

该观点认为，文明之间没有而且也不应存在像达尔文理论一样的"丛林法则"，不仅如此，将文化纳入高低的等级体系来看待，也同样是愚蠢做法，如果有人证明了这一点，那除了说明他立场有错之外，就再也不能证明什么了。

艾伦·洛马克斯（Alan Lomax）指出，文化多样性所面临的消亡威胁，被人们看成

---

[1] 彼得·卡赞斯坦，刘伟华. 多元多维文明构成的世界 [J]. 世界经济与政治，2010（11）.

是一种不可避免的、合理的现象，这显然是一种反人类、反科学的表现。因为，在洛马克斯看来，任何文化都有其价值，都是"在无数世纪中倾注了一个分支的天才与智慧。"可以说，当某一种文化从人类画面中逐渐走向死亡，甚至消失，这就意味着人类不仅将失去"适应于在地球上某一个区域的生活方式"，而且还将会抛弃人类"迫切需要的交流、幻想和象征化的系统。"如果这种减少以惊人的加速度进行，人类文化隐落继而最终走向阴暗的前途将不可避免。而要避免走向阴暗前途，唯一办法就是"遵循文化平等的原则"。①

阿格尼丝·赫勒（Agnes Heller）在《现代性理论》中详细分析文化的三种概念后指出，文化的第三种概念是一种包含政治信息的、具有规范性的、经验性普遍概念。他用树及其绿叶作比喻：正如一棵树不会有两片相同的绿叶一样，文化也是如此，每个民族或部落都拥有属于他们自己的唯一的、独特的文化，彼此之间不存在高低之别。因为，经验的文化概念首先意味着规范，其次是他们应得到同等承认。这种"规范"和"同等"，决定了每一种文化都有其理解自身文化规范的标准，也就是说，任何文化都不具有给其他文化制定规范、模式或理想的权利和功能，他们价值平等。但是，如果仍然有人以比较来看待不同文化，那只能说明其采取了"种族中心主义的不合法立场"，而硬生生强加给它们了一个外在标准。

从国外相关研究来看，无论其立论和阐释是否带有取舍武断的色彩，在其合理性上都有值得我们借鉴和吸收的地方，对本书相关研究不无助益。这就要求本书在深入研究时，要对国外相关研究秉持扬弃态度，坚持"去粗取精，去伪存真，由此及彼，由表及里"的原则，既要看到其不足，了解这是本书进行研究过程中必须要力避之处，又要善于分析其有益之处，最终将有益之处为我所用。

三、有待深化的问题

深入梳理国内外文献，了解其已有研究成果，继而确定接下来将要研究的目标、内容等，是我们在做研究之前的内在要求和应有之义。特别是前人成果为本书如何在已有研究基础上进一步深化和拓展相关研究明晰了方向。

1. 新时代公共秩序文化构建的理论透视及实现机制研究。从一般意义上而言，科学理论的内涵都具有针对性、前瞻性。文化是构建人类命运共同体的核心要件和关键。但在后者"五位一体"的总体坐标中，文化发挥何种作用？这是本书在展开理论阐释时，

---

① 艾伦·洛马克斯，张伟华. 对文化平等的呼吁 [J]. 音乐学习与研究，1988（4）.

首先必须解决的问题。与此同时，还要廓清人类命运共同体文化构建的本质规定、资源功能、实现机制。

2. 新时代公共秩序文化构建的理论渊源研究。一个理论要保持其永久生命力，必须对其理论逻辑进行全面、精准把握。只有这样才能既知其然即逻辑起点，又知其所以然即逻辑归宿，继而真正明确在何种程度上，对其进行与时俱进的坚持、完善和发展。对于本书来说，也是一样。本书主要从马克思关于新时代公共秩序文化构建的相关理论基础、中国共产党人理论依据、中华优秀传统文化基因，对新时代公共秩序文化构建的理论逻辑展开探究。

3. 中国推动新时代公共秩序文化构建的必然性研究。从已有研究成果来看，对于本书的中国必然研究相对薄弱。因此，本书首先，主要分析新时代公共秩序文化构建由中国提出的价值意蕴。其次，坚持以问题为导向，梳理中国在这一文化构建中还存在哪些困境。最后，从中国角色定位来探究，中国在推动这一文化构建中应当坚持怎样的目标。三者分别构成中国实践此文化构建的紧迫性、艰巨性和长期性。

4. 中国推动新时代公共秩序文化构建的可能性研究。从外部条件和内部条件探究国际方面的契机和国内方面所具有的优势，并在其中分析如何将上述契机和优势充分运用到这一建设中来。

5. 中国推动新时代公共秩序文化构建的实践策略研究。首先，厘清新时代背景下中国实践好这一文化构建其内容向度是什么。其次，立足中国困境锚定中国突围策略。

第三节 研究思路与研究方法

一、研究思路

在对什么是新时代公共秩序文化构建、怎样构建问题的认识上，本书重点分析这一文化构建对社会主义中国来说何以必要、何以可能以及何以践行三大问题。也就是说，中国不仅要提出中国方案和中国智慧，更重要的在于将这些具有中国特色、中国气派、中国风格的方案和智慧落到实处，最终为实现世界不同文化的和谐共生共进、重建人类共有精神家园以及维护世界公共秩序作出中国贡献。本书不仅立足中国大地关注中国命运，而且立足世界场域关注世界命运，以充分彰显中国作为世界大国的道义性责任担当，向世界庄严宣告跨越"修昔底德陷阱""金德尔伯格陷阱"不是神话，而是现实可行的。具体而言，本书在对文化与新时代公共秩序的关系进行分析基础上，从多维度、整体上梳理和解读其本质规定、资源功能、实现机制，以理论与实践相统一和多学科交叉等方法，回溯经典，透视中国在这一方面的现状和国内外条件，最终提出中国在推动新时代公共秩序文化构建中所要践行的内容取向、突围策略。

二、研究方法

（一）文本分析法

本书立足马克思主义经典作家及其中国化理论传人，本处就是人，指的是毛泽东、邓小平、江泽民、胡锦涛、习近平这些中国共产党领导人的文本，如毛泽东文选谈治国理政之文本群，对其与新时代公共秩序文化构建研究相关文本，进行系统梳理、精准把握并加以利用。既展现马克思主义经典作家有关这一课题的历史原貌，又对其在中国化过程中不同时期的不同理论表现和实践发展进行回顾，以期为当前研究新时代公共秩序文化构建提供扎实的理论支撑。

（二）多学科综合研究法

本书坚持马克思主义指导思想，同时涉及阐释学（或解释学）、哲学、政治学、民族学、社会学、文学、新闻学与传播学等诸多学科领域知识。只有在研究中合理将这些学科知识运用或嵌入与之相对应的板块，才能将有关问题阐释清楚。如运用、阐释学、哲学等知识阐述理论内涵和理论渊源；运用新闻学、传播学等知识探究中国实践。

（三）理论与实践相统一的方法

本书坚持在马克思主义理论指导下，开展和推进新时代公共秩序文化构建的理论研究及其中国实践。科学把握中国关于此文化构建的自身角色定位，为如何保证中国为世界贡献更多更新的公共文化产品探寻现实路径，以真正彰显铁肩担正义的负责任大国形象，进而不仅理论上，而且在实践上阐释中国所走的道路，不是别的什么道路，而是一条具有中国特色和具有世界借鉴意义的和平发展道路。

第二章 公共秩序文化建构的理论透视

全面系统认识一个理论的本质和外延，必须对其进行整体性、全方位、立体式的全景扫描。前文已对新时代公共秩序文化构建概念进行了界定，但其具体展开还尚未详细交代和分析。因此，本章将对此进行进一步探究，主要包括文化在构建新时代公共秩序中的作用，新时代公共秩序文化构建的本质规定、资源功能等问题。深入分析这些要素，对科学把握新时代公共秩序文化构建的主旨及其中国实践具有重要意义。

第一节 文化在全球治理中的作用

文化作为新时代公共秩序坐标系中的一个重要坐标，它到底发挥何种作用？何以重要？这是本节的重点。

一、建设持久和平世界需要形成全球信任文化

政治与文化是天生的孪生兄弟。一个国家、一个民族的政治体制与其先天的文化传统及后期的文化发展有着不可分割的密切联

系，从而异质文化主体间的政治交往和沟通，就必然会因此受阻。罗纳德·英格尔哈特（Ronald Inglehart）在《文化与民主》一文中指出，在以往有关民主的大多数实证分析中，都省略了文化因素。但他通过对"世界价值观调查"得出结论："文化影响民主，而不是相反。"不仅如此，这种影响通过各社会在生存价值观/自我价值观的比较上反映出强劲的关联度。他认为，一个国家、一个民族其民主实行得是否顺利和繁荣，除有法律保障，还离不开一定社会和文化保障。特别是随着社会发展，人们对此现象的重视和研究与日俱增，有迹象表明，文化对实行民主所发挥的作用，远高于之前 20 年的文献知识。所以，罗纳德·英格尔哈特认为，保护民主制一个重要也是必要的途径还必须"依靠普通公民们的价值观和信念。"[①] 又如，始于西方的现代文明之核心源自始于启蒙思想之文化。[②] 在中国，从秦汉到清末，中国文化对生活的理解，就始终深刻影响中国人的政治活动[③]，以及近代历史上的"西学东渐"、新文化运动等，也都与政治体制改革有着相当密切关联。因此，《中国的民主》白皮书指出，"各国民主植根于本国的历史文化传统。"[④] 也因后者的不同而不同。而那种以单一标尺和眼光看待人类政治文明的做法都是非民主的。这一点从中国外交部发布的《美国民主情况》报告之"输出所谓民主产生恶果"部分也能窥探得知。

由此，文化建构政治共同体——既包括氏族共同体和国家共同体，也包括超国家共同体或国群共同体（如欧盟、东盟、非盟）——的凝聚作用不可低估，其中图腾文化凝聚氏族共同体，民族文化凝聚国家共同体，区域性文化凝聚超国家共同体，而人类命运共同体从其政治形态上看，则需要形成一种兼具包容性、普遍性以及代表全人类的世界文化来达致凝聚目标而不至解体。[⑤] 可以说，一个国家和民族的政治制度优势或缺陷，都能够从文化上找到其原因。这样才能理解二者之间互为前提、戚戚相关的关系。那么，对于人类命运共同体的政治维度来说，要建设一个持久和平的世界何以可能？这就需要对扎根于不同文化传统的民族国家，进行管控矛盾分歧，坚持全人类共同价值，构建合作共赢的新型国际关系。但"合作规范应来自何方，人们各有自己的看法，往往带

---

① 亨廷顿，哈里森. 文化的重要作用：价值观如何影响人类进步 [M]. 程克雄，译. 北京：新华出版社，2010：125-140.

② 王小章. 从"自由或共同体"到"自由的共同体"：马克思的现代性批判与重构 [M]. 北京：中国人民大学出版社 2013：98.

③ 费孝通，麻国庆. 美好社会与美美与共：费孝通对现时代的思考 [M]. 北京：生活书店出版有限公司，2019：335.

④ 国务院新闻办发表《中国的民主》白皮书 [N]. 人民日报，2021-12-05（03）.

⑤ 梁也，王习贤. "人类命运共同体"文化构建的进路 [J]. 南通大学学报（社会科学版），2018（4）.

有强烈的意识形态色彩。"①进一步讲，如果找不到一个能够最大限度反映各国利益诉求和共同遵守的规范，在不同文化主体的国家和民族之间建立合作规范就会困难重重。这也是为何我们一直不断强调构建人类命运共同体，既要遵守国际法，又要不断探寻超越意识形态和制度差异的最大利益公约数（公共利益）、最大价值公约数（全人类共同价值）的意义所在。总之，"文化—政治"的相互缠绕关系，不可避免会使异质文化主体间的政治交往出现信任赤字，诸如猜忌、猜疑、战略误判等。所以，"国际社会的正常运行……有赖于全球信任文化的形成"②，以确保人类走向安全和确定。一方面，这说明了文化、价值等同源或相近的国家主体在政治交往中更容易形成互信，从而能快速展开更广泛、更全面的合作；另一方面，又说明了各国在异质文化主体间的政治交往中，唯有不断加强各国间的文化交流和对话沟通，建设伙伴关系，才能最大限度减少猜忌、猜疑以及误判，以增进战略互信，从而实现全面、深度合作。

二、建设普遍安全世界需要构建合作型全球安全文化

在传统安全与非传统安全的威胁中，部分是在文化上所主张的思想观念与时代潮流或历史规律相悖而产生的。如"文明冲突论""文明优越论"自提出之始到现在，仍然对世界确定性和稳定性构成威胁。由此，"战争起源于人之思想，故务需于人之思想中筑起保卫和平之屏障。"③而这里的思想，从深层次上说就是文化的精神产品。一个国家、一个民族其文化中如果有战争基因，它在任何时候都不会自我消亡，而是会不时凸显出来，作用其行为。这一点从中美到底哪个国家具有侵略性也可得到印证和说明。据新华国际头条指出，2019年美国军费支出增长了5.3%，占全球的38%，然而这笔天价军费并未用于维护世界安全与和平，相反而是为了维护美国自身利益，给世界带来了混乱、破坏与战争。而之所以美国采取反普遍安全的行为，干着分裂世界的勾当，就在于其傲慢与偏见的文化基因。也就是导源于费孝通所说的：服务"个人"即"扬己"这一"西方文化的核心概念。"与之根本不同，中国文化基因是克己④，推崇"以和为贵"，自古就有"协和万邦"的处世哲学，构成了中国坚持和平发展的主要决定因子，而非称霸

① 亨廷顿，哈里森.文化的重要作用：价值观如何影响人类进步 [M].程克雄，译.北京：新华出版社，2010：157.
② 吴志成，李佳轩.全球信任赤字治理的中国视角 [J].政治学研究，2020（6）.
③ 习近平.论坚持推动构建人类命运共同体 [M].北京：中央文献出版社，2018：75.
④ 费孝通，麻国庆.美好社会与美美与共：费孝通对现时代的思考 [M].北京：生活书店出版有限公司，2019：326.

和侵略。所以，各国应构建一种开放、共同、合作的合作型全球安全文化[1]，以营造共建共享氛围，推动普遍安全落地生效。

三、建设共同繁荣世界需要开发各种文化资源能力

特定文化孕育特定经济制度。由此，文化与经济制度是一种天生的不可分割关系。一国文化中必然包含制约或促进其经济制度的优劣因素，同样一国经济制度的好坏必然能在其文化中探寻原因。这实际上说的是文化与进步或发展之间存在着紧密关系。哈佛学会曾以"文化价值观与人类进步"为题进行一般性研讨，旨在探究文化与繁荣之间的关系。研究发现二者不仅存在关系，而且前者是后者进步中的重要因素。[2] 此后，文化与进步之间的关系问题探究，伴随世界历史的深入发展而成为各国经济社会发展中不容忽视的重要课题。特别是当把文化也作为一种实力、一种"软实力"与"硬实力"相提并论后，文化的这种作用就开始逐渐被世界各国重视起来。劳伦斯·哈里森（Lawrence Harrison）的《不发达是一种心态》（1985 年）和马里亚诺·格龙多纳（Mariano Grondona）的《经济发展的文化分类》也对经济与文化之间这种互动作用进行过详细分析，特别是后者可以说是对前者的一种深化，其中他将文化分为"有利于发展的文化"和"阻碍发展的文化"。而前者与社会经济发展成正比。[3] 这一点从中西方就回答经济全球化向何处去的时代问题来看，也可以窥探得到：主张"普世价值"的西方中心主义掀起了"逆全球化"浪潮，而主张全人类共同价值的中国则开出了构建开放型世界经济的药方。

中国学者立足文化生产力角度认为，哲学、教育、科学技术的发展水平以及传统文化的资源开发能力，对"文化—经济"的发展起着重要影响。[4] 如文化对发展方式的改变具有十分明显的优势作用，这体现的是经济的文化化；文化产业的经济效益体现的是文化的经济化。如今，文化已成为综合国力竞争的一个极端重要因素。而人类命运共同体文化构建，就是要充分发挥各种文化资源作用，从而促使各国在交流互鉴中取长补短，团结合作，共同发展。更重要的是，我们强调在这一文化构建过程中，以文化推进

① 秦亚青 . 新冠肺炎疫情与全球安全文化的退化 [J]. 国际安全研究，2021（1）.

② 亨廷顿，哈里森 . 文化的重要作用：价值观如何影响人类进步 [M]. 程克雄，译 . 北京：新华出版社，2010：32.

③ 亨廷顿，哈里森 . 文化的重要作用：价值观如何影响人类进步 [M]. 程克雄，译 . 北京：新华出版社，2010：97.

④ 李旭华 . 中国文化软实力的当代建构 [D]. 桂林：广西师范大学博士学位论文，2014：43-47.

自身发展的同时，要兼顾其他国家发展，特别是关切小国、弱国、穷国。中国通过"一带一路"平台将文化及其产业或事业转化为多维经济效应就是证明。反过来，文化经济效应的取得还会促进与之各方在其他方面的深入交流与理解，为更加深入合作打下人文和社会基础，提出更多有利于世界各国发展的新方案。

总之，没有哪个社会及共同体的文化、政治和经济可以绝对彼此独立，特别是对文化来说，不仅反映而且还作用于后两者，从而实现文化与政治和经济的互动或联姻，形成文化政治化和文化经济化。建设共同繁荣世界需要开发各种文化（包括古今中外）资源能力，以促成"文化—经济"的同频共振。

四、建设开放包容世界需要促进人类文明交流互鉴

新时代公共秩序文化构建的本体论目标，就是全人类在共同分有的地球家园中以持久良性交流互鉴建设开放包容世界。无论是何种文化，其活力和创造力要永续维持下去，就须臾不能离开彰显文化的两个固有特质：开放性、流动性。这是历史发展的规律，也是文化持久发展的奥秘所在。违背了这一特质，或不依此特质开展文化活动，文化活动就必然逐渐走向衰败。对于今天世界历史发展来说，人类进入了人类命运共同体时代，而命运与共的特点反映在文化上首先是开放。或者更确切地说，开放不仅回答了这个时代从何处来，同时指明了要向何处去：从开放中走来，必然从其中向未来走去。同时，要真正命运与共，除了要开放之外，还亟待对另一问题进行妥善处理：各国各民族如何他们在制度、道路、文化等方面的异质中共同走向未来？无论是回顾人类文化史，还是回顾人类文明史，它历来并非纯而又纯的存在，而是多元、多样的现实综合，而人类文化史或人类文明史得以走到今天，并取得前所未有的繁荣盛世，靠的就是流动。这一点不仅对于人类或国家之间，在国家和民族之间也是普遍适用的原则。

无论是命运与共的国家共同体，还是命运与共的人类共同体，他们的文化发展得以永葆活力，除了要秉持其开放特质之外，还要秉持流动特质，而在一定意义上，后者比前者更为重要，否则开放所带来的后果不是活力，而有可能是迟缓乃至停滞不前。开放的目的在于以流动促进彼此的学习借鉴、彼此文化的持久深化了解和认知，从而为经贸、人文等合作提供条件，为实现全球善治提供多种方案及可能，以共同建设和谐世界，而非简单地为了开放而开放。但归根结底，在人类命运共同体新时代，要建设开放包容世界，必须要看到这本身就是在彰显文化所固有的特质，而且两者是文化的双翼。所以，不能顾此失彼，而是要并驾齐驱，一同发力，同频共振。这样才能确保飞翔平衡，避免失重。

总之，只要将文化的开放、流动特质充分彰显出来，才能促使自身文化腾飞，进而助推世界文化腾飞。任何文化发展无一例外，各国共同遵守就能共同受益。但要实现这样的目标，开放和流动还要以多样性、平等、包容原则为遵循（后文将对这些原则详细论述）。这样才能更好解决文化异质的壁垒问题，从而开放包容世界的文化目标才能达成，由此也才能为其他几个世界建设目标的达成提供良好的人文社会基础。全球各国间不断夯实的人文社会基础，是深化交流对话、协商合作、互利共赢的重要条件。从这个意义上讲，建设好开放包容世界，本身就在为其他几个世界的建设提供助力，反之亦然。

五、建设清洁美丽世界需要筑牢人与自然和谐理念

生态与文化联姻即生态文化。在如何看待人与自然何以相处的关系问题上，中西方有着不同的文化习惯。中国自古追求"天人合一"。也正是受其滋养和浸润，中国在应对工业文明所凸显的发展弊端——生态危机——时，才得以能够提出一种不仅有助于中国破解发展难题的现实方案，而且让整个人类能够进行自我救赎的现实方案：建设生态文明，推进绿色发展，并将其纳入人类命运共同体，呼吁共建清洁美丽世界。与之根本不同，"西方文化"遵循"人和自然相对立的基本思想。"[1] 而"这正是东西方文化区别的要害处。"[2] 所以，当工业文明将人类带入不可持续的歧途之时，这种文化习惯决定了他们没有也无法提出解决"天人矛盾"的良方，取而代之的只能是为了将本国生态环境建设得更好，继而在全球进行生态殖民主义，以此谋求独善其身。殊不知，今天站在人类命运共同体的时代，这种做法既已不可行，而且一荣俱荣、一损俱损的命运与共特质，在"蝴蝶效应"的作用下，还会将其一同拖入不可持续的绝路。如果西方国家只是想通过运用转嫁国内生态危机这种简单粗暴的方式来治理其生态问题的话，人类走向绝路只是时间早晚的问题。或者用马克思的话来说，今天被生态殖民的国家所遭受的生态灾难，只要换一个时间，"这正是说的阁下的事情！"[3] 更甚的是，美国在全球气候状况每况愈下的情形下，毅然退出《巴黎协定》。这让我们清晰地看到文化与生态之间的这种密切关系不容小觑。换言之，建设清洁美丽的世界，同样离不开与之相关的文化因素的推动，在全球范围内筑牢人与自然和谐基本理念势在必行。

---

① 费孝通 . 中国文化的重建 [M]. 上海：华东师范大学出版社，2013：282.

② 费孝通 . 中国文化的重建 [M]. 上海：华东师范大学出版社，2013：285.

③ 马克思恩格斯文集：第 5 卷 [M]. 北京：人民出版社，2009：308.

　　总之，文化是更基本且持久的力量。如果没有文化的繁荣兴盛，人类命运共同体就不可能有美好的未来。进一步讲，统筹推进人类命运共同体构建，文化是不可或缺的重要内容和有效支点；共同利益、全人类共同价值的实践落地，文化是不可或缺的重要因素。一句话，共迎挑战，共赴未来，"既需要经济科技力量，也需要文化文明力量。"①由此可见，一个只注重文化，而忽视经济、安全、政治、生态等方面作用的人类命运共同体构建行动是难以持续的；反过来，一个只注重经济、安全、政治、生态，而不注重文化支撑的人类命运共同体构建行动同样无法持久。因此，人类命运共同体与文化间，是一种互动与形塑的内在同构关系。这就要求在构建人类命运共同体中将文化与经济、安全、政治、生态几个方面作为一个有机统一的共生体，明确文化与之彼此间是一种互相作用、双向构建和共同发展的辩证统一关系。当文化与其他方面两两之间，从而"五位一体"作为一个整体共生共存共荣，彼此间的肯定性和互益性就会越高，形成的正向合力就会越大，人类命运共同体构建得也就越坚实；相反，如果文化与其他方面是一种消极的两两互相抵消和耗损关系，人类命运共同体中各种赤字、危机乃至灾难就会并发，也就谈不上发展。从这个意义上说，人类命运共同体文化构建，虽然是其"五位一体"中的一个方面，但却关乎着它的全局。所以，必须高度重视文化在整个人类命运共同体构建行动中的地位及作用。

第二节　公共秩序文化建构的本质规定

　　一个思想理论的本质规定，就是其最为根本的性质规定。人类命运共同体文化构建的本质规定，就是前文所说的"三个超越"。这是文明交流互鉴的具体逻辑展开，也是其精神要义、思想精髓。需要在理论与现实的互动中对其进行逻辑证成。

一、以文明交流超越文明隔阂

　　交流是相对于不交流、封闭、隔阂而言的。而陌生、隔阂和不了解，直接导致一些人以偏见视中国。这里所说的陌生、隔阂和不了解，其中一个重要原因就是交流不足而

---

① 习近平谈治国理政：第三卷 [M].北京：外文出版社，2020：465.

致。可以说，在国际社会上如果不能对与之交往的文明体进行深入持久的交流互动，在现实实践中就会因对彼此文化的认知处于一知半解状态，而导致一些诸如盲人摸象、管中窥豹的现象从而离散合作，更不要说一些国家本身带有偏见等主观原因的结果了。显然，这种只见树木，不见森林的片面观点，是不利于交往方的对话与合作的。进一步讲，正因为现实中存在这样的问题，并阻碍文明间的交往合作，侵扰着人类文明的秩序格局。所以，中国端起历史望远镜，深刻揭示出：一部人类文明史，就是一部文明的交流史。交流，可以使不同文明体从陌生到相知，继而可以降低甚至消除彼此的心理隔阂，以扩大彼此合作，推动世界发展进步。交流可释为：

首先，交流是多样性的应有之义，且孕育着融合。一方面，多样带来交流。无论是国内各民族交流，还是国与国、民与民、文明与文明之间的交流或一与多的交流，首先至少是两个以上的主体才能实现。而置于多样性文明中不同主体间的交流，又为融合带来了可能。另一方面，交流孕育融合。融合的目的是取长补短，从而进步才得以成为可能和现实。正是从这个意义上我们才讲，交流意蕴着多样性，而它既是融合和进步的前提，也为融合和进步作了必要准备。不仅如此，交流还凸显了多样性的必要和必然，又为破解因文明多样性产生的冲突等难题提供了现实路径。

其次，交流释为开放之意，或者说交流是开放的内在要求。没有开放，国与国间的交流便无从谈起。当前各国共处共在共存于鸡犬相闻的"地球村"，不同国家在经济、政治、文化、安全等领域，呈现出你中有我、我中有你的深度交融性、命运与共性，不仅将以往那种封闭孤立的状态彻底打破，而且向世人宣告如果再实行以往那种在文明体交往中推行单边主义、沟通不畅之旧模式已不可行，或者说已与时代严重脱节，是不符合历史潮流的。简言之，主张交流意味着文明，相反，主张隔阂则意味着倒退。倘若各国退回到老死不相往来的绝对封闭状态，人类文明将再无生机活力。所以，中国一贯坚持对外开放基本国策，始终呼吁国与国之间、民与民之间应"常见面，多走动；多做得人心、暖人心的事。"如此，久久为功，绵绵用力，不同文明体之间就会在不断深入了解中"更友善、更亲近、更认同、更支持。"[1]《星期四谋杀俱乐部》的作者理查德·奥斯曼也指出，他的中国之旅之所以改变了他的世界观，并增进了对中国的了解，其主要原因在于"与中国普通百姓交流"而获得，并且他呼吁西方人要了解中国同样可以诉诸此法。[2] 这一点，通过反观中国古代国力强弱的对外交往史也能窥探得知：在中国历史

---

① 习近平谈治国理政：第一卷 [M]. 北京：外文出版社，2018：297.
② 理查德·奥斯曼，王晓雄. 中国之旅改变了我的世界观 [N]. 环球时报，2021-11-29（06）.

上，国力兴衰与对外文化交流的频率成正比。[①]

最后，交流释为对话、协商之意。人类命运共同体时代，交流为不同文明体间相互持久深层次的文化互动，提供了难能可贵的契机。抓住这个契机，就能向交流要合作、要启发，从而实现共同发展和共同进步。其内蕴逻辑为越频繁交流，越了解深入，越懂得彼此，越明道理，越好办事，如高质伙伴关系。作为人类命运共同体实践落地的重要平台——"一带一路"的顺利推进，诸多国家在互联互通中取得了丰硕的人文交流成果，从而增进了各方之间的了解，"一带一路"越来越受国际认同就是最好证明。同时，不同文明之间，因制度、文化的天然差异，在交往中不免产生不解和矛盾，而要合理管控矛盾分析，一个重要方法，就是以交流加强对话与协商，探寻化解矛盾分歧之办法的最大公约数。从这个意义上来说，交流的背后还蕴含着深刻的政治意涵，凸显了构建新型国际关系的重要性和必要性。

总之，文化要交流就必须要确保其多样性，再以多样性的开放带来普遍交流，普遍交流越深入、越广泛、越频繁，了解就越深，隔阂就越少，矛盾分歧自然也会随之递减，合作就会多而持久。为此，要多做协调合作之事，"要'交而通'，而不是'交而恶'。"[②] 这样，各方间的贸易往来和人际交往才能更畅通和更便捷。

二、以文明互鉴超越文明冲突

冲突是不同文明体进行交往时不可避免的常态性问题。即便交往越频繁，这种冲突也仅能减少，却无法消除。这是文明多样性使然。如果不同文明之间交往不存在冲突反倒会让人感到一反常态。但需要明确的是，我们不能无限放大冲突，并误以为其是主流。因为，在交往过程中，文明与文明的相遇和碰撞，当然不免产生这样或那样的"冲突、矛盾、疑惑、拒绝，但更多是学习、消化、融合、创新。"[③] 这是对上述文明交流阶段的延伸、深化与升华。回顾人类文明史，交流史的深层次逻辑是互鉴史。文明间的互鉴从古至今不曾间断。在这种互鉴之中，个体文明得到了新跃升，人类文明得到了整体新发展，社会形态也随之变更。

首先，从整个人类文明看，从原始文明→农业文明→工业文明→智能文明，后者总是在前者的基础上进一步发展起来的，并且后者的发展并没有也不可能完全摒弃前者的

---

① 季羡林，张培锋.季羡林文化沉思录 [M].长春：时代文艺出版社，2013：11.

② 习近平.论坚持推动构建人类命运共同体 [M].北京：中央文献出版社，2018：319.

③ 习近平谈治国理政：第一卷 [M].北京：外文出版社，2018：260.

优点和基础。今天智能文明时代，依然需要从其他文明的历史发展中汲取智慧、经验和教训。由此，文明间必然上下承继再拓新，这是文明发展的定律。

其次，从社会形态变更看，无论是马克思的"三形态说"，还是"五形态说"，它们都遵循着"两个绝不会"的逻辑线索，最终都会走向"两个必然"的命运。而凡社会形态演进，新形态都无法直接逾越之前形态。既有对上一阶段的吸收，也有对上一阶段的批判。而无论是吸收还是批判，其中都包括对上一阶段不同程度的学习、消化、融合、创新。

最后，从个体文明跃升看，任何文明的发展和壮大，都离不开汲取其他文明（包括整个人类文明）的优秀成果。一切文明发展史都有其互鉴史，这不可不为文明发展的近路。以中华文明为例，她之所以能绵延 5000 多年不曾间断，其中最重要一点，就是善于汲取其他文明（包括整个人类文明）优长，从而为我所用。回顾历史，不难发现，自古至今，中华文明对外交往，除了带去我们的文明成果，还将其他文明的成果带回了本国。在文明互鉴的过程中，古丝绸之路的开辟具有重要意义。一方面，作为通商易货之道，它将我们的商品传到别国异域，得益于此四大发明、养蚕技术广传世界；对内，则带来了琉璃、珍珠、胡椒、亚麻、香料、胡麻、苜蓿、芝麻等。另一方面，作为一条知识交流之路，不同文明体在这一过程中通过互鉴，创新了自己的观念，丰富了自己的文明内涵。对外，中国四大发明对欧洲文艺复兴以及当时的世界变革都产生了巨大影响。对此，恩格斯说，"火药和印刷术的发明"，"具有光辉历史意义。"[1] 对内，古印度佛教经由中国长期吸收、融合和演化，形成了具有中国特色的佛教文化；中国写意画是"中国传统画法＋西方油画"基础上的技艺等。

由此，只要你愿意，文明互鉴就可能可行可颂，反之拒绝、排斥，则可悲可怜。也正是得益于此，今天各文明才能竞相开放、同放异彩，人类文明才能五彩斑斓、生机盎然。而冲突则只能将人类带入深渊，人类近代史已然向世人宣告了冲突的代价：不是你死，就是我活。2001 年"9·11"事件、2003 年伊拉克战争、2010 年"阿拉伯之春"、2011 年利比亚战争以及 2021 年巴以冲突等都是最好证明。这于个体文明和人类文明发展来说，都是百害而无一利的。不仅如此，这也从侧面证明互鉴是文明发展的人间正道，是各文明体发展自我、丰富世界必须依循的基本要求和应然之义。"历史不外是各个世代的依次交替。"[2] 而且代际间都无一例外做着两件事：既在新环境下继续所继承的活动，又以之新活动改造旧环境。因此，我们没有理由不将人类文明发展中这个互鉴的

---

① 马克思恩格斯文集：第 2 卷 [M]. 北京：人民出版社，2009：221.

② 马克思恩格斯文集：第 1 卷 [M]. 北京：人民出版社，2009：540.

优秀历史传统继续发扬光大，以克服、超越文明冲突。

三、以文明共存超越文明优越

文明共存是前两者的最终归宿。共存与优越相对。首先共存，就是各国各民族在这个共同分有、历史与现实交汇的时空中，各得其所、各得其乐、各美其美、美美与共。它不主张也不赞成任何以自我文明或某一种文明为中心的世界观和价值观，更是极力抵制那种"从人之美"的做法：凡不从"我"或不顺眼，就绞尽脑汁极力以"我"改造、同化乃至取代"他"文明，相反，而是"容忍不同价值标准的并行不悖。"① 强调的是共同发展、共同进步的和谐逻辑，而非你赢我输、赢者通吃的霸道逻辑。具体而言，在政治上追求的是各国相互尊重、平等协商，而非"谁的拳头大就听谁的"，不搞意识形态争论；在安全上追求的是普遍安全，抵制独善其身的利己做法；在经济上追求的是开放、包容、普惠、平衡、共赢，而非"两极分化"、保护主义；在文化上追求的是以文明多样性赋予世界姹紫嫣红的色彩，而非西方化就是现代化；在生态上追求的是人与自然的可持续发展，而非二者发展的二律背反。而这些正是对中华优秀传统文化中一直所赓续的"和而不同"的文化基因的现时创造。它构成了"人类共同生存的基本条件"②，也是符合文化多样性之时代潮流的思想主张，与联合国教科文组织的原则和宗旨具有高度一致性，彰显了一种超凡的公共性气度。

其次优越，指"'唯我独美'的本位中心主义，或称自我优越感。"③ 最为典型的就是美西方国家一直以来打着"普世价值"的幌子，总是搞意识形态争论，"在不断同化世界的同时又持续地分裂世界。"④《华尔街日报》前总编杰拉德贝克说，美国创立时所基于的所有"普世价值"都是"骗局"。当我们回顾人类文明的历史景观，也能清晰看到，无论是"热战"（两次世界大战），还是"冷战"，都给人类留下了切肤之痛。当前美西方反智主义回潮，"逆全球化"、种族主义、单边主义、霸权主义的变本加厉都是优越的体现。不仅如此，为了实现"唯我独美"，还"必然会发展到强制别人美我之

---

① 费孝通，麻国庆.美好社会与美美与共：费孝通对现时代的思考 [M].北京：生活书店出版有限公司，2019：305.

② 费孝通，麻国庆.美好社会与美美与共：费孝通对现时代的思考 [M].北京：生活书店出版有限公司，2019：359.

③ 费孝通，麻国庆.美好社会与美美与共：费孝通对现时代的思考 [M].北京：生活书店出版有限公司，2019：304.

④ 郗戈.从资本逻辑看"全球现代性"的内在矛盾 [J].教学与研究，2011（7）.

美。"[1] 而反抗与压迫是孪生子，由此世界不稳定性不确定性是注定的宿命。最典型的就是国际恐怖主义活动自 "9·11" 事件后进入高峰期。2008 年金融危机后逐年飙升。[2] 恐怖主义阴魂不散，始终侵扰着世界安全。但这种 "唯我独美"，伴随世界多极化、文化多样化的深入发展而被打破。可以说，人类命运共同体时代，美西方国家以利己世界观取得支配世界的做法，已失去了绝对生存空间。特别是全球 "四大赤字" 的出现，导致 "'全球混沌' 的无序状态"[3]，昭示着旧有的那种以私人利益凌驾于公共利益之上的即由西方主导的全球治理体系到了难以为继的历史尽头。也就是说，那些持本民族天生优于并永优于其他民族的观点及做法，有碍共同发展，必须抛弃。

和平大树要成长须臾不能离开肥沃土地，发展硕果要结出须臾不能离开和平环境。这让我们意识到，一个不同文明和谐共存的世界，或共同享有和平世界是多么的可贵。和平阳光照耀全世界，就是文明共存美好愿景的实现。需要明确的是，一个不同文明共存的世界不仅可贵，而且是实实在在可行的。我们看到，人类文明的历史演进本身就是诸多文明共存的景观呈现。如诸多学者曾就世界文明类型进行过多种分析：俄罗斯丹尼拉维斯基的 10 类型说；德国斯宾格勒的 8 类型说；英国汤因比的 21 类型说；美国亨廷顿的 8 类型说。[4] 所以，我们在理论和实践、事实与价值中，能找到无数条理由来反驳与文明共存背道而驰之优越做法的非正当性，却找不到一条理由不把文明共存的必由之路继续走下去。

总之，"三个超越" 之间是层层递进的逻辑关系：由文明交流促动文明互鉴，由文明交流互鉴促动文明共存，再由文明共存促动文明交流互鉴，由此形成一个螺旋式上升的闭环结构。而实际上，当我们回顾人类文明的历史景观，也能清晰看到，文明体之间的共存史是文明交流史和互鉴史作用的必然结果。这就是说，"三个超越" 符合文明发展定律。因此，人类命运共同体文化构建，其目标在于不断促进文明体之间的交流、互鉴和共存，其方法论指导是以目标的实现来全面抵制和克服文明体之间的隔阂、冲突以及优越。

① 费孝通，麻国庆. 美好社会与美美与共：费孝通对现时代的思考 [M]. 北京：生活书店出版有限公司，2019：304.

② 马俊峰，马乔恩. 构建人类命运共同体的历史性研究 [M]. 北京：人民出版社，2019：146.

③ 郗戈. 从资本逻辑看 "全球现代性" 的内在矛盾 [J]. 教学与研究，2011（7）.

④ 何星亮. 文明交流互鉴与人类命运共同体建设 [J]. 人民论坛，2019（21）.

第三节　公共秩序文化建构的资源功能

资源功能就是要廓清文化在人类命运共同体构建中的现实运用，以充分发挥其在这一构建中的各自效用、叠加效用、倍增效应乃至综合效用。廓清这一问题，对于确保人类命运共同体永葆生机活力意义重大。

一、推动传统文化与现实文化融通

继承前人是人类进步的基础。因而，人类命运共同体文化构建，首先要正确处理好传统（古）文化与现实（今）文化之间的逻辑关系。这主要涉及的是文化的历史观问题。或费孝通说的文化历史性。历史性是说，"文化有自己的历史，本身有历史的继承性"，其主要通过"祖先与后代的历史连续体"体现出来；同时文化还有社会性，它是说，要接受一套"这个社会的文化内容。"① 一方面，从历史性来说，关注传统文化本身，任何现时代的文化都是在传统文化的基础上不断演进而来，传统文化为现实文化的发展提供了条件。这样世代方能依次交替。另一方面在交替过程中还产生了文化社会性机理，每一代都无一例外做着两件事：既在新环境下继续所继承的活动，又以之新活动改造旧环境。既然传统文化意味着特定时代产物。而任何国家民族乃至人类的传统（古）文化的形成和发展，都不可避免地要受到人们的认知水平、时代变迁以及社会制度发展程度的制约和影响。然而要"通过完全改变了的活动来变更旧的环境"，就需要对这些传统文化进行一种与现时代文化发展需要相适应的转化。因为，"文化本身是变的"，它"如果不为社会所接受就留不下来"，但要留下来，就"不可能永远复制上一代的老框框。"② 也正是在这个意义上，我们才讲要推动各种文明交流交融、互学互鉴，就必须"正确对待传统文化和现实文化"③，并使之"相融相通，共同服务以文化人的时代任务。"④

---

① 费孝通. 中国文化的重建 [M]. 上海：华东师范大学出版社，2013：233-234.

② 费孝通. 中国文化的重建 [M]. 上海：华东师范大学出版社，2013：233-234.

③ 习近平. 论坚持推动构建人类命运共同体 [M]. 北京：中央文献出版社，2018：160.

④ 习近平. 论坚持推动构建人类命运共同体 [M]. 北京：中央文献出版社，2018：163.

要真正理解和把握传统文化，可从以下三个方面进行考察，否则就难以对其继承和创新活动进行有效有序推动。[①] 第一，以语义学考察。传统可以用公式来分析，即"传统" = "传"（传播、接续、传递，是站站相接）+ "统"（万束皆有一统，是代代相续），是一个合体字。第二，以语言哲学考察。将"传统文化比喻为一个统一的'文本'"，但是由于文本具有敞开性和遮蔽性。所以，对其要有所甄别。此时，就需要以第三方面类型学来考察，其主要包括主体性和客体性两个维度。主体性强调的是，由同一族系创造的文化体系；客体性则强调的是，同一族系创造的不同文化体系，分为同时空同体系的多类型；异时空下同类文化或多类异文化。就客观性而言，可以分为三大类：器物文化、制度文化和思想文化。可以说，这种考察无疑为我们对传统文化的认知，提供了本体论、认识论以及价值论的学理认识便利；也为我们在如何认识传统文化方面提供了启示作用。本书从第三方面类型学的意义上来使用传统文化。具体而言，就是它不是一种抽象意义的存在，而是一种具体的存在；它既包括本国本民族自身的传统文化或文化传统，又包括整个人类文明（包括其他文明）的传统文化。

虽然传统（古）文化与现实（今）文化之间有着时空上的间距，但不能据此主观臆断，制造传统文化与现实文化的历史疏离。因为，现实文化是从现实的传统文化发展而来，而且每一文明体（包括人类文明）在现实文化的发展实践中，都不曾离开也无法离开对传统文化进行或多或少的时代化、规律性或创造性应用。世界文化与发展委员会主席德奎利亚尔（De Quilliar）在 *Our Creative Diversity—Report of the World Commission on Culture and Development* 前言中曾指出，"东亚国家的繁荣发展"已给出确切答案："传统价值观完全可以与现代经济、科学和技术资源进行整合。"这样一来，不仅前者价值观得以维护，而且有助于改善人们生活水平，甚至出现了一些超过许多发达国家的真实案例。

传统文化是"根"和"魂"。任何国家和民族在现代化进程中失去了它，就会丧失文化认同，从而产生文化焦虑，威胁国家稳定。任何一种文明体（包括整个人类文明）的现实文化都无一例外是吮吸传统文化乳汁，而不断繁荣壮大起来的。这是我们"自己的精神命脉。"[②] 要使之精神焕发，必须脉脉相承，扎根接续传统。它是一个国家和民族屹立于世界民族之林的标识与根基。而每个文明都将上述工作做好了，人类文明的精神命脉就不得不生机勃勃。我们只有知道自己的过去，以史为镜，才能避免重蹈覆辙；知往鉴来，才能更好地开启未来之门。因此，要推进人类命运共同体文化构建，不仅要深

---

① 晏辉. 辩护与批判：传统文化现代转换的双重逻辑 [J]. 学术界，2020（5）.

② 习近平谈治国理政：第一卷 [M]. 北京：外文出版社，2018：164.

入挖掘传统文化的智慧资源，而且要使之获得创造性转化和创新性发展（以下简称"两创"）。而"'共同体'概念经历了从传统向现代转化的过程。"①应该说，虽然这一理念由中国提出，但这里的"传统"，却并非仅限于中国传统，它还包括对西方传统以及人类传统有益成分的借鉴。也就是说，人类命运共同体之所以被提出，也是有着其自身的历史性的，这表现为对前文中诸多传统"共同体"思想文化的合理内核的吸收和赓续。同时"共同体"概念，经由传统到现代的双重变奏，还表现为一种社会性存在。这也就是费孝通所说的"接受一套这个社会的文化内容"，即是对"人类向何处去"这一时代问题的精准回应，是接受了"百年未有之大变局"这样一个国际社会的文化内容的中国方案。

历史是最好的教科书和清醒剂。对传统文化的学习、总结、运用，继而促进其与现代文化的对接，让人们在破解当代危机与治理难题时，能够得到一定的思路、启示、经验与教训。历史规律内蕴前进的科学道路方向，需要认真把握。如中国在现代化的发展中，不仅从未丢掉传统，而且在与传统的对接中，不断破解自身的国家治理难题，并为全球善治提供了诸多中国智慧和中国方案。同时，西方也继承了以前文明的许多东西。②由此，"传统—现代"的魅力不言而喻，传统文化的需要在哪儿，其对现实的影响就在哪儿，对之的尊重程度就在哪儿，它们成正相关。这就是说，以人类美好生活为价值追求的人类命运共同体文化构建，要实现其目标，就必须做好传统文化与现代文化的融通。这是全人类的任务。特别是作为大国要作出应有的文化担当，为世界提供更多文化公共产品，以积极应对我们的共同危机与挑战，从而推动人类走向美好明天。

传统文化与现实文化何以融通？首先要明确"融通"的意涵，它是返本开新或守正创新的意思。返本或守正，是指要回到传统的源头中去，只有知道了我们从哪里来，才能知晓到哪里去，继而走得更远，旨在承认发展的承继性；开新或创新，是指对传统进行与时俱进的创新性发展创造性转化，即创造出新理论、新思想、新观点，以适应当代文化和现代社会发展的需要，从而更好接续文脉。只有这样对待传统文化，它才"可以济现代文化之贫"③，助推实现以文化人的时代任务。因此，在实践中个体文明在发展现实文化时，要着力促使传统文化与之融通，"坚持古为今用、以古鉴今"原则，坚决杜绝"厚古薄今、以古非今"的错误做法，注重对自我以及人类传统文化，进行"有鉴别

① 马俊峰，马乔恩．构建人类命运共同体的历史性研究 [M]．北京：人民出版社，2019：2．
② 亨廷顿．文明的冲突与世界秩序的重建 [M]．周琪，刘绯，张立平等，译．北京：新华出版社，2009：49．
③ 谢霄男．中华传统文化的界定、内核及价值 [J]．新疆社会科学，2019（5）．

的对待"即"去伪存真","有扬弃的继承"即"去粗取精。"① 一言以蔽之，传统文化与现实文化要在融通中实现携手共进，以推动人类命运共同体文化构建的步伐，必须"处理好继承和创造性发展的关系"②，特别要将后者的大文章重点做好。继而将"跨越时空、超越国度、富有永恒魅力、具有当代价值的优秀文化精神弘扬起来。"③ 解决好这个问题，人的繁衍问题也就能在很大程度上得以解决。因为，"人的繁殖指的不仅是生物体的繁殖，也是文化的继替。"④ 而上述问题得到阶段性解决，"达到暂时的统一,"随之而来的便是，促进文化和经济的发展，相反如果"解决不好，则两败俱伤。"⑤

总之，各国要获得这样的文化需明确，从时间上来说，这个课题不是暂时性的，而是永恒性的；从主体上来说，不是一国的事情，而是世界各国的事情；从内容上来说，不是对传统文化中某一或某些优秀方面的继承和创造性发展，而是对其一切优秀方面的继承和推陈出新。这也足以凸显出梳理好传统文化与现实文化的关系，对于建构一个健康的命运共同体来说，具有何等的极端重要性。

二、促进本土文化与外来文化合作对话

在公共秩序文化构建的过程中，各国不仅要处理好传统（古）文化与现代（今）文化的相处关系，同时还要正确处理好本土文化和外来文化的相处问题。因为，人类命运共同体文化构建，所诉诸的文化，是一种"流动的、开放的"⑥ 文化，而非静态的、封闭的文化。既然文化是开放的，就不可避免要与其他异质文化进行互动、接触。从宏观来看，文化之间的交往伴随世界历史的演进，打破了以往那种地缘性或区域性的交流束缚，各国文化的交流开始进入更为普遍的世界场域之中，继而跨文化交流成为世界文化发展的一种常态现象。特别是今天世界历史发展迎来了人类命运共同体新时代，各国异常重视人文外交，以力图通过其传播和扩大自己国家文化影响力，从而不可避免促使本土文化与外来文化的互动和接触呈现出史无前例的频繁程度。从微观来看，"多族化"⑦ 几乎是内在于任何民族的共性。因此，小到一个国家和民族要发展，同样也要认真处理

---

① 习近平. 论坚持推动构建人类命运共同体 [M]. 北京：中央文献出版社，2018：162-163.

② 习近平谈治国理政：第一卷 [M]. 北京：外文出版社，2018：164.

③ 习近平. 论坚持推动构建人类命运共同体 [M]. 北京：中央文献出版社，2018：162.

④ 费孝通. 中国文化的重建 [M]. 上海：华东师范大学出版社，2013：234.

⑤ 季羡林，张培锋. 季羡林文化沉思录 [M]. 长春：时代文艺出版社，2013：10.

⑥ 习近平. 论坚持推动构建人类命运共同体 [M]. 北京：中央文献出版社，2018：162.

⑦ 周平. 族际政治：中国该如何选择？[J]. 政治学研究，2018（2）.

好内部不同民族的文化交流问题。对此，王铭铭在《超社会体系：文明与中国》中指出，最为典型的当属中国，并将之称为"超社会体系"——一个民族和区域内外部都多元的"超社会的社会"。

而问题在于这种互动和接触，因各国文化的天然异质性，是以冲突的恶性互动和接触之对抗性样态存在呢？还是以"交流交融、互学互鉴"①的良性互动和接触之和谐共存样态存在呢？还是以哪种样态处世呢？也就是说，全球化时代，人类文明向何处去？又一次摆在了人们面前，成为困扰人类的一个重大现实时代课题。需要说明的是，之所以用"又"字，是因为实际上，对于文化或文明间的交往问题，并不是当代的新课题，它有其历史性演进历程，对此在理论与实践上有着多维同向或不同向的回应。

首先，对文明交往问题进行一种普遍意义上的探究。这一点在前文的文献梳理部分已有相关论述，但在这里，还可以通过考察其他观点，对文化文明交往问题，做进一步探究和说明：文化保守主义。为了避免西方文化的全球扩张或外来文化的进入，对本民族文化传统造成侵蚀或伤害，在对待这些文化时，他们采取一种保守态度：保护本民族固有文化传统，并将其发扬光大；文化相对主义。它拒斥对不同文化的价值比较和排序，主张文化多元主义。但因其评价标准和裁判者都是自己，所以容易导致盲目排外和文化孤立主义。②

由此，这些文明交往价值观因其大多具有狭隘的西方中心主义色彩，或自身无法克服的理论与实践的二律背反困境，而无法从根本上解决不同文明间该如何相处，即人类文明向何处去的时代问题。需要明确的是，虽然由于国际话语权一直被西方所把控，文明冲突论作为其文明交往的世界观和价值观，曾一度成为"时髦"，并被他们奉为座上宾和圭臬。然而，这种个体本位主义的世界观和价值观，意味着只要存在西方文明之外的非西方文明，他们之间就要进行争斗，直至西方文明统治一切文明为止。但这不管是从历史来看，还是从现实来看，充其量不过是西方文明一厢情愿的痴心妄想罢了。特别是当前人类命运共同体时代，国际力量对比趋于平衡，届时如果再以那种冲突论为文明交往的世界观和价值观，可以毫不夸张地说，一旦国与国之间（特别是大国之间）发生战争冲突，加之现代化武器（特别是核武器）的运用，最终文明差异不仅没有得到成功解决，反而会给世界带来灾难，甚至灭顶之灾。从这个意义上说，文明冲突是高悬于人类头上的一把达摩克利斯之剑。因其以冲突出场，又终将以冲突收场，文明的交流、互

---

① 习近平.论坚持推动构建人类命运共同体 [M].北京：中央文献出版社，2018：160.

② 王宗礼.论全球化背景下文明交流互鉴与人类命运共同体 [J].西北民族大学学报（哲学社会科学版），2019（6）.

鉴、共存即有序发展，始终是游离于这一世界观和价值观之外的，文明的繁荣和未来也就无从谈起。但反过来，这也说明，那种冲突论调在时下的环境中失去了绝对的生存土壤和空间，已不可行。需要一种新的文明交往观代替。

其次，对文明交往问题进行一种具体化的探究。对本土文化与外来文化的关系问题进行较为深刻认识，最具代表性的当推中西文化以一种怎样的相处模式来窥探得知。进一步讲，就是从中来探知中西文化之间到底以一种怎样的交往姿态处之，才是既符合自身发展，同时也是符合人类文明发展的。在此，可通过比较式和合作式对话①进行分析。

第一，比较式对话。从其字面来理解，比较就是从其异同出发，来分析不同文化的相似性和差异性。可以说，这种比较是良性的。因为，它对于人们深化对文化发展规律的认识和把握大有助益。但"中西文化之争"中的比较，却隐喻着一种更深层次意涵："'以比较差异论优劣'的传统逻辑思维。"②加之，这种比较并没有一个评价标准以及科学的概念供比较者进行参考或参照，而西方文化又长期处于世界领先地位。所以，比较者一般会因主观偏好（主要是西强中弱）而作出自我判断，致使比较的结果常常难以客观公正。对此，有学者在研究文化文明现象时曾指出，文化文明之间的比较研究因其常常用非科学概念，就不得不凸显较强的主观性。③

而且这种传统逻辑思维会在比较者的头脑中自觉或不自觉地占上风。所以，按照这样的逻辑思维，在实践中，就会将中西文化对话带入二元对立的怪圈。此时，因比较失去了它的正向作用，其结果也必然会出现与正向比较相疏离的负效应。正如有学者指出，由于在对待中西方文化上总是持有"谁优谁劣"的思想束缚，其结果或是陷入"被西方化"的泥沼；或导致文化本位主义；或全盘接纳文化"他者"。④这无疑是对上述文明冲突论、文化保守主义以及文化相对主义症候的综合真实反映。因此，"中西文化之争"的结果一方面，加深了我们对这些论调或主义之弊端的理解；另一方面，也告诫人们摒弃这些论调或主义的必要性和重要性。

要进一步理解这种弊端，回顾近代之中国以及新文化运动，也是有着十分明显的历史镜鉴的。如在破解中国向何处去的难题中，"'全盘西化'、'文化守成论'及'折中

---

① 桑德尔，章含舟，万思艳等.从"比较式对话"到"合作式对话"——对陈来等教授的回应与评论[J].华东师范大学学报（哲学社会科学版），2016（3）.

② 郭云泽，刘同舫.超越"中西文化之争"：从"比较式对话"到"合作式对话"[J].学术界，2020（4）.

③ 阮炜.文明的表现[M].北京：北京大学出版社，2001：58.

④ 郭云泽，刘同舫.超越"中西文化之争"：从"比较式对话"到"合作式对话"[J].学术界，2020（4）.

论'等观点"[1]，都曾作为方案"粉墨登场"，但却也因其弊端无一例外地走向了"黯然失色"，呈现出一种"潮过即落"[2]的局面。而这些路径的提出，与"中西文化之争"中比较式对话的价值观不无关系。可以说，这种被主观所绑架的比较式对话除了一较高低之外，不能也无法使任何一种文化在对话中得到持久的升华和发展。或者更确切地说，这种以中西文化的分裂或对立为最终指向的对话方式，不仅难以促动任何一方的文化的持久发展，而且无法促进由其所组成的人类文明的整体持久发展。因其与时代潮流不容，无论如何粉饰都难逃破产命运。这意味着要促进自身文化以及人类文明的共同发展，必须找到一种有利于中西文化共同发展的新的对话方式，以力避盲目推崇西方文化和对自己文化妄自菲薄的错误倾向。这便构成了合作式对话的出场缘由。由此，比较式对话的价值指向与以交流、互鉴、共存为目标的人类命运共同体文化构建难以相容。

第二，合作式对话或交流互织。它是指在廓清比较式对话的限度和边界以及竞争对抗关系的基础上，"重新建立两者之间平等沟通、开放包容的合作关系。"[3] 这是深刻反思比较式对话所得出的客观结果。既然比较式对话是一种二元对立式的价值取向，要克服这种思维定式和价值偏向的弊病，就要扭转对立，弥合分裂，继而尝试迈向中西文化的合作或整合之路。这样才能避免由对立走向冲突、由崇拜失去独立、由妄自菲薄产生自卑。当然，合作式对话也讲比较，但它不是在文化对话中一较高低、得出谁优谁劣，而是通过比较发现自身不足，以进行"以我为主"的取长补短。在此基础上，在文化对话中为实现平等沟通找到互动的交汇点和平衡点即共识，继而向包容开放的更高境界和层级转化；反过来，开放包容再推动平等沟通，如此循环往复，实现共同进步与发展。

由此，"合作式对话"不是要消灭差异，而是尊重差异，继而求同存异；不是居高临下，只此一家、别无分店，而是共生共存共赢，继而聚同化异；不是否定开放与斗争，而是跨越或突破在开放中所树立的"零和博弈"思维藩篱，秉持"正和博弈"[4]的思维逻辑，致力于推动多元文化的平等协同对话，继而共同发展和进步。在这里，有必要对"斗争"作进一步说明。简言之，就是"采取合作基础上的针锋相对策略"。在文化交往中对那些可以调和之矛盾，要想方设法对其进行调和；反过来，对那些涉及核心利益的问题，就要勇于敢于发扬"伟大斗争"精神。值得注意的是，这种"斗"也不是没有限度和边界的，更不是一种以决裂为指向的恶性争斗，而是要采取一种"斗而不

---

① 费孝通.中国文化的重建 [M].上海：华东师范大学出版社，2013：237.

② 罗厚立.从思想史视角看近代中国民族主义 [J].战略与管理，1998（1）.

③ 郭云泽，刘同舫.超越"中西文化之争"：从"比较式对话"到"合作式对话"[J].学术界，2020（4）.

④ 张晋铭，徐艳玲.科学把握人类命运共同体与全球治理体系的"正和博弈"[J].青海社会科学，2020（2）.

破"的方针：既要以合作为初衷，又要以合作为落脚点，力避"破局"。① 换言之，合作、让步是有原则和限度的，对不能让步的必须坚持。总之，斗争虽是必然且必要的，但要防止其扩大化。正是从这个意义上来说，"合作式对话"是对"比较式对话"的修正和新发展，也是对比较思维的一种正确理解和科学运用。也只有这样，比较思维才能发挥其正向的良性效用。

实际上，这一点，从中国共产党一以贯之的文化思想："马魂、中体、西用"② 来看，也能窥探得知。中国共产党对于任何一种文化资源，都没有采取一种简单粗暴的方式（如文化拿来主义、文化相对主义、文化保守主义、文明冲突论等）进行对待，而是始终在"以我为主、为我所用的原则"③ 下，吸取优长，为我所用，始终坚持在发展自我文化的同时，与其他文化进行必要的"合作式对话"；在彼此文化交流的取长补短中，共同助力世界文化繁荣的伟大事业。可以说，中国这样一个有着 5000 多年文化底蕴的大国，之所以能够长久不衰在历史长河中走到今天，靠的不仅仅是自我文明智慧，还离不开对其他文明以及人类文明智慧的合理吸收；反过来，中华文明的发展和壮大也在世界场域中对其他文明以及人类文明发展产生了重要的正向影响。这是"合作式对话"所彰显的文明溢出效应和互馈效益。

显然，这种"合作式对话"与人类命运共同体文化构建的本质规定，具有高度的一致性和契合性，是其在理论和实践中着力要坚持的。需要明确的是，中西文化的这种"合作式对话"，虽然只是全球诸多跨文化对话活动的一个缩影。但不得不说，它已然向人们展现了"合作式对话"的重要性和"比较式对话"的致命性，前者必然会将人类文明带入生机勃勃、有序繁荣，而后者带给人类的则只能是无尽的动荡不堪、混沌阴暗。所以，"合作式对话"既关涉人类道义，又关涉人类前途命运，应成为全球各国文化交往时的基本规则。

总之，本土文明与外来文明的相遇，或本土文化与外来文化的互动，为与之交往方应对国家治理难题、社会治理难题以及共同应对全球治理难题，提供了多维思路和出路的可能。因此，我们在实践中，不能将不同文化的异质性当作冲突、隔阂的绝对缘由，而是应当以异质性为契机，真正意识到正是这种异质性赋予了交流对话的价值和意义。也就是，要在与之交往中弥补不足，丰富自我，积极自觉将其转化为自我进步的动力，而非视之为掣肘相互发展的阻力。需要交代的是：倡导本土文化与外来文化的交流互

---

① 陈鹏. 构建人类命运共同体对全球价值链的影响探析 [J]. 青海社会科学，2020（1）.

② 方克立. "马魂、中体、西用"是习近平文化思想的宗纲 [J]. 思想理论教育导刊，2015（5）.

③ 江泽民文选：第 2 卷 [M]. 北京：人民出版社，2006：35.

鉴，并不是要有意抹杀或漠视文明或文化异质性；相反，正是这种异质性为交流互鉴提供了可能和现实，继而以此来化解交往中出现的冲突、矛盾、疑惑、拒绝心理。这是正确看待文化天然异质性的特质，为了避免文明间的无尽冲突，将人类文明推向自我毁灭的深渊，而提出了一种人类自我救赎方案。因此，在现实中，我们不仅要坚决反对和抵制"西方中心主义的'台阶式'历史观"[1]，还要不遗余力地将自我救赎方案——文明交流互鉴——贯彻下去，以充分彰显人类文明多样性的鲜明底色。总之，持续与外来文化合作对话并取长补短，既有益于本土现代文化精进，又有助于激活中华优秀传统文化。

三、实现古今中外之学融会调和

人类文化处于哪儿？这是任何时代，特别是"新的轴心时代"推进其发展都要廓清的核心问题。要回答此问题，必须"回溯其文化源头、传承其文化命脉、会通古今之精华。"[2] 否则就难以定位。而新时代，人类命运共同体要走向繁荣和强大，就必须牢牢抓住古今中外文化这些重要力量源泉和智慧支撑。特别是时下各国共处"百年未有之大变局"，要全面应对时代之变、世界之变、自身之变，世界上没有也不可能存在一个国家、一个民族的文化，可以无所不包、包治百病。也就是，非一国之力，一朝一夕可以办到。进一步讲，无论一个国家、一个民族的文化强大到何种程度，它也必然会面临这样或那样的治理困境，更不要说落后国家和民族文化在面临治理困境时的缺憾。简单来说，对于同一治理难题，有的国家民族文化可能具有治理的可行方案，有的国家民族文化就可能缺乏或无法提出有效的方案应对。

正因如此，我们才讲，如果世界文化是单一的，那么，当我们面对无法解决的治理难题之时，就会出现因文化"匮乏"而限制思考出路的现象。即是说，只能束手无措，任其恶化。而因治理难题的无计可施、无能为力，人们就会因走投无路，陷入各种治理困境的恐惧之中，最终走向崩溃和毁灭。可以说，在单一文化世界中，停止是一切事物的宿命，进步与发展将与之隔绝。但庆幸的是，我们这个世界是传统文化、现代文化、本土文化以及外来文化等多元文化并存的世界。由此形成向上的逻辑结构：多样→交流→融合→进步。这为单一文明主体深陷治理困境而不得法带来新的希望。应当说，不同国家和民族在文化对话中，通过交流互鉴使这种治理缺陷于死地而后生，即有了转机的可能，继而使人们能够在那种治理困境的绝望中得到解救，帮助人们在应对治理难题

---

① 费孝通．中国文化的重建 [M]．上海：华东师范大学出版社，2013：236.

② 汤一介．走出"中西古今"之争，融会"中西古今"之学 [J]．学术月刊，2004（7）.

时，剔除了一些不必要的恐惧。因此，文明间的相遇便为彼此观察世界赋予新视角，并使之于交流互鉴中实现"以文明化的方式自我提升。"① 这正是文明溢出效应。

以"五大文化圈"为例，这些文化圈作为世界文化的组成部分，既有联系和共同点，又有着各自独特的价值体系、话语体系、世界观和人生观。他们对不同的治理难题有着各自的见解，也面临着不同的困境，体现的是各自文化的长处和缺憾。这一点，从时下中西文化的现代治理情况来看更为明显。我们知道，一直以来西方文化被奉为世界文化的领先地位，它不仅与先进和富强相关联，而且成为其代表者。这让一些人往往只会重视其文化优点，却容易忽视其弱点和缺憾。但今天伴随现代化的高歌猛进，各国在创造财富的同时，走在现代化道路上的他们，也不同程度陷入了现代化的各种困境之中。如共同性的挑战和难题：全球经济危机、全球生态危机等；欧盟共同体内部不团结；各国国内的各种社会治理难题此起彼伏。在面对全球治理难题，一直以先进自居的西方不仅并未开出济世药方，反而掀起了与时代潮流相悖的"逆全球化"、贸易保护主义浪潮。特别是美国断然挥起霸权主义和民族主义大棒，一跃成为"退群"② 冠军，未能彰显其大国该有的气度和样子以及该承担的责任。此外，欧共体内部不和。如法国"黄马甲"事件、英国脱欧、意大利"五星运动"③ 等，进一步显示出其文化缺乏团结精神。

这些都暴露出了西方文化的短处或弊端。而西方文化最大的短处和不足就是"利己主义中的'己'……这个'己'正是西方文化的核心概念。"④ 所以，在西方人们普遍形成了"严重的以利己个人主义为中心的文化价值观。"⑤ 进一步讲，就是缺乏"克己"或利他性即公共精神。由此所刻画出来的理念说到底就是"不以科学态度去处理文化关系。"⑥ 这种价值观，不仅导致了西方体系内部矛盾丛生，而且使"二战后形成的资本主义主导的全球治理体系的变革"⑦ 到了迫在眉睫的时刻，乃至难以为继的历史尽头。重击西方文化万能论者。同时，由于傲慢与偏见的文化弊病，西方国家在面对各种此起彼伏的社会治理或全球治理难题时，他们情愿陷入现代化困境的问题链条之中，也不愿

① 陈赟. 文明论视域中的中西哲学及其会通 [J]. 武汉大学学报（哲学社会科学版），2019（4）.

② 姜键. 美国"退群"的根本原因及其严重后果 [J]. 思想理论教育导刊，2020（7）.

③ 艾淑飞. 人类命运共同体的生成逻辑 [J]. 北方民族大学学报（哲学社会科学版），2019（4）.

④ 费孝通. 中国文化的重建 [M]. 上海：华东师范大学出版社，2013：282.

⑤ 费孝通. 中国文化的重建 [M]. 上海：华东师范大学出版社，2013：284.

⑥ 费孝通. 中国文化的重建 [M]. 上海：华东师范大学出版社，2013：285.

⑦ 陈锡喜，董玥. 科学把握中国特色社会主义制度和国家治理现代化的关系 [J]. 马克思主义理论学科研究，2020（2）.

承认其他文明现代化治理经验的可取之处，或采取直接漠视的态度，也就谈不上借鉴。这显示出其缺乏文明发展所必需的"文化虚心"。当然，西方人不是从未有过"文化虚心"，在明代和清初这种虚心还是较为明显的。但此后，随着他们的军事和经济实力的逐渐增强，西方对东方的蔑视态度越发变本加厉，虚心也随之而锐减。①

与之形成鲜明对比，中国文化自古有着"克己"传统。正如费孝通指出，"东方的传统文化里'己'是应当'克'的。"②而这种文化之间的互补是中国文化世界场域在场的逻辑必然。正因如此，我们党"坚持不忘本来、吸收外来、面向未来的基本原则，自始至终肩负着'双重使命'"——"致力于解答'中国向何处去'"和"探寻'世界向何处去'。"③特别是中国向国际社会提供的诸多应对西方文化束手无措的全球治理难题之方案和智慧即公共文化产品。如应对经济全球化危机，主张构建开放型世界经济；在应对全球生态危机实践中，提出生态文明思想和绿色发展理念，并将其献给全球生态治理，现已成为其重要参与者、贡献者、引领者；应对人类公共卫生危机，中国先后向全球 180 多个国家、10 多个国际地区等发出援助……这些理念和方案无一不是在马克思主义的指导下，并扎根于自身传统文化，汲取人类文明的结果。而这种通过在古今中外文化的融会中，弘扬传统文化，发展现代文化，汲取外来文化，丰富本土文化，即实现"以我为主、为我所用"的成功做法，也可以成为各国繁荣发展自我文化的必然选择和必由之路。这样各国文化发展了，由其所组成的世界文化和人类文明也就获得了整体提升。

当然，这种分析不是为了区分谁优谁劣，而是为了说明"世界上不存在十全十美的文明。"④进一步讲，不同的文明既有着自身的不足和缺陷，同时也有着各自的长处和优点。正因如此，罗素（Bertrand Russell）在《中国问题》中强调，西方文明以科学的方法闻名；中国文明以对人生归宿的合理理解闻名。人们一定希望看到两者逐渐结合在一起。而这里的"结合"，一定程度上，就是融会古今中外文化的意思。被誉为"千古绝伦的大智者"的莱布尼茨（G.W. Leibniz）也有类似观点，1691 年他在与入华传教士闵明我的去信中曾指出，他希望入华传教士们在将他们的数学传到中国的同时，也可以将中国的自然知识一类带回欧洲，以使人民的学理得以充实，以此取长补短。为此，他在《中国近事》中告诫欧洲学习中国长处，注重推动中欧文化交流。今天这一著作发表已

① 费孝通.中国文化的重建 [M]. 上海：华东师范大学出版社，2013：237.
② 费孝通.中国文化的重建 [M]. 上海：华东师范大学出版社，2013：282.
③ 马立志，王萍.论新时代中国特色社会主义价值意蕴的三重维度 [J].西安财经大学学报，2020（4）.
④ 习近平.论坚持推动构建人类命运共同体 [M].北京：中央文献出版社，2018：77.

有 300 余年，是中外文化交流的重要"见证"和真实写照。这便与"在竞争比较中取长补短，在交流互鉴中共同发展"[①]的倡导同一无二，应促使其知行合一。

总之，人类文明是在"传统—现代"文化融通、"本土—外来"文化互鉴的统一逻辑中向前发展的，而以人类文明永续发展为指向的公共秩序文化构建当然也要如此。以文化来构建或推动人类命运共同体，就是要各国养成"文化自觉、文化他觉以及文化互觉"[②]，来全面、广泛地将一切可以利用的优秀文化资源充分利用起来，贡献这一构建事业。一切可以利用的文化资源，指凡是可以使各国人民生活得更加幸福，从而使世界变得更加美好的一切文化。为此，要推动公共秩序文化构建向更深更远更高质量发展，就必须要多策并举、多管齐下，要看到古今中外文化是相互转化的辩证逻辑矛盾，自觉摒弃、抵制和杜绝那种将古今中外文化宣称为主观臆造之逻辑矛盾的错误思维；坚持融会"古今中外"文化之和，继而由和到合。简言之，就是要走出古今中外文化之争，融会古今中外文化之学，集合古今中外文化之精华，才是公共秩序文化构建的人间正道。这是各国各民族生存和发展的永恒必修课，也是保持自我文明独立和国家主权独立的必由之路。

---

① 王恬，牟宗琮，张梦旭. 同心打造人类命运共同体 [N]. 人民日报，2016-01-27（01）.

② 赵旭东，朱鸿辉."格""局"之间的文化互觉——费孝通多元一体文化观与人类命运共同体 [J]. 西北师大学报（社会科学版），2021（2）.

第三章 公共秩序文化建构的理论渊源

　　一种思想、一个理论的生成，同人们创造历史一样，都不是也不可能随随便便就可以创造的，而是都有其鲜明的历史继承性、时代特殊性和现实必然性。公共秩序文化构建也一样。即是说，作为一种理论形态，它是在继承前人的思想理论基础上而生成和发展的。具体而言，它既有着马克思主义坚实的理论基石，又有着丰厚的优秀传统文化精神滋养。对此有学者指出，"中国不仅有能力吸收不同文化传统，而且还能借鉴自己和西方的政治经验，详细展开治理的原则体系。其结果将是一种独特结构：西方马克思主义与中国古老价值观和管理传统，尤其是中共的治理经验的结合体。"[1]

第一节　马克思关于共同体文化治理的相关理论基础

　　公共秩序文化构建从哪里来？到哪里去？这是深入探究这一课题

---

[1] 马丁·阿尔布劳. 中国在人类命运共同体中的角色：走向全球领导力理论 [M]. 严忠志，译. 北京：商务印书馆，2020：111-112.

始终要明晰的一条逻辑主线。也就是，这一文化构建有其坚实理论支撑，而且这一理论支撑，内在规制了其发展的或是阶段性方向或是远景性目标。这里的理论支撑是指马克思主义是其航行的永恒灯塔。在这一灯塔指引下，马克思世界历史理论、马克思共同体思想给出了人类命运共同文化构建从哪里来，到哪里去的真切回答，为其提供了理论支撑、价值遵循以及方法论指导。正如一些学者认为，人类命运共同体是马克思世界历史理论的逻辑必然；是迈向"真正的共同体"的必经阶段；或"向'自由人联合体'迈出的第一步"①；或"正以另一种思维为'自由人的联合体'创造契机"②；等等。对这一文化构建理论渊源进行系统梳理，以彰显其时代关照，有利于与时俱进完善此构建的理论和实践布局，为驶向最终航标积累条件。

一、马克思共同体思想

马克思共同体思想大致经历了三个历史进程的逻辑演进。这与其社会发展三形态一致：依循着"人的依赖关系"——民族历史的典型特征，到物的依赖关系——这一形态是历史转向世界历史但未完成阶段的典型特征，再到"自由个性"③或"自由人的联合体"——这一形态与世界历史的未来趋势即共产主义相一致——的动态发展进程，来对与之相对应的"自然形成的共同体""完全虚幻的共同体""真正的共同体"进行阐述和分析。对这一思想的系统梳理，既有助于对人类命运共同体文化构建进行精准把握，又能沿着马克思所指明的方向继续奋力前进。

（一）"人的依赖关系"——"自然形成的共同体"

在这一共同体中，任何形式的个人都从属于这个整体。也就是说，个人是自然形成的共同体的附属物，从而不具有独立性，个性、尊严和价值也就无从谈起。在这里，个人为了生存而结成一种非常简单的社会关系，或者说是一种自然的社会关系。所谓自然的社会关系，主要是基于自然血缘关系而成。这也是人类历史得以出场的原始场景。这便出现了家庭，而家庭自身的不断繁衍会产生属于他们自己的部落或氏族。不仅如此，不同家庭或部落或氏族还会以互相通婚或联合的形式，来扩大其家庭或部落或氏族。总之，合群使人们相联结。一方面，为了凝聚合力诉诸于集体行动以弥补因个体自卫能力

---

① 陶富源."人类命运共同体"建构是向"自由人联合体"迈出的第一步 [J]. 江淮论坛，2020（1）.

② 卢德友."人类命运共同体"：马克思主义时代性观照下理想社会的现实探索 [J]. 求实，2014（8）.

③ 马克思恩格斯文集：第 8 卷 [M]. 北京：人民出版社，2009：52.

不足而产生的缺憾，也就是谋生，从而个体必须而且只能高度依赖于共同体才能确保自身得以生存。其中包括对个人自由的让渡或失去为代价；另一方面，也是为了确保种族得以延续下去。由此，个人对共同体的依赖程度不言而喻。但归根结底，在这种自然形成的共同体中，血缘主要是其共同纽带。与之相联系的是，虽然不同家庭或部落或氏族之间是分散的，但他们的内部无论是在生产，还是在生活的各个方面，就无一例外的有着诸多共性特征。这也就意味着，任何个人无论是对于家庭、部落，还是氏族来说，只有当他成为或将自己视为其中的一份子之时，他"才能把自己看成所有者或占有者。"① 所以，马克思认为，个人之于共同体这一实体来说，当他本身就是这一实体的肢体或成员之时，他就是其纯粹自然形成的组成部分；而当他将自己视为这一实体的肢体或成员之时，他就成为了一种偶然因素。

从财产形式看，在这一阶段的共同体中，劳动过程得以实现的前提，是天然存在的土地——共同体的共同财产。加之，彼此处于一种自然形成的封闭自守状态，这使得他们的生产能力基本都只能根植于狭小范围或独立的地点上进行，与之相伴随的结果是生产力低下。虽然，人们对其支配的形式可以有所不同，但囿于"个人隶属于这种共同体"②的特性，或存在"统治从属关系"，即便个人拥有了共同财产中的一定土地作为自己的私人财产，也只能是占有者，而决不能成为凌驾于共同财产之上的所有者。也就是说，在自然形成的共同体中，共同财产的所有者不能是个人，只能是由个人所组成的家庭或部落或氏族等这样一种"总合的统一体表现为更高的所有者或唯一的所有者。"③ 简言之，个人财产隶属于公社，是共有而非独占，这种间接财产关系决定了"共同体是公有制的基础。"④ 进一步讲，作为家庭、部落、氏族财产事实的基础，为了使得这个共同体能够一直延续下去，共同财产以及剩余价值对于每一个共同体来说，又只是扮演着世袭占有者的角色，而个人的特殊利益则是为共同体而服务或受制于共同体的。也正因如此，这种公社形式的财产，"只是体现了为人的属性"⑤，只能提供自给自足或勉强度日的生活，而非发财致富，或者说这一阶段共同体还尚未具备发财致富的条件和手段。

显然，上述这种无论是基于自然血缘，还是基于统治从属联结起来，而形成的自然共同体，都还只是地方性存在，与马克思所设想的终极共同体中每个人能够自由全面发展的目标相差甚远。于是，伴随人们对自然关系和社会关系把握的不断深化，特别是主

---

① 马克思恩格斯文集：第 8 卷 [M]. 北京：人民出版社，2009：124.
② 马克思恩格斯文集：第 1 卷 [M]. 北京：人民出版社，2009：573.
③ 马克思恩格斯文集：第 8 卷 [M]. 北京：人民出版社，2009：124.
④ 王公龙等. 构建人类命运共同体思想研究 [M]. 北京：人民出版社，2019：14.
⑤ 王公龙等. 构建人类命运共同体思想研究 [M]. 北京：人民出版社，2019：14.

体意识的逐步觉醒，促使其想要冲破这一共同体对自身物质的和精神的枷锁，便迎来了从"人的依赖关系"向下一阶段的转变。

（二）物的依赖关系——"完全虚幻的共同体"

这一阶段新的社会形态以物的依赖关系而存在。其主体是资产阶级，所进入的是资本主义时代。在这样的时代条件下，民族—国家的生产力和交往逐步走向普遍化，自然形成的地方性联系，即民族局限和地方局限逐步成为历史，取而代之的是市民社会；世界市场的生成使得自给自足的目的被发财致富的目标所取代。总的来说，自然形成的共同体退出历史舞台，取而代之的是与新的社会形态所对应的新的共同体形态——"完全虚幻的共同体"①，开始登上历史舞台并发挥作用——有积极的，也有消极的。可以说，对这一消极作用理论和现实逻辑进行阐释，就是对这一社会形态相伴而生的"完全虚幻的共同体"形式之"完全虚幻"的真正解剖。如果可以用一句话来概述这种"完全虚幻"的特征，那就是：一切"关系被本末倒置。"②与之相伴随，"虚假的共同体，总是相对于各个人而独立。"③

正如前文所述，在自然形成的共同体中，个人是没有自由、个性、尊严和价值可言的。在这一阶段的共同体中，虽然个人在这些方面有所突破，但遗憾的是，这些自由、个性、尊严和价值，并不是以每个人的现实获得而呈现在世人面前的，而是仅仅针对"那些在统治阶级范围内发展的个人来说是存在的。"④这样就出现了与共同利益相对立或对抗的私人利益，不仅如此，私人利益还成为这一社会的最高价值准则。资产阶级无时无处不力求"按照自己的面貌为自己创造出一个世界"⑤就是最好证明。为了实现这个目的，他总是用自己的巨手千方百计来扼制整个世界，其中扼制的主要方式，就是不断对其他民族国家——只要能实现其利益，盟友也不例外——进行灭绝人性的战争，从而对其进行殖民化统治，使其成为他们的雇佣工人。"不停的动荡，永远的不安定和变动"⑥是常态。这些在自然形成的共同体中几乎很少发生的事情，在这一共同体中却成为了一种持续的常态化状态。可以说，在这里，一切关系和形式的存在都只是成为其表现自己实现私人目的的手段。特别是越是向前追溯历史，这一表现越清晰。

---

① 马克思恩格斯文集：第 1 卷 [M]. 北京：人民出版社，2009：571.
② 马克思恩格斯文集：第 1 卷 [M]. 北京：人民出版社，2009：43.
③ 马克思恩格斯文集：第 1 卷 [M]. 北京：人民出版社，2009：571.
④ 马克思恩格斯文集：第 1 卷 [M]. 北京：人民出版社，2009：571.
⑤ 马克思恩格斯文集：第 2 卷 [M]. 北京：人民出版社，2009：36.
⑥ 马克思恩格斯文集：第 2 卷 [M]. 北京：人民出版社，2009：34.

需要和私人利益便将资产阶级连接起来，以确保其利己安全。这就决定了在这里连接起来的阶级为了私人利益的实际获得，他必须在自己首创的世界历史范围内，将"自己通常的利益"即私人利益说成是"具有一种普遍的形式"[①]即"普遍利益"，并将他们自己国家民族理想，说成是"世界的福祉和全人类的目的。"[②]这样一来，在资产阶级眼中，那些所谓的"平等""人权"等，就只存在于而且只能存在于资产阶级中，即与之相对应的理想化的王国及其司法、法律、所有权之中，甚至连自然科学都沦为其从属。总之，所有关系都成为了资产阶级私人利益的理论表现。而且在这一过程中，从而也是在现实中，主要是以物质关系的表现，来呈现出本末倒置的反人性真实面目的，更甚的是，在金钱面前，"一切神都要退位。"[③]

首先，反映在自然关系或自然观上，他们不仅认为自然是其私人财产（如《关于林木盗窃法的辩论》），而且其资本的增值是以自然价值或资源的贬值或深度贫困乃至牺牲为代价的。特别是这个增值运动越是加速，这种破坏或牺牲，即"对自然界的真正的蔑视和实际的贬低"[④]越是变本加厉。与之相伴随，还产生了因人与自然关系紧张而连带的瘟疫——资产阶级导致人祸的结果。这与自然的天灾式的瘟疫有着本质区别：前者带有必然性，后者带有偶然性。因而，"自然主义"向来游离于资产阶级视野之外，或者说在他们视野中自然界的固有价值只有一个——为金钱而存在。

其次，反映在人与人关系上，人们在表面上看是独立地、自由地进行着某些交换或交往，但本质上却深陷"抽象共同体"——货币共同体和资本共同体——的奴役，而成为其附庸或奴隶。商品拜物教和资本拜物教的兴起，即人对商品和资本进行顶礼膜拜，或商品和资本对人的布道，就是最好证明。在这里，可以说，人与人的关系不仅仅是被物化关系所遮蔽那么简单，而是其本质被商品和资本所宰制或统治了。人的本质被剥夺以非现实性存在。因而，那种独立和自由不过是一种错觉，实际上还是彼此间的漠不关心。所以，在这里，我们看到自由、独立，或普遍自在的价值，不是活着的个人，相反而是资本。也正是从这意义上来说，在这一共同体形态中，对于被统治阶级而言，虽然他们失去了上一共同体的枷锁——人的依赖，但在这里，却又被带上了新的镣铐——物的依赖。而这个新的镣铐或马克思所说的"新的桎梏"，并没有使人比先前更自由多少，甚至恰恰相反，因为其更加屈从于物的力量，从而更不自由。[⑤]也就是说，在这里，自

---

① 马克思恩格斯文集：第 1 卷 [M]. 北京：人民出版社，2009：583-584.

② 马克思恩格斯文集：第 1 卷 [M]. 北京：人民出版社，2009：326.

③ 马克思恩格斯文集：第 1 卷 [M]. 北京：人民出版社，2009：52.

④ 马克思恩格斯文集：第 1 卷 [M]. 北京：人民出版社，2009：52.

⑤ 马克思恩格斯文集：第 1 卷 [M]. 北京：人民出版社，2009：571-572.

由对于活着的个人来说，是完全虚幻的，即人的世界的固有价值被物所剥夺，主客颠倒。既然人的本质被物化所宰制和统治，那么，由其所构成的社会，也必然被带上了完全虚幻的特性。

正是从这个意义上，我们才对这一社会形态下的共同体定性为"完全虚幻"。而这种"完全虚幻"的特性，主要是以物化关系展现出来的。为了资本或金钱，更直接地说——发财致富，资产阶级毫不顾忌的将一切关系都"淹没在利己主义打算的冰水之中。"① 并进一步"剥夺了整个世界……固有的价值。"② 从而激发了各种——社会的、自然的、经济的、政治的，等等——冲突、矛盾和斗争。直至今天，这些冲突、矛盾和斗争仍然存在，并伴随时代发展不断出现新变化，从而新旧矛盾将整个世界带入了混沌失序的状态。显然，这一社会形态下的共同体，虽然较上一阶段有了巨大进步，然而却仍然还不是与"自由个性"阶段相对应的"真正共同体"。因为，这里的自由和全面，仅仅是针对资本和资产阶级，即少数人的，而非绝大多数的或类存在物。但是不得不指出，这一阶段为达成共同体最终的目标提供了难能可贵的物质力量，而且这一力量构成向未来共同体过渡所不可或缺的重要条件。

（三）"自由人的联合体"——"真正的共同体"

虽然上一社会形态，使得阶级关系简单化了，即只存在资产阶级和无产阶级。但资产阶级的进步总以无产阶级的退步获得。这样一来，伴随无产阶级力量的壮大，特别是阶级意识的觉醒，资产阶级就为自己锻造了掘墓者。加之其自身存在着无法克服的矛盾——主要指资本生产的手段和目的间的矛盾，扬弃资本主义制度，继而在此成就基础上建立起一种新的社会制度，就不得不成为共同体发展的必然趋势。或者说当这一矛盾得以克服，也就宣示了新的社会制度的产生，即新共同体的生成。这也是"两个绝不会"的真谛所在。同时是资产阶级充当不自觉工具的表现。何谓新的社会制度？那就是——共产主义，相对应的是"真正的共同体"③——共同体的最高形式。在这里，每个人、每个活着的现实的人不仅在表面上，而且在本质上都是现实的存在于这个共同体中。目的和手段不再是颠倒或本末倒置的关系，而是各种关系都本质地现实地回归了他们自己的本身，不再有任何的虚幻性。一句话，在这里，现实实现了"全人类永远安然

---

① 马克思恩格斯文集：第 2 卷 [M]. 北京：人民出版社，2009：34.

② 整个世界是指人的世界和自然界。马克思恩格斯文集：第 1 卷 [M]. 北京：人民出版社，2009：52.

③ 马克思恩格斯文集：第 1 卷 [M]. 北京：人民出版社，2009：571.

自得"①，获得了持续向上发展的生命力。

之所以在这个共同体中，全人类能够自由全面地发展，一方面，在于它的立脚点是"人类社会或社会的人类。"②进一步讲，它能看到人要真正现实的作为一种独立性的动物，不仅要与自然保持良好的物质变换关系，而且在社会中也要保持良好的人际关系。只有这样，每个人、每个活着的现实的人才能在生产"自己和别人"③的同时，"再生产整个自然界。"④从而实现其独立性、完整性和价值。这样一来，人与自然的斗争以及"个体和类之间的斗争"就得以"真正解决"⑤，从而劳动过程也能持续永远的得以延续。而不论是斗争的解决，还是过程的延续，他们得以顺畅完成和实现的场域，都必须诉诸于"共同体"，而且是"真正的共同体"。因为，只有在这里，每个人才能真正意识到，无论是何种关系——自然、社会、经济、文化等——的存在和发展，不仅具有特殊性，而且具有普遍性。而且为了实现所有运动的畅通无阻和持久运转，就必须要使他们达到统一，并能实现这种统一。也就是，有且只有在"真正的共同体"中，每个活着的现实的人才能真正现实的从中获取自由全面发展的必然手段。一切人的自由发展的彻底实现以一个人也不能少为依据。

另一方面，在于它为全人类提供了永远安然自得的物质条件——生产力和交往走向普遍的极大丰富。在这里，国际分工和利益的分红模式不再是"中心—边缘"的旧框架。只谈个人不谈公共，或只谈公共不谈个人，都是绝对不允许的。取而代之的是个人利益与公共（全人类）利益相得益彰、互为尺度、互为前提。同时，这种物质条件的满足，不仅为每个活着的现实的人不断产生新的需求作了准备，而且为满足这些新的需求奠定了必要充分条件。换句话说，异化或桎梏或剥削这些过去共有的事实成为历史，一去不复返。每个活着的现实的人在这里对一切力量都能自觉自由全面的进行控制和驾驭，从而真正体现人之所为人的本质意涵或所指或能指，即促使每个活着的现实的人真正现实的"占有自己的全面的本质。"⑥只有这样的联合才是自由人的真正联合。总之，在"真正的共同体"中，"自然主义"和"人道主义"实现了全面肯定，而非全面否定。

---

① 马克思恩格斯全集：第4卷[M].北京：人民出版社，1958：5.
② 马克思恩格斯文集：第1卷[M].北京：人民出版社，2009：502.
③ 马克思恩格斯文集：第1卷[M].北京：人民出版社，2009：187.
④ 马克思恩格斯文集：第1卷[M].北京：人民出版社，2009：162.
⑤ 马克思恩格斯文集：第1卷[M].北京：人民出版社，2009：185.
⑥ 马克思恩格斯文集：第1卷[M].北京：人民出版社，2009：189.

（四）马克思共同体思想与人类命运共同体文化构建

从文化视角来探究马克思共同体思想与人类命运共同体构建的关系问题是必要而现实的。前者为后者指明了方向，后者沿着前者的方向不断向前发展。其实文化在这里涉及两个视阈：一个是民族文化，一个是世界文化。将两者的关系问题弄通弄懂，也就在一定程度上，打通了上述两个思想理论。伴随真正共同体的建立，地域性文学成"世界的文学。"①

实际上，对于民族与世界的关系问题马克思早就有过精深阐述。马克思认为，不论是哪个民族，虽然他们都各自为自己的民族做着这样或那样的事情，但从整体看，也都是在为人类社会而做。因为，他们的价值并不仅仅局限于完成了自己民族的主要使命，他们同时还为其他民族完成了他们自己在人类长河中所要经历的一个"主要的使命（主要的方面）"。② 这一使命要完成，只有进入世界历史及其与之相对应的共同体形态才具可能性。从这个意义上说，"我们也要通过推动中国发展给世界创造更多机遇，通过深化自身实践探索人类社会发展规律并同世界各国分享"③ 就不难理解。

立足今天的人类命运共同体，不同民族文化在形式和内容上，都具有了"世界文化"之"主要方面"的特征——既在民族国家的体系之中，又在世界舞台的体系之中。依循马克思共同体思想的指引，各国应该意识到自己民族文化在世界文化中的地位和作用。而为了世界文化的繁荣发展，各民族文化就应秉持共在共生共进的理念，力避文化间的冲突带来毁灭人类的灾难，理性把握自我文化与他者文化的内在张力关系，从而在奋力发展自我文化，并与其他民族文化的融合中，来完成自我使命，为世界文化使命的完成积累条件。而从文化的视角来构建人类命运共同体，无疑是这一积累过程的必经阶段。

进一步讲，由中国提出的人类命运共同体文化构建智慧和方案，就是为了避免人类于民族文化间的冲突招致自身的灭顶之灾，应运而生的自我救赎方案。它的意义不仅在于自我民族文化的持久生机，更重要的在于与其他民族文化一道共在共生共进，从而繁荣世界文化。这既批判了"完全虚幻的共同体"在文化上追求非同质不可的霸道做法，即"同质取代"，又是对其的历史性重构或超越，即主张"异质共生"。而这种建立基于

---

① 马克思恩格斯文集：第 2 卷 [M]. 北京：人民出版社，2009：35.

② 马克思对此进行了实例明证："在英国的工业，法国的政治和德国的哲学制定出来之后，它们就是为全世界制定的了，而它们的世界历史意义，也象这些民族的世界历史意义一样，便以此而告结束。"马克思恩格斯全集：第 42 卷 [M]. 北京：人民出版社，1979：257.

③ 习近平. 论坚持推动构建人类命运共同体 [M]. 北京：中央文献出版社，2018：514.

全人类共同利益之上，依循历史发展规律来推进世界各国文化发展，从而推进世界文化扩容的共同体，才是符合迈向"真正的共同体"方向的共同体，才能真正为推动人的自我解放积累条件，最终带动人类社会的可持续发展。

二、马克思世界历史理论

马克思世界理论主要分析了世界历史的形成过程以及未来面向，为我们正确认识人类命运共同体的文化构建提供了启迪。

（一）世界历史的生成过程

"世界史不是过去一直存在的。"[①] 它有其形成过程。而将此过程铺展开来加以分析，就会发现其内蕴民族历史向世界历史转变的完整轨迹。这一轨迹的书写并非"某种纯粹的抽象行动"，也非自发，换言之，是多重条件作用的结果，并且是能以"经验证明的行动。"[②] 这一证明行动，一方面是纯粹物质的——世界历史的物质条件；另一方面，又是可以诉诸经验的事实来加以确定的——世界历史是整体的动态的。在当时英国一种机器的发明、砂糖和咖啡，可以堪称为世界历史性的事实或具有世界历史意义[③]，就是最好证明。

从创造者来考察，世界历史是资本主义社会制度首次开创的，现代资产阶级是其开创主体。世界历史的形成从本质上看，肇始于资本的扩张本性，或资产阶级的内在需要。在民族历史的背景下，资本能且只能以一种"自然形成的等级资本"[④] 的样态存在。因为，生产力、分工以及交往的民族局限，是无法支撑其奔走于民族之外的，更不要谈形成地域或世界市场。为了摆脱这种等级束缚，这种自然形成的所有制形式就不得不被打破，而向前迈出的第一步，就是——"商人的资本"即"现代意义上的资本。"[⑤] 此阶段的资本与之前阶段的有所不同，它"从一开始就是活动的。"进一步讲，资本集中到商人的手里并在其运作下，使得生产开始日益走向市场化、规模化、专业化；不仅如此，还扩展到了毗邻地域，形成了地域性的贸易往来，文化交流。正是从这个意义上来

---

① 马克思恩格斯文集：第 8 卷 [M]. 北京：人民出版社，2009：34.

② 马克思恩格斯文集：第 1 卷 [M]. 北京：人民出版社，2009：541.

③ 马克思恩格斯文集：第 1 卷 [M]. 北京：人民出版社，2009：541.

④ 马克思恩格斯文集：第 1 卷 [M]. 北京：人民出版社，2009：561.

⑤ 马克思恩格斯文集：第 1 卷 [M]. 北京：人民出版社，2009：561.

说，这种活动的资本才具有现代意义。因为，囿于交通工具等条件的局限，各大陆之间的隔绝还尚未被打破。或者说，如果没有上述局限和隔绝，地域性市场就是世界市场。在这里，商业控制着工业，而非相反。

虽然商人资本较等级资本有了一定进步，但其却仍然是一种传统的简单生产方式。囿于民族和地域局限，是难以促使资本主义统治地位真正得到实现的。换句话说，要使其得到满足，就不得不进一步增加活动资本的数量。由此，就要向前迈出第二步，随之工场手工业便登上历史舞台。它的出现打破了各国以往过去那种和平交易关系，取而代之的是以战争、保护关税以及不同禁令所布展的商业斗争或竞争关系。此后，商业便多了一种符号——政治意义。特别是随着地理大发现的推动，这种斗争表现的越激烈，政治意味越浓厚。其表现就是出现了冒险者的远征，新发现的土地上不断上演着被殖民化的惨剧。这样，商业和工场手工业中生产和资本的集中孕育大资产阶级。与之相联系，那些行会中的小资产阶级与之一接触就不得不走向衰落，并不得不屈服于大资产阶级的统治。而活动资本的积累，"首先是当时市场已经可能扩大为而且日益扩大为世界市场。"[1] 这种可能促使所有制关系发生了变化，为世界市场继而世界历史的开辟积累了条件，作了准备。最明显的就是，已经对一些国家的生存形式及其劳动者的饭碗产生了一定影响，但还称不上是整个影响。再进一步的发展，便出现了商业和工场手工业集中于一国的现象——首先是 17 世纪的英国。此后，经过长期的斗争——主要是广泛而残酷的战争（特别是海战），世界市场出现了被各国彼此瓜分，并由不同国家单独来经营的局面。[2] 在这样的情况下，资本虽然较之前有了更进一步的加速和发展，但由于这种单独经营，加之各国为了保住自己的历史作用，而在生产和贸易上总是采取新的关税措施。所以，此时资本速度，"相对来说总还是缓慢的。"[3] 因此，此时的世界市场，虽较之前有了进步，但较真正的世界市场来说，还仍然只是一种相对意义上的世界市场。

为了满足新需求和迫于竞争压力，新动力——"大工业"[4] 应运而生，随之工场手工业被其所代替或被排挤掉了。可以说，虽然大工业的应运而生，是在保护政策下兴办的，但是它终将是要走向普遍化的。因为，保护政策对于竞争来说，充当的不过是防卫手段：能治标，却不能治本。在这里，工业全面占有、绝对支配商业，所有资本均以

① 马克思恩格斯文集：第 1 卷 [M]. 北京：人民出版社，2009：562.

② 这种局面开始于 17 世纪中叶，它几乎一直延续到 18 世纪末。马克思恩格斯文集：第 1 卷 [M]. 北京：人民出版社，2009：563.

③ 马克思恩格斯文集：第 1 卷 [M]. 北京：人民出版社，2009：565.

④ 马克思恩格斯文集：第 1 卷 [M]. 北京：人民出版社，2009：565.

"工业资本"①的构成要素形式存在。在其驱使下，资产阶级就不得不在全球各地到处或是落户，或是开发，或是建立为之服务的各种联系，继而使得普遍竞争促使资本运动实现了前所未有的加速。如货币制度的发展。简言之，资本主义生产的首尾即前提和结果已不再神秘，且异常明显——"对外贸易和世界市场。"②同时，生产和资本的集中，由此带来了政治集中的必然结果。正是从这个意义上，我们讲世界历史的形成其内在动力，即源自资本扩张，也就是源自资产阶级内在需要。世界历史时代首先是与"资产阶级时代"③联系在一起的。

在这一过程中，它彻底消灭了各民族自然封闭状态和古老的民族工业，打破了自然形成的原始分工的最后假象，民族的片面性和局限性将一去不复返，甚至其特殊性也被彻底消灭，取而代之的是，一切文明国家及生活其下的人们的各方面、需要都与整个世界紧密联系在了一起；工业的原料及其产品的消费逐渐在国内外市场间交织穿梭。这些国家的生存形式及其劳动者的饭碗，在整体上都发生了史无前例的变化：各国的生产与消费均以世界性表现。在这样的情况下，一方面，每一个民族发展的水平——主要是生产力、分工和内部交往，就成为了不同民族间相互关系发展的晴雨表；另一方面，这个民族自身的发展，或者整个内部结构如何，既取决于上述三个方面的发展程度，又受其外部交往支配。相应的精神生产也如此。

工业资本的出场造就了世界市场，并由此真正开启了世界历史的崭新篇章。二者共处同一历史进程之中。同时，也就是说，世界历史发端于世界市场，后者的出场是前者的标志。这也就驳斥并回应了那些将世界历史的开创说成肇始于地理大发现的错误观点。正如马克思所说，当时的市场只是为世界市场提供了可能。虽然它"产生了历史发展的一个新阶段"，但却只是为世界历史的形成予以"工具意义上的外在性条件。"④而大工业所首创的世界市场，不仅使上述三个方面都达到了普遍发展，而且将"一切民族甚至最野蛮的民族都卷到文明中来了。"⑤

从等级资本→商人资本→工业资本的历史发展看，"资本是资产阶级社会的支配一切的经济权力。"⑥在这一过程中，资产阶级不仅发挥了积极的历史作用，而且也呈现出了消极的、不可克服的历史局限。之于前者，推动民族历史向世界历史转变、斩断封建

---

① 马克思恩格斯文集：第 1 卷 [M]. 北京：人民出版社，2009：566.

② 马克思恩格斯全集：第 35 卷 [M]. 北京：人民出版社，2013：226.

③ 马克思恩格斯文集：第 2 卷 [M]. 北京：人民出版社，2009：32.

④ 宋建丽. 全球治理视域下人类命运共同体思想的超越性内涵 [J]. 国外社会科学，2020（6）.

⑤ 马克思恩格斯文集：第 2 卷 [M]. 北京：人民出版社，2009：35.

⑥ 马克思恩格斯文集：第 8 卷 [M]. 北京：人民出版社，2009：31-32.

羁绊等，这是其"曾经起过非常革命的作用"[1]的真实表达；之于后者，它又无法代表世界历史的未来。

（二）世界历史的未来趋势

历史地看，在资本主义社会中，虽然其斩断了封建羁绊，将人们从封建制度的奴役中解放了出来，但是其又何尝不是将人们带入了一种新的桎梏呢？在这里，劳动及其主体总是以异化的样态与之相对立存在，人们身在其中总是备受煎熬，毫无任何幸福可言；人与人的关系只是"利害关系"下的"现金交易"，即便是人的尊严也不过是一种交换价值的物质表现，以致整个社会关系——不论是哪个阶级，资产阶级之间也不例外，除了冷酷无情，就是漠不关心；人与自然之间的关系，不仅以往那种田园诗般的关系被破坏，而且伴随大工业的高歌猛进，资本主义经济的每一次进步，都或多或少与盘剥自然不无关系。特别是科学技术的资本主义使用，这种破坏是以倍增乃至指数级的速度来表现的，招致人与自然间物质变换的断裂，演变为今天严峻的全球生态危机，以及由自然资源争斗所引发的战争等。人在这种环境下，除了要承受来自资本家的无限剥削和压迫，还不得不承受来自外界自然界之环境恶化，对自身肉体和心灵所带来的折磨，甚至死亡……凡此种种，在这里，主体的独立性和完整性无论是在自然关系中，还是在社会关系中，都无时无处不在被资产阶级私有制所侵蚀和破坏。而个性和自由成为主体所无法想象的奢望。特别是资本运动的加速，是与"主要生产力，即人本身片面化，受到限制等等"成正比。资本主义时代因其私有制的社会制度，在这里，作为主体的人只能是手段，而非目的。并且为了实现资产阶级（少数人）的解放，他们不屑于公开、露骨、持续的牺牲绝大多数人的利益，直至目标达成。

人们生产的物质条件决定其存在样态。由此，资产阶级的世界历史叙事，因其无法克服的物质条件或经济基础，不仅没有而且也不可能化解阶级对抗，或消灭阶级狭隘性——铸就了其反人性的典型。自然关系与社会关系中不平等和片面化的普遍存在，是这一社会的特有现象或伴生物。如果这一现象一旦消失，那么，也就随之宣告了其社会制度及物质条件或经济基础已经瓦解。也就是说，要消除资本主义社会不平等和片面化之反人性，使人、自然、社会整个系统真正走向解放，就必须要抛弃那束缚着这一整体系统的私有制物质条件。而这一整体系统一旦从中获得了解放，即实现了平等、全面、自由的发展，也就不仅走近了，而且走进了一种新的社会制度。

马克思指出，这一新的社会制度，或者世界历史的高级阶段，就是共产主义。在这

---

[1] 马克思恩格斯文集：第 2 卷 [M]. 北京：人民出版社，2009：33.

里，世界历史的终极目标——人的解放，得到了根本的物质条件支撑和各方面保障。一句话，历史向世界历史转变到了什么程度，人的解放就到了什么程度。他们共处同一历史进程。然而当转化完成，解放终极实现时，其主体也已成现代无产阶级，在这里，每个人都不受区域局限，而是"与世界历史直接相联系。"[①] 各种关系也都回归于人自身，从而生成了与这个社会形态相符合的能动地表现自己的即"有个性的个人"。[②] 这样的个人不再受异己力量支配，相反，而是都有足够能力和才能来自由自觉自主控制、支配和驾驭这种力量。总之，人真正成为现实社会之主人。

从物质条件看，在这里，生产和交往普遍发展。但其与上一社会形态不无关系，或者说是建基于之上的。人们不用再为满足自身的第一需要或必需品而斗争，世界历史性的动荡和不安被彻底消除。资产阶级乃至之前所有社会形态中的那些一切陈腐的东西，都不会再有死灰复燃的可能即得以摆脱。最重要的是，社会化生产资料不再是私有财产而是公有财产。不仅如此，人们在消除了其资本反人性的同时，还予以其"社会性质有充分的自由得以实现。"[③] 这种物质条件上的世界历史性满足，既会激发作为主体的人在其他方面产生新需求，又能很好的满足作为主体的人的上述不同层次的需求。正因如此，马克思指出，在这里，一方面，每个人同整个世界的全部生产切实结合；另一方面，对其还能自觉全面驾驭和控制。

（三）世界历史进程中的人类命运共同体文化构建

需要交待的是，"世界历史"进程中的人类命运共同体文化构建是怎样的呢？其关系何为？

相同点：其一，都是生产力和交往普遍发展的产物。即是说，它们不仅都"是完全物质的、可以通过经验证明的行动"，而且每个现实的个人，也都无一例外的可以对此事实或行动进行确定或证明。世界市场的形成，将与文化有关的一切内容，都带入了世界场域之中。从而各民族文化形成不同交往域，影响彼此，使世界文化成为可能。由此，民族文化既以自身的民族性独立存在，又是表现和构成世界性的重要内容。因此，世界文化并不是同质文化，而是各民族文化各得其所、相得益彰的共生共存共荣的一种文化。也正因如此，我们才讲二者都立足于世界历史的整体视角，来考察整个人类或各民族各国家历史发展的终极归宿。所谓整体，就是说在这里我们看到了两个历史，即民

---

① 马克思恩格斯文集：第 1 卷 [M]. 北京：人民出版社，2009：539.

② 马克思恩格斯文集：第 1 卷 [M]. 北京：人民出版社，2009：571.

③ 马克思恩格斯文集：第 3 卷 [M]. 北京：人民出版社，2009：566.

族历史和世界历史。他们辩证统一。民族历史是世界历史的前提和重要组成部分，或者说前者为后者提供了必要准备；反过来，世界历史因民族历史在生产力、分工和交往等方面的不断普遍化，整体性又得到了向上的形塑。简言之，二者是个有机统一体。而这个统一体"到处为文明和进步做好了准备。"① 其二，都追求人的解放。

不同点：人类命运共同体文化构建虽然是世界历史的产物，或者说世界历史理论为其提供了理论基础，但它却只是处于其进程中的阶段性产物。也就是，它还不是马克思所言说的世界历史的未来面向，只是顺应这一趋势的客观结果。即便今天我们仍"处在马克思主义所指明的历史时代。"② 然而，二者在时代条件上却已然发生了前所未有的变革——既包括生产力的变革，也包括分工和交往的变革。特别是国际力量对比发生了史无前例的巨大变化，"两制并存"的局面长期存在，世界历史内在逻辑规定各国文化间的交往，只有是正向的交流互鉴，才能不断形塑世界文学，而非与世界历史相悖的文明冲突、优越。但不可否认的是，人类命运共同体文化构建为世界历史未来趋势——共产主义，无时无处不在做着准备或积累条件。

那么，依循马克思世界历史理论，这一文化构建何以可能呢？文化的普遍交往趋势必然不是也不可能是同质化，否则世界文化就是无。我们既要立足全球场域看到同质、共性的东西，同时还要立足民族场域看到独立性的东西。可以说，我们不能为了彰显世界文化，而刻意重同质，而轻民族；亦或是为了彰显民族性，而刻意重民族，轻世界。更进一步讲，共性不是脱离民族性而单单谈论同一性；民族性也不是脱离世界性而单单谈独立性。走哪个极端都危险。正确的做法应当是将二者作为辩证统一的关系来对待。一民族文化世界化。这在根本上是世界历史规定的必然，看不到这个规定或与之相悖，民族文化发展就不可避免要受阻：封闭即落后。世界历史的到来，要求或决定民族文化必须要以开放姿态走向世界。二世界文化民族化。以独立自主身份置身于世界文化之中的民族文化，要长期保持自身的竞争力和独立自主身份，就必须依据世界文化发展的需要，来不断调适民族文化与之相适应。由此，在这一过程中，民族文化既有因民族需要而要采取的独立形式和内容，也有因适应世界需要而要采取的世界形式和内容。他们在一定程度上共处同一进程。这决定了人类命运共同体文化构建，必然要采取一种有别于西方霸权主义、民族主义的文化理念，那就是倡导各民族文化在世界场域中要坚持开放包容理念、平等对话，相互学习，取长补短，从而在并行不悖中繁荣世界文化。

总之，历史越是成为世界历史，我们越会发现"以西方价值观为标准建立的世界秩

---

① 马克思恩格斯文集：第 1 卷 [M]. 北京：人民出版社，2009：680.

② 习近平谈治国理政：第二卷 [M]. 北京：外文出版社，2017：66.

序作为世界诸多问题的制造者，已经无法解决它所制造出来的诸多问题了。"① 这凸显了处于世界历史进程中，以全人类共同价值为遵循的人类命运共同体文化构建行动的必然性和紧迫性。因为，世界历史越向前，经济全球化越向深层次延展。而在这一进程中，无论是向前发展，还是要破解和应对发展中的共同难题与共同挑战，就离不开文化的价值指引作用，更离不开通过文化交流整合价值共识、各种资源，以形成合力，共克时艰。也就是说，随着世界历史不断向前，通过人类命运共同体文化构建，以走出各种全球治理难题何以可能呢？首先，通过文化凝聚能够开展共同行动的共识——全人类共同价值；其次，技术成为时下全球治理不可或缺的手段。通过文化交流整合不同文明就同一全球治理难题或全球治理不同难题的各种技术手段；最后，还可以通过文化交流，集各国应对全球治理不同策略之大成，来选择更加优化的方案。这样在世界历史进程中，各国经常交流互鉴，共克时艰，共同发展就不难实现。需要明确的是，在这一过程中还要倡导和而不同，而非强调必须采取一种整齐划一的应对之策；相反，要坚决杜绝"同而不和"的错误做法。可以说，没有世界历史的推进，就谈不上人类命运共同体文化构建的课题。当然，人类命运共同体文化构建作为世界历史进程中必须要面对和完成的任务，它的完成程度显然与世界历史的发展也是密切相关的。

概而述之，无论是马克思世界历史理论，还是其共同体思想，他们的终极目标都是别无二致的。虽然要达成这样的目标，还尚需漫长的历史过程，但他们为其最新发展趋势——人类命运共同体，无疑给出了极具现实的理论和价值指导。而以文化审视之，就必须要理性看到民族文化之间及其与世界文化的地位和作用关系。之于不同民族文化，要清楚看到，他们之间并不是绝对的、全面的、否定的、不可调和的逻辑矛盾或对抗。因为，这种对抗的结果只能是资本主义社会的独特产物，没有人类整体的未来可言。反之，而是要看到他们之间是相对的、可以实现辩证统一的和谐共生共在共进关系。简言之，不是忽视或消灭差异，而是要以正确的方法弥合差异。之于民族文化与世界文化，要清楚看到，两者是整体与部分的关系。各民族共同作为整体的部分，不强调谁高谁低，在地位上是平等的。这样一来，也就让我们看到主权国家之间唯有合作，才能实现并促进共生共在共进或世界文化的整体发展。显然，此合作姓"公"体现"共"，有对"人类社会或社会的人类"的考量。一方面，实现了作为文化载体之自己的种的延续；另一方面，也实现了作为文化载体的整个种的延续。

从继承性上来说，人类命运共同体文化构建在根本立场、最终目标、基本观点等方面，同上述两个思想理论是始终保持一致的；从超越性或发展的意义上来讲，人类命运

① 马俊峰，马乔恩. 构建人类命运共同体的历史性研究 [M]. 北京：人民出版社，2019：76.

共同体文化构建作为上述两个思想理论的重要现时样态，也是达致其终级目标的过渡形式。它既为这一阶段如何顺畅过渡描摹了现实图景，又在新的时代条件下，就如何应对当代资本主义新变化进行了现实的理论和实践批判。可以说，中国呼吁各国携手推进人类命运共同体文化构建，从本质上就是基于世界各文明主体共生共在共进而发出的全新文化宣言。而要促使将其从思想前沿的宣言走向实践前沿，则需要各国在全人类共同价值的凝聚下同向发力，从而才能实现从文化的宣言走向物质的结果。

第二节　中国共产党人理论依据

人类命运共同体文化构建，从根本上说是当代中国共产党人为应对全球治理难题，在综合运用或借鉴古今中外多种思想理论基础上，而提出的一种新的可能性方案。仅从中国共产党人的思想理论本身来勘察，这一方案的形成并不是一蹴而就的。进一步讲，它既凝结着当代中国共产党人根据世情国情党情而形成的智慧结晶，也赓续着历届中国共产党人根据自己任期内世情国情党情而凝结的智慧结晶。而这种相接续的思想理论，主要体现在中国共产党人和平外交思想和文化思想两个方面。

一、新中国以来和平外交思想

追求和平，维护和平，实现和平，和平崛起，和平发展……可以说，一切与和平有关的理念，都是中国共产党人一以贯之不懈奋斗的美好夙愿。因而，和平成为历届中国共产党人治国理政思想的一个重要组成部分。从外交上看，它在不同时期有着其不同的政策方案和表现形态。可以说，这一思想在中国与世界关系的不断演进中，得到了持续的赓续、充实、丰富和升华，形成了一整套兼具中国特色和世界大同（公共性）的独特话语表达与体系。他们不仅为中国的和平发展带来了巨大福利，而且为世界的和平发展带来了巨大福利。对新中国以来和平外交思想进行梳理，既能看到中国和平发展道路的世界意义，又能看到这一思想在中国与世界关系的演进中，如何赓续、践行和丰富的；既能看到中国和平崛起是如何一步一步实现的，又能集中彰显中国历来尊崇"和"文化。

（一）和平共处五项原则

二战结束后，如何应对帝国主义和殖民主义侵害，以确保国家主权独立和发展，是摆在刚刚成立的新中国面前的重大课题。在这样的背景下，我们党和国家意识到只有和平，才能实现建设。为此，在不断探索中，我们党提出了具有中国特色的和平共处五项原则。这一原则虽然源自中国，起初放眼双边关系和特定领域，但因其具有强大的公共性魅力，而逐渐被中国共产党人广泛应用到多边和更多领域之中。今天已经成为一项具有世界普遍意义，即适用于一切国际交往的原则。

周恩来首提和平共处五项原则："互相尊重领土主权、互不侵犯、互不干涉内政、平等互惠和平共处。"① 起初，它仅适用中印。随后，中缅两国总理联合声明将第四项改为"平等互利"；中苏联合宣言将第一项改为"互相尊重主权和领土完整"。由此，这一原则的精确、科学表述就完整生成，形成了我们今天在国内外场合所熟悉和广泛应用的"和平共处五项原则"。可以说，这一原则是当时中国为国际秩序建设所作贡献的历史见证。随后，这一原则在中国的外交场合中，伴随中国与世界关系的密切互动，不断被毛泽东、周恩来、刘少奇、邓小平等在国际场合广泛应用和宣传。其范围和内容皆有变化。内容上如万隆会议扩至"十项原则"；范围上，因其与联合国宗旨一致，逐渐获国际社会支持。但其在世界历史进程中的发展，先后经历了从"两条线"战略到"一条线"战略再到"新三角战略"的曲折前行过程。② 伴随时代主题转向和平与发展，其才被恢复和发展，随之而来的是场域全球化、领域全面化等，从而逐渐"成为世界范围内公认的处理国际关系的重要准则。"③

这一原则生命力之强，也足以表明其倡导的理念，既符合世界潮流，又迎和各国人民普遍愿望。也就是说，这一原则无疑妥善回应了诸多国家向往和平的美好夙愿。既为他国发展，也为中国发展和国际社会的整体发展营造了良好环境，从而为世界的和平事业作出了中国贡献。从这个意义上说，它才可以称之为首开中国共产党人和平外交思想之先河，是其最原初的理论表达和形态呈现，并为以后历届中国共产党人和平外交思想的发轫与发展，提供了必要准备、价值遵循和实践指引。或者说中国共产党人和平外交思想，一定程度上，就是紧紧围绕这一原则而不断完善、丰富和发展起来的。

---

① 周恩来选集：下卷 [M]. 北京：人民出版社，1984：118.

② 罗睿."和平共处"原则的历史演进和当代实践 [D]. 武汉：武汉大学博士学位论文，2018：33.

③ 马俊峰，马乔恩. 构建人类命运共同体的历史性研究 [M]. 北京：人民出版社，2019：59.

（二）国际新秩序观

冷战结束后，一方面，两极格局在苏联解体后走向终结；另一方面，各种力量重新分化组合，国际关系伴随新兴国家迅速发展，开始展现出新气象、新趋势和新格局："世界正朝着多极化方向发展。"[①] 在这样的时代背景下，国际政治经济版图伴随新兴国家和发展中国家群体性崛起，而不断被重塑。最突出的表现就是，各国不仅在诸多领域深入交融，而且经济全球化、世界多极化以及国际关系民主化的趋势在新旧格局交替中曲折发展。特别是全球和平力量增速高于战争力量增速，使得世界大战的生存空间被彻底排挤掉了。由此时代主题进入和平与发展。同时，因各国各民族在各领域各方面普遍化深度化交往，一国发展与其他国家发展，继而整个世界发展被紧紧捆绑在一起。不仅各种利益交织叠加，而且也不可避免出现了一些必须要共同应对的世界性问题与挑战。如地区冲突、全球性生态灾难及其所引发的全球性疾病、国际恐怖主义、局部战争等此起彼伏。这既展现了各国无一例外地深受"蝴蝶效应"和"多米诺骨牌效应"影响，也规制了各国在其作用下不得不遵循的生存法则：独善其身不可行，合作共赢才是人间正道。可以说，正是这些新问题以及历史遗留的老问题将构建新的国际秩序提上了人类议事日程。这是 20 世纪 80 年代国际关系面临的任务，同时也在一定程度上内在规定着中国对外政策何去何从的问题。

时代主题的转换，使得当时中国制定了满足自身需要的对外政策纲领，同时，这也是满足世界和第三世界人民需要的对外政策纲领。这就是"反对霸权主义、维护世界和平。"[②] 要正确理解这一政策纲领，首先要廓清和平与发展的思想精髓和核心要义，他们是这个世界一体的两面——前者关涉东西问题，后者关涉南北问题。所以，此时国际秩序观应运而生的是，要同时建立国际政治、经济新秩序，并相互调适、建构。20 世纪 90 年代国际秩序又出现了新变化——一超多强。为了适应这一变化，江泽民根据时代条件和国家发展需要，在邓小平国际秩序观基础上，对其进行了与时俱进的丰富和发展。此时国际力量对比发生了结构性变化，特别是伴随世界格局多极化的深入发展，一超与多强并存竞争，国际关系由经济和政治两个领域延伸至文化领域。在此背景下，和平与发展的基础不断得以夯实，但也出现了不同领域不同层次的新问题、新挑战。同时，经济全球化趋势越来越深化，南北半球——发展中国家与发达国家——的发展与贫富差距进一步被拉大。这客观上使得处于贫穷一方的发展中国家，必然会要求改变。这

[①] 江泽民文选：第 1 卷 [M]. 北京：人民出版社，2006：241.

[②] 邓小平文选：第 2 卷 [M]. 北京：人民出版社，1994：415.

样促使公正合理新秩序的诉求越来越持续高涨，并成为其共识。这两个因素的增加，对于我们将"和平、稳定、繁荣的世界带入新的世纪"①大有助益。

那么，在实践中，国际秩序要依循怎样的致思理路，才有助于形成和平、稳定、繁荣的世界景象呢？也就是，怎样才能为其奠定基础、开辟道路呢？对此，江泽民在综合审视旧的格局及其新表现以及当时国际社会的现时情况后，给出了何以实现的方法和路径。首先，高擎和平共处五项原则——延续和平的政治保障。它作为建立国际政治经济新秩序的基础或应有之义，这是被历史和现实所证明的成功方法和现实途径。所以，应当继续主张和坚持。其次，"主张维护世界多样性。"②要实现这些各国理应为之作出长期不懈的共同努力。之所以这样讲是因为：第一，它建基于各国人民的普遍愿望和共同利益之上而提出的。第二，它不是一蹴而就的，是一个长期的过程，需要久久为功、步步为营。第三，以和平方式解决国家间分歧和争端。也就是，要采取和平谈判、平等协商和对话、互信合作等具体方式，而非冷战思维和强权政治。第四，它在内容上主要包括共同协商（政治）、共同发展（经济）、共同繁荣（文化）、共同维护（安全）四个方面。③

需要指出的是，文化和安全两个方面的内容和要求，是江泽民在邓小平国际新秩序观基础上的丰富和发展。之于文化来说，主要是因为当时由于世界社会主义遭遇重创，导致"文明冲突论""历史终结论"，以及随着时代发展出现的"新干涉主义""民主外交"等可谓是乘势而起。他们总是以西方价值为标准，认定其是可以包打天下的唯一合理价值。为此，他们不惜一切代价，对非西方国家的社会制度、发展模式和文化传统，进行非人道的攻击和否定；甚至将发展问题归咎于文明差距。针对这种违背人类文明发展规律的做法和价值，江泽民从历史和事实两个方面予以坚决有力回击。从历史看，"世界是丰富多彩的。"④这是世界成为其所是的底色和例证。也正是这样的底色赋予了人类文明以向前动力。多样性在哪儿，世界就在哪儿，后者是前者的集合。由此，西方国家"企图建立清一色的一统天下"，是逆时代潮流的。这"必定要碰壁。"⑤从事实看，世界是由上千个民族，近200多个国家所联结而成。这些国家和民族都有着具有自身特色的社会制度、发展模式、文化传统以及价值观念等。谁也无权对其指点、干涉，如果

---

① 江泽民文选：第 2 卷 [M]. 北京：人民出版社，2006：197.

② 江泽民文选：第 3 卷 [M]. 北京：人民出版社，2006：567.

③ 江泽民文选：第 3 卷 [M]. 北京：人民出版社，2006：566-567.

④ 江泽民文选：第 3 卷 [M]. 北京：人民出版社，2006：311.

⑤ 江泽民文选：第 1 卷 [M]. 北京：人民出版社，2006：480.

这样做了，冲突就在所难免。因此，应构建"新型国际文化关系"[①]——维护世界多样性，尊重其他国家的制度、道路、文化以及生活方式。总之，就是做到和而不同。求和，就是尊重多样性，强调共生共长，反对千篇一律；不同，就是避免冲突，相辅相成，从而世界才能充满活力。这是维护和平的文化基础。而人类命运共同体文化构建，不仅将这一点继承了下来，而且贯穿到国际关系的一切领域并使之发扬光大。

之于安全来说，冷战虽已结束，但发达国家以"冷战"思维处理国际关系的霸权主义、强权政治，即所表现的以强欺弱、以富欺贫、以大欺小等做法，却并未随之消失，反而依然存在。如强化军事同盟、新的"炮舰政策"以及地区冲突等时有表现。不仅如此，发达国家为了谋求自身绝对安全，总是置全世界普遍安全和别国安全而不顾，增加了持久和平的不稳定性和不确定性，从而掣肘各国乃至世界发展。这一片面安全观意味着，西方国家一直以来所主张的那种旧安全观——军事联盟和加强军备，因其与持久和平主题格格不入而不得不被取代。加之现实中这一取代的良好时机——世界多极化和经济全球化趋势深入发展——已经越来越凸显，从而维护普遍安全和各国自身安全的呼声不仅高涨，而且成为各国共识。而正是为了打破旧安全观给持久和平所带来的威胁和负效应，江泽民提出了适应时代需要的新安全观，并着重强调其内涵是"各国的普遍安全"。[②]简言之，在享受安全的权利上各国都是平等的，没有也不应该有大小、强弱、贫富之分。

（三）和谐世界理念

进入 21 世纪，伴随经济全球化深度发展，世界多极化虽然也在不断向前迈进，但是世界不安宁因素——无论是关乎和平的，还是关乎发展的，也随之出现了诸多新情况。发达国家一直以来奉行零和博弈，其导致的战争、贫穷是最好例证。为此，各国无不担忧。那么，如何才能消除和平与发展主题下，这一系列不安宁因素呢？或者说各国如何来为实现持久和平与发展的目标不断积累条件呢？胡锦涛从新世纪国际新形势和中国现实需要出发，在赓续和平共处五项原则、国际新秩序观的基础上，提出了"和谐世界"理念，进一步丰富和拓展中国共产党人和平外交思想。该理念始自 2005 年亚非峰会。而且当时这一理念主要是从亚非共同关注的重要问题之一的文化角度来进行相关阐释的。胡锦涛指出，亚非要秉持开放包容精神，弘扬求同存异优良传统，互相尊重各自

---

① 刘清才 . 改革开放以来中国国际秩序理论的发展与创新 [J]. 吉林大学社会科学学报，2008（4）.

② 江泽民文选：第 2 卷 [M]. 北京：人民出版社，2006：313.

在文化上所呈现的一切多样性；倡导共建"和谐世界"。[①] 而这一理念的提出，也是中国开始逐渐重视"软实力"的现实表征。随后，这一理念不仅频繁出现在国际社会的诸多场合之中，而且在新年贺词以及党和国家领导人的政府工作报告之中也均被多次提及[②]，充分彰显了中国构建和谐世界的坚强意志和政治决心。同时，通过我们党的不断重申和宣传，在国内它成为了家喻户晓的一个重要理念；在国际上也成为了代表中国最亮丽的一张理念名片。

与时俱进的中国共产党人和平外交思想主张，既集中体现了中国人民的共同愿望，也集体体现了各国人民共同愿望。对此，有学者将"和谐世界"与 2004 年中国所提出的"和谐社会"（或"和谐中国"）相联系，并着重分析了两者关系，指出，后者是前者的重要构成，前者是后者落地的外部条件。[③] 一方面，它回应了中国的现实诉求：建设现代化强国。为此，中国专门于 2005 年 12 月发表《中国的和平发展道路》白皮书，其中系统说明了中国到底要建设一个什么样的强国。为了实现强国目标，中国只有而且只能作出走和平发展道路的战略抉择。而为了让其变为现实，中国还必须"始终是维护世界和平的坚定力量。"[④] 否则，就无从谈起。

另一方面，也为世界和平与发展目标的实现，提供了一种可能性方案。历史一再证明，如若国际社会依旧奉行陈旧的、不合时宜的"零和博弈"，那么，人类迟早会整体走上自我毁灭的死路。然而，要真正不走死路避免毁灭何以可能？这就要求各国亟待自觉抛弃热战、冷战思维，坚决杜绝再走回对抗和战乱的老路，从而探寻一种能够促使和平与发展持久稳定存在的新路。对此，《中国的和平发展》（2011 年）白皮书作出了"五新"的系统说明。同时我们要高擎和平、发展、对话、理解的大旗，坚决抵制战争、停滞、对抗、隔阂。以命运共同体新视角致力于共同发展。在党的十八大报告中，为应对国际社会复杂深刻变化，胡锦涛不仅站在中国立场上，而且站在人类高度，提出在国际关系中要倡导人类命运共同体意识。

虽然和谐世界最早立足文化视角，从理念形态被提出，但要促使其实现从理念到实践的跃升，它就不能仅仅局限于文化一个领域，而是应把它作为一个指导理念，诉诸当前国际社会所关注的共同问题上来，以获得其实践落地见效，以实现共同安全、共同繁荣、共建和谐世界。随后，胡锦涛在出访演讲和国内工作会议上还增加了政治上的内

---

① 中共中央文献研究室.十六大以来重要文献选编：中 [M].北京：中央文献出版社 2006：851.

② 尤洪波.从国际新秩序到和谐世界 [J].学术论坛，2010（2）.

③ 马俊峰，马乔恩.构建人类命运共同体的历史性研究 [M].北京：人民出版社，2019：68.

④ 胡锦涛文选：第 2 卷 [M].北京：人民出版社，2016：650.

容，主要是提倡遵循和平共处五项原则，倡导多边主义，促进国际关系民主化。并将这一点放置于其他几个方面之首进行阐述，突出了政治在和谐世界建设中的重要地位。显然，以上关于"和谐世界"的一系列针对性论述，体现的是要寻找包括一切国家民族人民利益在内的共同利益。因而，是共谋，而非独谋。也就是说，这一理念不仅为中国自身谋求和平与发展，而且也为别国从而整个世界谋求和平与发展。在这里，可以毫不夸张地说，这是一个适用于各国国际交往的价值理念。

进入新时代，国际社会在任何领域都前所未有地呈现出一种你中有我、我中有你之命运与共的特性。特别是国际社会越向前，这种特性越明显。最典型的就是，世界多极化、经济全球化、社会信息化、文化多样化深入发展。同时，也出现了新的共同挑战，特别是传统安全和非传统安全问题交织叠加，使得"人类社会向何处去"的难题，又一次摆在了各国面前，亟待得到新方案。鉴于此，我们党接过中国共产党人和平外交思想的接力棒，依据时代发展变化和中国需要，创造性地提出了具有针对性和现实性的关于人类命运共同体重要论述的新论断、新思想；形成了涵盖"五位一体"的新框架、新话语，成为新时代中国外交的一面鲜亮旗帜。其中文化位，就是各国共建开放包容世界。有学者指出，它不仅"推动'和谐世界'从理念向实践的转变"，而且"有力地回击了'中国霸权论''中国威胁论'。"①

当代中国"朋友圈"不断扩大，同其他国家交流合作的领域不断拓展，与上述和平外交思想作用的充分发挥密切相关。它们为国际关系的形塑，提供了至关重要的思想质料和价值指引。而可以毫不夸张地说，将这些思想贯穿起来的则是和平共处五项基本原则。正因如此，我们定期隆重集会纪念这一原则。今天它对"推动建立新型国际关系，共同建设合作共赢的美好世界"②仍意义重大，所展现出的不可替代的重要作用仍然熠熠生辉，从而也成为人类命运共同体落地见效的重要方法论指导。虽然中国共产党人和平外交思想经由政治经济领域而不断扩展到文化、安全以及生态等领域，但作为文化载体的和平理念，却是一以贯之渗透到所有领域之中的。或者更确切地说，人类命运共同体中和平文化理念，是其他一切领域都不可或缺的核心内容。这就是说，虽然新中国以来开始我们在国际上更多强调政治经济秩序，随着时代发展才逐渐丰富到"五位一体"的人类命运共同体新论断，但和平文化却是自始至终的一个理念指导和价值取向。因为，中国共产党人和平外交思想作为结果，其精神命脉是"和"文化基因；反过来，和

① 马俊峰，马乔恩 . 构建人类命运共同体的历史性研究 [M]. 北京：人民出版社，2019：69.

② 习近平 . 弘扬和平共处五项原则建设合作共赢美好世界——在和平共处五项原则发表 60 周年纪念大会上的讲话 [M]. 北京：人民出版社，2014：3.

平文化理念要得到充分发挥和彻底贯彻，则要诉诸由所有领域所构成的人类命运共同体的场域才能实现，即后者是前者实践落地的内在保证。

中国共产党人和平外交思想伴随时代发展变化和中国自身发展需要，而不断被发展和丰富，并在实践中不断取得实质性进展，其现实意义和时代价值不断被彰显。一方面，中国用切身实际行动向世人诉说着中国走和平发展道路，是一代人接续一代人的历史使命，是任何时候都不会也不可能变的永恒课题。特别是中国和平崛起向世界庄严宣告，我们不仅承诺无论发展到何种程度都永不称霸，而且在制度和实践上也是这样设计和行动的。更重要的是，我们用事实向世界证明，中国的发展对世界有益而无害，是福祉和机会，而非威胁。"中国之治"与"世界之乱"是最好证明。也正因如此，我们看到中国发展与世界发展紧紧相连，谁都无法离开谁。另一方面，命运与共时代的真切到来，表明"大家一起发展才是真发展，可持续发展才是好发展。"[1] 因此，各国要发展不仅要筑牢发展共同体意识，而且要将这一意识真正付诸实践。这也让我们坚信，各国只要摒弃陈旧思维，自觉自主凝聚在全人类共同价值下，坚持互利共赢、合作发展，同舟共济、共克时艰、共同发展就不难实现。而人类命运共同体作为新时代中国共产党人和平外交思想的新发展，不仅从整体上予世界文化关切，而且表达了中国价值，回应了世界之问。

二、中国共产党人文化思想

文化是中国共产党人治国理政的重要内容，也是其实现社会善治的重要手段。因此，中国共产党人依据不同时代背景和国家治理需要，形成了一系列具有时代特色的伟大文化思想。而这些在不同历史阶段下所形成的文化思想，既一脉相承，又与时俱进。在这里，从人类命运共同体文化构建出发，探源中国共产党人有关这一构建行动的直接理论与实践思考，主要可以从中国共产党人传统文化观及其中外文化观两个内容来考察。

（一）中国共产党人传统文化观

在毛泽东看来，要持久推进社会主义文化建设，以更好服务我们的经济、政治等建设何以可能？首先必须要正确看待我们自己的传统文化（或古代文化），也就是要从历史逻辑出发。对此，他阐述了自己的独到见解，指出我们应当遵循"古为今用"的基本

---

① 习近平谈治国理政：第二卷 [M]. 北京：外文出版社，2017：524.

方针。可从以下几个方面来得到系统认识和把握。

首先，缘何继承？毛泽东认为，这既是为了更好地指导当时的伟大运动，也因为"今天的中国是历史的中国的一个发展。"[1] 因此，要发展中国，就必须延续历史，而要延续历史，则唯有"尊重自己的历史，决不能割断历史。"[2] 这体现了历史的延续性，也是中国之所以成为中国的重要原因。也正因如此，毛泽东才讲古代文化遗产"是发展民族新文化提高民族自信心的必要条件。"[3] 这就要求我们必须充分利用古代那些珍贵文化遗产，而"决不可拒绝继承……古人"[4]——包括封建阶级的有益成分。而历史的延续性和文化的继承性，又是共处同一历史进程的，二者互相影响。

其次，继承什么？在毛泽东看来，中国传统文化（或古代文化）中那些只要在今天我们用得着的都应当被承继或批判地吸收或借鉴下来。具体来讲，就是对从孔夫子到孙中山的珍贵遗产，都要进行总结并加以继承，使之成为此时此地文化发展的借鉴。同时，这一借鉴中还应当包括外国人的一切可以供我们利用的优秀古代文化。

最后，如何继承？在毛泽东看来，对传统文化（或古代文化）采取"生吞活剥地毫无批判地吸收"、"无批判地兼收并蓄"，是不可取的。利用文化遗产的正确做法，应当是"用马克思主义的方法给以批判的总结"[5]，而非"变成替代自己的创造。"[6] 具体而言，就是首先对传统文化（或古代文化）进行总结，而总结的目的，就是以马克思主义的方法对其精华和糟粕进行精准识别，然后取其精华、去其糟粕，这样才能有益文化发展；反之，则会引起消化不良，阻碍文化发展。毛泽东认为，要做到这一点，就必须尊重历史。一方面，我们要予其一定的科学的地位，理性审视历史发展中所呈现出的辩证法，坚持"是非论"。[7] 正如他在分析封建文化和非封建文化时所强调，前者并不全是坏的，因而不能将其与糟粕划等号；而后者也并非可以无批判的利用，因而不能将其与精华划等号。另一方面，对其以现代科学思维重新整理后出版，服务现代人。所以要一分为二来看待我们的文化遗产。

邓小平在毛泽东基础上，根据时代发展、中国社会建设以及人民需要，进一步对如何看待传统文化进行了丰富和发展。在他看来，对于我们这样一个有着几千年文化传

① 毛泽东选集：第2卷 [M]. 北京：人民出版社，1991：534.
② 毛泽东选集：第2卷 [M]. 北京：人民出版社，1991：708.
③ 毛泽东选集：第2卷 [M]. 北京：人民出版社，1991：707-708.
④ 毛泽东选集：第3卷 [M]. 北京：人民出版社，1991：860.
⑤ 毛泽东选集：第2卷 [M]. 北京：人民出版社，1991：533.
⑥ 毛泽东选集：第3卷 [M]. 北京：人民出版社，1991：860.
⑦ 毛泽东文集：第3卷 [M]. 北京：人民出版社，1996：84.

统的国家，要推进现代化建设，要搞好精神文明建设，必须要"钻研、吸收、融化和发展"[1] 我们的传统文化。面对当时国内社会建设情形，邓小平敏锐觉察到，虽然我们在反对封建主义方面取得了一定成功，但是由于对其思想政治方面重要性的估计不足，却导致了受封建主义残余或遗毒的不利影响。所以，要正确看待传统文化，首先要"补上反对封建主义思想这一课"[2]，从而通过认真钻研，廓清文化遗产中的精华与糟粕，以使人们免于遗毒所害，解放思想。而这一界限的划分，则是为更好吸收、融化和发展传统文化作前提准备。也就是说，我们要吸收、融化和发展的是传统文化中的精华部分，而非糟粕。只有这样，我们才能创造出具有时代特色的完美的中国文化形式。同时，与毛泽东一样，邓小平传统文化观的内容范畴，也是"吸收和借鉴人类社会创造的一切文明成果。"[3] 也就是，不限于中国自身的传统文化，还包括其他国家乃至全世界传统文化的有益成分。

江泽民和胡锦涛也对上述两位中国共产党人传统文化观进行了赓续和发展，形成了各自的传统文化观。江泽民指出，发展社会主义文化，应继承和发扬传统文化。这彰显着两种精神：一种是时代精神，一种是创造精神。所谓时代精神，就是要充分利用我们的几千年文化遗产，不断促进其时代化，对他们真正做到古为今用。所谓创造精神，就是综合中国新实践、国际新趋势、中国群众精神文化新需求的基础上，通过完善政策和制度，改造那些落后和腐朽的文化，对那些优秀文化遗产展开创新性工作，从而推进先进文化向前发展。此外，还包括全人类先进文明成果。胡锦涛进一步指出，中华文化"是发展中国特色社会主义文化的深厚基础。"[4] 所以要推动其百尺竿头更进一步，同样要立足中国实践，充分发挥传统文化的重要作用。

（二）中国共产党人中外文化观

毛泽东认为，推进社会主义文化建设，除了要正确看待传统文化，看到历史的延续性和文化的继承性之外，还要正确处理中外文化关系。这是世界历史发展的必然结果，也是任何一个国家共同体得以繁荣必须要关切的课题。鉴于此，毛泽东提出了中外文化观，围绕"洋为中用"，展开了一系列深刻论述。它着眼于中国文化主体性，抵制批判洋化，提倡外国文化的中国化。

---

① 邓小平文选：第 2 卷 [M]. 北京：人民出版社，1994：212.

② 中共中央文献研究室. 邓小平年谱：1975-1997（上卷）[M]. 北京：中央文献出版社，2004：638.

③ 邓小平文选：第 3 卷 [M]. 北京：人民出版社，1993：373.

④ 胡锦涛文选：第 3 卷 [M]. 北京：人民出版社，2016：565.

首先，"洋为中用"何以必要？毛泽东遵循实事求是原则，对中外文化进行分析比较后指出："近代文化，外国比我们要高。"① 这样的现实使我们发展文化有了可借鉴、学习的对象，但应明确这样做的动机，"是为了今天的中国人"②，提高自己。同时，外国文化（包括古今）也可以为我们文学艺术原料创作提供一定借鉴；还有中国原有语汇不够用，可吸收别国语言互补之。这就要求我们必须摒弃排外主义，决不可拒绝借鉴外国人。而是要对他们的一切进步文化采取应吸尽吸原则，既化为己有，为我所用，又使我们的文化生出新触媒。

其次，"洋为中用"的内容是什么？毛泽东认为，既然外国文化有益于我们的文化发展，那么，我们就要正确对待他们的文化。"中用"范围即"一切民族、一切国家的长处都要学。"③ 不局限于某一方面、某一地方、某一领域。

最后，"洋为中用"何以实现？这一实现始终遵循这样一个鲜明逻辑主线："建立自己的民族的、科学的、人民大众的新文化。"④ 第一，建立自己的民族的新文化。这就必须时刻做到对外来文化的中国化，即"要把它改变，变成中国的。"⑤ 从而创造出真正属于我们自己民族风格和特性的东西，独树一帜。也只有这样，我们才能不断增强民族自信心；反之，全盘西化，或只看到别人的进步，看不到自己民族好的东西，就会丧失民族自信心。第二，建立科学的新文化。所谓科学，就是要有一个怎样的态度和方法来对待外来文化，以创造属于自己的新文化。在毛泽东看来，就是要促使中外文化"交配起来，有机地结合。"⑥ 第三，建立人民大众的新文化。这需要"以中国人民的实际需要为基础"⑦，按照中国的特点去应用它。从而使之化为我们民族的血肉，融于我们的血脉。

邓小平站在新的历史节点上，在继承毛泽东中外文化观的基础上，进一步阐释了他的中外文化观。在他看来，对于中外文化我们应当保持一个清晰的思想认识：不能一味崇洋媚外，而应当理性看待中外文化各自的优缺点。一方面，意识到落后，我们才会生发出改变落后的迫切要求；另一方面，要改变落后，赶超先进，一条重要途径是：虚心"学习先进，……自力更生不是盲目排外。"⑧ 特别是随着中国国际交往与日俱增，对这种

① 毛泽东文集：第 7 卷 [M]. 北京：人民出版社，1999：81.

② 毛泽东文集：第 7 卷 [M]. 北京：人民出版社，1999：82.

③ 毛泽东文集：第 7 卷 [M]. 北京：人民出版社，1999：41.

④ 毛泽东选集：第 3 卷 [M]. 北京：人民出版社，1991：1083.

⑤ 毛泽东文集：第 7 卷 [M]. 北京：人民出版社，1999：83.

⑥ 毛泽东文集：第 7 卷 [M]. 北京：人民出版社，1999：83.

⑦ 毛泽东选集：第 3 卷 [M]. 北京：人民出版社，1991：1083.

⑧ 邓小平文选：第 2 卷 [M]. 北京：人民出版社，1994：91.

清醒认识的需要越紧迫和现实。诚如此，邓小平指出，当前虽然中国经济文化与西方国家相比较为落后，但"并不是一切都落后。"[1] 在邓小平看来，我们也有自己值得称道的地方。最值得骄傲的就是我们的社会主义制度，和平处世。更重要的是，我们的制度终将会在充分吸收并利用世界各国进步因素中，一天天、一步步走向完善，成为世界上最好的制度。这既是我们的制度优势，也是资本主义无法企及和绝对不可能做到的。邓小平还指出，在吸收和利用外国那些先进东西时，特别是对现代社会生产中那些先进经营和管理方法，在保持头脑清醒的前提下，不要怕，我们不仅允许看，而且必须大胆地坚决试。但需要注意两点：一是学习是为了增强和提高我们的民族自尊心、自信心、自豪感。为此，应抵制和批判那种"不顾自己的国格和人格"[2] 的崇洋媚外行为，发扬爱国主义精神。二是并非意味闭关自守和盲目排外。每一个想要发展自身从而赶超先进的民族国家，都应当秉持着虚心态度，向其他一切比自身技术先进的国家学习。正因如此，邓小平讲，这种学习不是一时一刻的，更不是我们今天落后了才学习，而是我们的一项常态性课题。所以，强大起来以后，即便赶上世界先进水平，我们还是依然要向其他有长处的国家学习。

江泽民和胡锦涛进一步对中国共产党人中外文化观进行了继承和发展。江泽民认为，要"着眼于世界科学文化发展的前沿"[3]，来推动我们自己的文化建设和发展。一方面，有赖于我们对传统文化的吸收；另一方面，还在于"积极吸取世界其他民族的优秀文化成果。"[4] 同时，就整个世界来看，其活力就在于多样性的共存。所以，要共同进步，不仅中国而且各国都应以"平等、民主的精神，……相互交流、相互借鉴。"[5] 胡锦涛着眼于和谐世界角度看待中外文化。他认为，对待一切外来有益文化和经验，都必须而且只能秉持更加开阔的视野和博大的胸怀，然后通过我们的消化让之助推中国文化改革。可以说，学习借鉴体现了差异的可贵之处，也是防止"人类文明失去动力、僵化衰落"[6] 的必由之路。与此同时，我们还应注重"开展对外文化交流，……推动中华优秀文化走向世界"[7]，以此提高国际影响力。

党的十八大以来，我们党依据新实践、新时代、人民新需要，对上述中国共产党人

① 邓小平文选：第 2 卷 [M]. 北京：人民出版社，1994：337.
② 邓小平文选：第 2 卷 [M]. 北京：人民出版社，1994：177.
③ 江泽民文选：第 3 卷 [M]. 北京：人民出版社，2006：403.
④ 江泽民文选：第 3 卷 [M]. 北京：人民出版社，2006：400.
⑤ 江泽民文选：第 3 卷 [M]. 北京：人民出版社，2006：110.
⑥ 胡锦涛文选：第 2 卷 [M]. 北京：人民出版社，2016：354.
⑦ 胡锦涛文选：第 2 卷 [M]. 北京：人民出版社，2016：515.

文化思想进行了进一步继承和发展。之于传统文化观，提出了创造性转化、创新性发展的方针，以贡献国家治理和全球治理。之于中外文化观，提出树立世界眼光是我们党的历史传统，既强调要以我为主的学习借鉴世界文明成果，又呼吁各国应以和而不同的理念，平等交流、相互借鉴，共同发展。这样做的目的在于，一方面，我们能够促进自己文化的发展；另一方面，能够更好地保持和维护世界文明多样性。一句话——服务"两个大局"。不仅如此，我们党还将这一文化思想整体延伸至国际舞台，将中华文化前所未有地推向了世界。这体现在《在联合国教科文组织总部的演讲》《推进人类各种文明交流交融、互学互鉴》等中。前文重点论述了文明交流互鉴，是推动人类进步和世界和平发展的重要动力，并且就如何对待这一动力的问题倡议坚持正确态度和原则：多样、平等、包容，同时任何文明都要对自己的文化遗产，进行继承和创新；在后文中，开宗明义指出，唯有正确对待人类各种文明以及传统文化和现实文化，各国进而人类才有未来。同时对世界文明发展的规律是什么，这一规律规定各民族文明应当以何种姿态相处，文明间如何进行正确的学习互鉴，如何科学对待文化传统等一系列问题，给出了中国立场、观点和方法。

中国共产党人文化思想，既是"和人道主义相吻合的唯物主义"[1]，又彰显了中国文化的民族风格、中国气派和时代特色。而人类命运共同体的提出，作为对历史唯物主义的原创性贡献[2]，可以说，是融合古今中外文化思想之大成的典范；更是对中国共产党人文化思想的生动诠释。立足文化维度，对其理论和实践进行深入探索，不仅是对这一思想的继承，而且是对其的发展。总之，如何对待传统文化、如何对待文化交往，是任何一个民族和国家治国理政的重要内容。特别是当前各国的竞争，说到底在很大程度上，就是文化软实力的竞争。而要提高这个软实力，就必须解决好文化发展中的"传统—现代""本土—外来"关系。加之国家善治与全球善治也存在着一定的互动关系。文化又对他们这种善治结果的取得，提供了不可或缺的精神动力和智力支持。届时，人类命运共同体文化构建应运而生，致力于为解决好各国文化发展中的"传统—现代""本土—外来"关系提供致思理路，并因其与联合国宗旨和原则相契合，而被多次写入联合国多个文件。这既体现了中国共产党人文化思想的现实关照、时代价值和世界意义，也体现了中华文化的国际影响力正在不断提高，对于消解西方历史虚无主义、价值虚无主义、文化霸权等具有重要意义。

---

[1] 马克思恩格斯全集：第 2 卷 [M]. 北京：人民出版社，1957：160.

[2] 刘同舫. 构建人类命运共同体对历史唯物主义的原创性贡献 [J]. 中国社会科学，2018（7）.

第三节　中华优秀传统文化基因

饮其流者怀其源。任何一个科学思想理论都必然是吮吸着自己的文化传统而不断茁壮成长起来的，即有着自身的文化基因或文化逻辑。这是任何思想理论充满生机的关键。人类命运共同体文化构建莫不如此，它也是浸润着中华优秀传统文化应运而生，即是说，"来自我们的民族传统，不全是马列主义的教育。"[①] 那么，中华民族历史上有如此多的思想家、发明家、政治家等大家以及丰富的文化典籍，人类命运共同体文化构建的传统文化根基到底体现在哪些方面呢？正确认识这一问题，既有利于进一步弘扬中华优秀传统文化，又对夯实人类命运共同体文化构建的传统文化根基大有助益。

一、尚和合：集中展现了和平主义的文化底色

无论是在价值上来看，还是在事实上来看，中国之所以能够提出人类命运共同体的伟大构想，并在文化方面，不遗余力、自始至终地主张不同制度、发展模式、文化、种族、肤色、宗教的各国各民族，可以而且应该并行不悖地共生共在共荣。最重要的在于，我们有着尚和合的文化基因，有着实现和平主义之矢志不渝的文化底色。可以说，正是和合基因的这种丰富性，以及所彰显出的世间万物何以各得其所，相得益彰，其乐融融，即"万物并育而不相害，道并行而不相悖"（《礼记·中府》），和衷共济、和合共生，才使得人类命运共同体这一涉及五大领域的伟大构想能被提出。也正因如此，我们党在强调这一伟大构想之传统文化的"和"基因时指出，它内蕴着"天人合一的宇宙观、协和万邦的国际观、和而不同的社会观、人心和善的道德观。"[②] 这与西方那种霸道的利己主义文化形成鲜明对比。那么，尚和合的传统文化是如何展现中国和平主义文化底色的呢？

---

① 中华人民共和国外交部，中共中央文献研究室．周恩来外交文选 [M]．北京：中央文献出版社，1990：328．

② 习近平．在中国国际友好大会暨中国人民对外友好协会成立 60 周年纪念活动上的讲话 [N]．人民日报，2014-05-16（02）．

（一）"天人合一"的宇宙观

人与自然的关系，在我们的文化传统中，在先贤们的眼里，以及在君王的治国理政方略之中，是始终通过思考天人关系来体现的。"天人合一"思想的形成有其历史逻辑演进历程，它被张载首次确切提出。但无论在他之前的多少先贤和君王的哲学思考和治国实践，还是他本人的哲学思考与亲身体验，他们都秉持着一个最为基本的理念："天地万物本吾一体"。

首先，"一体"是通过"天、地、人""三才"来获得表现的。他们必须各司其职，才会使"一体"得到维护和发展。同时，为了"一体"能够更好发展，我们还要意识到"天行有常"（《荀子·天论》）。所以，"人道"必须时刻严格遵循"天道"："不与天争职"。否则，将会遭到"天道"惩罚，而"获罪于天，无所祷也。"当然，由于"人知天"的缘故，我们又可以在遵循"天道"的时候，更好地利用"天道"，以使之更加有利于"人道"的需要和发展。这样一来，才能将"天地与吾并生，万物与我为一"的最佳状态持久保持下去。正因如此，我们为应对现代生态危机主张生态文明和绿色发展，并将其纳入人类命运共同体。

其次，"一体"表现为"天人相通"又"相类"。就是说，"天人合一"还蕴含着人伦道德之说——人与社会本来合一且应当合一。如孟子"天赋道德论。"[1] 对于君王来说，他们还会赋予"天人合一"以人伦政治色彩，为更好地实现"一体"制定相关制度。这便是"备帝王之道"（《淮南子·要略》）。如《周礼·地官·山虞》《管子·立政》《荀子·王制》等古籍典藏中均都有所涉及。

最后，"一体"蕴含着"天下体系"。万物是一体的，所以要遵循着"以天下观天下""天下为公"（《礼记·礼运》）"无偏无党，王道荡荡"（《尚书·洪范》）的理念来看待国际社会。而世界能以自然之理运行，天下治也就不难实现。这也就回应了由其所滋养的人类命运共同体，为何总是以自然整体、人类社会整体、世界整体为单位来分析问题。而这与"天人合一"宇宙观的着力点高度一致。

（二）"协和万邦"的国际观

从文化视角来对人类命运共同体伟大构建追本溯源，旨在向世人庄严宣告，和平是中华民族历来所尊崇和向往的，它始终深深扎根于每个中国人的精神家园、价值理想和内心之中，滋养于内，外显于处世之道。"中国人的血脉中没有称王称霸、穷兵黩武的

---

① 王帆，凌胜利. 人类命运共同体：全球治理的中国方案 [M]. 长沙：湖南人民出版社，2017：4.

基因。"①历史地看，即便中国在近代以前曾长居世界强国之列，也从未诉诸任何武力对外扩张，更不要谈殖民和掠夺。利玛窦的《中国札记》就曾说，明朝当时拥有他所见过的世上质最良、量最大的军队，但其作用却是完全防御性的，而非侵略别国。法国的安娜—玛丽·拉法兰（Raffarin，A.M.）和让—皮埃尔·拉法兰（Raffarin，J.P.）在《中国的启示》中指出，"中国的历史证明，中国为发展其实力从未有过侵略和好战的行动"，不仅如此，他们还以郑和下西洋为例进行了论证，最终得出结论："中国人认为，世界各国只有在经济和政治上相互合作才是对其发展的最好保障。今天，中国在非洲的存在是建立在其对原材料需求的基础上的，而不是希望输出其政治模式。"可以说，这是任何一个熟悉中国历史的人都无法拒绝的铁的事实。因此，我们没有任何理由来接受"国强必霸论"，更谈不上认同；相反，我们主张的是走和平发展道路、奉行防御性国防政策，通过不断提高自身文化的感召力和吸引力，来增强中国在世界上的地位和影响。

我们更坚信"中国威胁论""修昔底德陷阱""墨菲斯托"等论调，也必将伴随中国和平崛起、中华文化世界影响力和感召力的不断提升而走向终结。因为，中国自古懂得"国虽大，好战必亡""远人不服，则修文德以来之""以德治天下""以文化天下"的道理。所以，历来主张"强不执弱，富不侮贫""不战而屈人之兵"。在中国兵者被视为不祥，非不得已不用。这也正是《孙子兵法》的智慧之处：慎战、不战。再如大到为了力避战事给百姓可能带来流离失所等灾难，小到左邻右舍化解矛盾，都向来奉行"以和邦国"（《周礼·春官宗伯·大司乐》）"化干戈为玉帛"的处世理念等。不仅如此，"和亲之策"、郑和七下西洋、朝贡制度、抗美援朝、"一国两制"等都是最好证明。中国之所以能够对和平始终如一坚守，一个最大原因是我们的农耕文明：一方面，它使得我们不想远征；另一方面，使得中国文化不喜欢极端，从而避免了因其而衍生的侵略倾向。郑和下西洋能够安安静静回来，就得益于这一文化的非极端思维，即了不起的中庸之道。这与游牧或海洋文明下的极端——侵略性文化——有着本质区别。哥伦布就是最好例证。所以，建基于中庸之上的和谐是我们这个民族馈赠世界的大礼物。②在确保自己和他人核心利益不受损情况下，该合作时合作，该斗争时斗争，这样"上下中和，各从其宜。"最终达致"万物同和"。所以，我们一直反对和抵制"过犹不及"。这与西方的"均势"和"制衡"③有着本质区别。

---

① 习近平.弘扬和平共处五项原则建设合作共赢美好世界——在和平共处五项原则发表60周年纪念大会上的讲话 [M].北京：人民出版社，2014：12.

② 余秋雨，李月宁.中华文化的民族性与时代性 [N].新华日报，2010-10-27（B7）.

③ 公为明."中"：一个中国政治与国际政治的联合分析 [J].世界经济与政治，2020（2）.

一言以蔽之，在处理国家间矛盾和问题上，我们一直秉持"协和万邦"(《尚书·尧典》)，以追求一个大同的理想世界。这一点在中国一贯的外交政策上是十分明显、各国有目共睹的。这成为构建人类命运共同体的一条金科玉律，为解决国家间政治性矛盾提供了启迪。同时这让我们坚信，伴随走独立自主和平发展道路的中国迎来实现中华民族伟大复兴进入了不可逆转的历史进程，并真正得以实现伟大复兴目标，到那时，中国将为世界和平稳定注入一股无与伦比的坚定厚道的力量，而其与世界的关系也将会呈现出前所未有的新景象、新辉煌。

（三）"和而不同"的社会观

在古人看来，要构建和谐人际关系和社会关系，应当秉持"和而不同"的基本原则。为此，他们在"同"与"和"的关系上，有着深刻认识："君子和而不同，小人同而不和。"凡是有大德行的人，都会依循"和为贵"的理念，来处理人际关系、社会关系。正所谓："天地之大德曰生"(《系辞下传》)"万物各得其和以生"(《荀子·天论》)，而"生生和谐"。总之，"和实生物，同则不继。"即是说，"和"的结果是"能丰长"，而"同"的结果，则相反是"尽乃弃"。

也正因如此，我们留下了丰富的有关"和而不同"的文化遗产，而且这些遗产都是通过实实在在的生活实践，来向我们诉说"和而不同"何以必要、何以可能以及何以实现的。如在谈到饮食时，指出"和羹之美，在于合异"；在谈到音乐时，强调"八音合奏，终和且平"；在谈到颜色时说，"五色交辉，相得益彰"；在谈到治理国家时，说"治不必同，期于利民"(《魏源集·默觚下》)；还有通过"履"与"足"的关系，来强调"同"之利害的："履不必同，期于适足"(《魏源集·默觚下》)；"礼乐之和"；等等。可以说，只有"和"，才能昭其文，昭其物，昭其声(《左传·桓公二年》)。相反，如果世间万物只强调"以同裨同"，全部以"一"来呈现，万物就会失去生机："声一无听，物一无文，味一无果，物一不讲"，也就谈不上发展，从而也就不会有"天地之所谓大"。可以说，我们的先贤正是懂得了"天地之大"的奥秘正在于"不同"而非"同"，即"物之不齐，物之情也""以他平他谓之和。"因此，强调"不和则不可用"，而非"合则用、不合则弃"。这是万事万物"无所不谐"的真谛所在。从这个意义上来说，"不同"成就了"和"，为达到"和"提供了必要准备。与之相联系，将"不同"保持下去，也就证实了实现"和"的必要性和可能性。而要实现"和"就应当遵循"万物并育而不相害，道并行而不悖""海纳百川，有容乃大"的价值导向和实践原则。

人类命运共同体文化构建积极吸收了这一文化精髓，旨在弘扬志同道合、求同存异的伙伴精神。它站在整个世界和全人类文明角度，倡导以和而不同促文明相处。各国各民族应该而且必须要向尊重本国本民族的历史、文化、道路、制度那样，尊重别国的历史、文化、道路、制度，继而在此基础上，互学互鉴，兼收并蓄，以实现共生共存共荣，以共同将人类推向更好的明天。一句话，致力于"万物并秀"之"多元一体的国际体系"建设。这与西方文化所主张的"二元一体国际体系"①即"去和而取同"有着本质区别。所以，只会造成文明间永恒的冲突和动荡。这也在一定程度上，为我们理解"普世价值"的非普世性和虚假性作了注解。总之，"和而不同"的社会观，为破解国际社会的文化性矛盾特别是文明冲突论、文明优越论等提出交流互鉴方案；为破解现代化道路问题，强调道路绝非唯一，各国应以自身实际走自己的路。

（四）"人心和善"的道德观

无论是在我们的古藏典籍中，还是在我们的民风民俗中"人心和善"的道德观都随处可见，比比皆是。"善不可谓小而无益"（《新书》）。在我们的古人看来，善是不分大小的，只要是善就应当认真对待。而且行善的益处既在于自己，也在于他人："善人者，人亦善之"（《春秋·齐·管仲》）"君子成人之美，不成人之恶"。但有时也存在对自己无益的情形，然而即便如此，我们仍要行善，否则就是小人。正所谓"小人以善为无益而弗为也"（《易传》）。所以，中国人历来坚信和践行"终始俱善，人道毕矣"（《荀子·礼论》）的理念和准则。并认为人行善天必赐福且及子孙，以善待人，"亲如弟兄"；人行恶天必降祸且止其身，以恶待人，"害于戈兵"。因此，"吉人行善，惟日不足"（《尚书·泰誓》）。可以说，如果在整个社会中大家都积极秉持着善的心态与他人交往，那么，整个社会自然就会呈现美美与共的良善美好景象。

人类命运共同体文化构建秉持善的心态，倡议各国以善交往，积极打造"百花园"，奋力奏响"大合唱"，抵制西方主观傲慢与偏见，特别是以公共利益之名，行私人利益之实。在这个鸡犬相闻的"地球村"中，各国组成一个大家庭，而各国作为大家庭中的一员，就应当和谐相处，以善相迎，这样才能在发展自我的同时，共促大家发展；相反，如果大家以恶相迎，就不免要陷入猜忌、冲突乃至战争的泥沼。然而，历史证明，世界潮流是善驱动的使然，而非恶的结果。正因如此，我们党多次强调在国际社会交往中，各国应时刻做到"交而通"，而不是"交而恶"。而"通"与"恶"相对，也包含了善的意涵。这样一来，才能达到"正善治"（《道德经·第八章》）的效果。

---

① 郭树勇. 人类命运共同体面向的新型国际合作理论 [J]. 世界经济与政治，2020（5）.

二、义利之辨：中国古代朴素义利观的最初表达

当代中国外交奉行的正确义利观，是对古代中国义利之辨思想智慧的现时创造，也是义利之传统文化的世界场景叙事与弘扬。可以说，义利之辨是中国古代朴素义利观的最初表达。

（一）义

"正其义不谋其利"（《汉书·董仲舒传》）、"义者，宜也"（《礼记·中庸》）。自古我们的祖先就秉持着义大于或高于或胜于生命的人生态度。当然这样说，并不意味着我们轻视生命，不尊重生命。而只是将义看作比我们自己的生命还重要，凸显义在我们中国人心中的地位和重要性。所以，我们说当我们为义而作出牺牲时，这种牺牲将和泰山一般重；反之，当我们将死亡视为比义高时，那么，这种牺牲就和鸿毛一般轻。所以，我们在面对两者抉择时"舍生而取义"。同时，我们还始终坚守着通过非道义或不正当渠道而获取的钱财或富贵是不可取的理念，并认为它就像一片浮云。因此，中国历来主张"不义而富且贵，于我如浮云""为义而不为利""万事莫贵于义也"（《墨子·贵义》）。

（二）利

"计利当计天下利"。在古人看来，所谓利是要以天下为单位来计谋，而不是以个人为单位计谋。正因如此，我们将以天下为单位来计利的称之为君子，相反，以个人为单位来计利的称之为小人。正所谓"君子小人趣向不同，公私之间而已"（宋·朱熹）。"君子之利，利人；小人之为利，利己"（明·方孝孺）。正因如此，在人类命运共同体文化构建中，中国始终呼吁并秉持着合作共赢的原则和理念，从中国自身来讲，中国致力于通过自身发展惠及更多国家乃至世界。由此，中国欢迎各国搭乘中国发展的快车、便车、顺风车；从合作的角度来讲，致力于各方平等互利、共赢。

（三）义利关系

在古人看来，通过观察人的义利观便能识别君子和小人：前者喻于义，后者喻于利。正因如此，我们古人常常讲，"君子之行，动则思义，不为利回，不为义疚，进退周旋，唯道是务"（《后汉书》），"君子义以为上。"相反，"小人与小人同利为朋友"（宋·欧阳修），利尽则散。需要指出的是，在这里君子与义相对应，小人与利相对应，并不是说君子就不计利。古人认为，真正的君子计义也计利。但与小人之利相区别。君

子主张"先义而后利者荣",反之为辱。然而,这里的"义"和"利"都不是仅仅局限于个人的私义、私利,而是与之相对的公义、公利:"圣人之为天下兴利"。不仅如此,"义"与"利"在一定条件下,还可以通过转化实现兼得:"圣人以义为利,义安处便为利"。这样,义利就能很好融合起来,实现合一。换句话说,既不能"贵义贱利",因为"人非利不生",也不能"贵利贱义",因为"义利相为用"。

这种义利观,首先指向和规范在国内:1970 年末前的"革命功利主义"、1970 年末后至党的十八大的"社会主义义利观"①。其次,才是国际或外交指向,即人类命运共同体文化构建将义利之辨的理念与新时代相结合,使之在国际舞台上呈现在世人面前,主张"义利相兼,以义为先。"②而义利兼得和共赢之根本或前提取决于二者能否兼顾与平衡。义,就是倡议在全球发展过程中,讲信义、重情义、扬正义、树道义,致力于共同发展、共同快乐、共同幸福;利,就是互利,从而双赢、多赢、共赢,对不发达国家和地区给予力所能及的帮助(特别是安全和发展上),有时可能会存在一些重义轻利、舍利取义现象,但杜绝唯利是图。一句话,就是要做到弘义融利。对此,中国曾提出弘扬"真、实、亲、诚"理念、正确义利观、"中非友好合作精神"等筑牢中非友谊和中非命运共同体;以正确义利观促动中国同周边国家互利合作,以及同发展中国家团结合作。如设立"南南合作援助基金"。总之,人类命运共同体文化构建所传递的义利观念和信号是"以义为先、义利并举,不急功近利,不搞短期行为。"③而且为了义,宁可利少一点,走的慢一点,也不为了短期和私人之利而舍义。

三、仁爱思想:共同发展的思想先声

在中国"仁爱"的范畴相当宽泛。前文所述的善、义、利,都可以纳入到这个范畴中。仁爱是中华文化的一个核心理念。仁爱与和合、义利一样,都是立足于"公共生活""公共权力""公共交往",即"公共性"④的视角来阐发的。不仅如此,这些理念还都一致认为,他们可以而且应该推己及人,并延伸至万物:"仁者以天地万物为一体。"这里既有为我的利己性,也包含为他的利他性,更有为大家的公共性。利己、利他、公共三者相互融合、不容分割。他们都内蕴仁爱思想。利己不是以损害他人或公共利益而

① 余科杰,安姿瑜.中国共产党百年对外工作的历史经验[J].当代世界社会主义问题,2021(2).
② 习近平谈治国理政:第二卷[M].北京:外文出版社,2017:456.
③ 习近平谈治国理政:第二卷[M].北京:外文出版社,2017:501.
④ 朱承.天下归仁:孔子的公共性思想[J].中国哲学史,2020(5).

实现的，相反，是在不损害这些利益的前提下完成的；利他也不是在损害自己和公共利益来实现的，相反，是在不损害这些利益的前提下完成的；公共是利己和利他的最大公约数，虽然在这里己、他都有不同程度的利益让渡，但这个让渡是在己或他可承受或必须承受的范围内的。正因如此，我们主张"兼相爱""仁者爱人""民胞物与""天下归仁""宽容于物""克己复礼为仁"。如果天下每个人都能真正将上述这些落到实处，天下善治就不难实现，恶也就会远离。

人类命运共同体文化构建，就是要将这种有着共同发展之意的仁爱思想充分发挥出来。由此，中国始终坚持立己达人，特别是"己所不欲，勿施于人"，以"海纳百川"的包容气度，将"怀德柔远""四海之内皆兄弟""大国以下小国"的精神，贯彻到现实的国际社会交往实践中。"视人之国若视其国"，世界才能和谐相处。可以说，正是我们的血脉中有着这样的仁爱思想，而且在其滋养下给我们带来了良善的现实社会景观，所以，我们才有底气和信心，不断向世人宣告中国始终遵循"和平—发展"辩证法，始终走和平发展道路。这是我们发展的世界名片，也是我们永不变的立场。只要熟悉中国历史和中华文化的人都不能拒绝这一事实，而且历史还将继续向世代世人证明这一点。这与西方的霸道不同，正如王霸之差："以德行仁者王"，"以力假仁者霸"，由此服人也就生发出相反的心理和态度：前者心悦诚服，后者非心服。这种仁爱思想所蕴含的公共性旨趣是用德而非以力服人，将之放置国际舞台上，意在提倡共同发展，或者说它彰显了共同发展的思想先声。正因如此，中国的发展是内外联动的发展，而且为了使这种内外联动性更强更高，我们总是根据中国自身发展阶段和国际发展环境的变化而不断对其进行调适，如时下新发展格局。一方面，我们强调发展自身；另一方面，我们依然强调中国自身发展对其他国家和人民的惠及作用。如不断修订全国和自贸试验区负面清单、中国正式完成《区域全面经济伙伴关系协定》（RCEP）核准程序、达成中欧投资协定等都是最好说明。

总之，人类命运共同体文化构建既是对中国上述传统文化基因的赓续和现时创造，也极大推动了中华优秀传统文化复兴的步伐。立足当前人类命运共同体的实践效度来看，我们相信伴随中华民族伟大复兴的到来，将会有更多优秀传统文化通过推进人类命运共同体文化构建行动，在国际舞台上被激活和应用。这既是中国作为大国的责任自觉，也是中华文明自信、中国文化自信和自觉的体现；是中国梦与世界梦的互动，必将惠及人类。这一点不仅将被历史继续所证明并载入人类史册，而且将被作为人类命运共同体文化构建的参与者、建设者、共享者——各国各民族——所共同见证。

第四章 公共秩序文化建构的实现机制

实现机制，是指在实践中该如何具体操作才能使这一文化构建活动真正落地。这是对资源功能的进一步贯彻、实施和展开，主要包括四个内容：一是动力机制，它是这一活动的"心脏"，即要坚持文明交流互鉴；二是认同机制，它是此项活动的"头脑"，思想一致才能行动一致，即倡导全人类共同价值；三是参与机制，这项活动不止关乎一个国家和民族，更关乎整个人类，必须共同参与、共同奋斗，即推动全球治理体系变革；四是环境机制，一个良好的国际生态环境，是确保建构活动得以持久进展的保障，即构建新型国际关系。四大机制协同发力才能助推公共秩序文化构建行稳致远。

第一节 动力机制：坚持文明交流互鉴

动力机制，就是要回答人类命运共同体文化构建的活力或生命力体现在哪里。端起历史望远镜，全景式扫描人类文明发展史不难总结出这样的定律："只有交流互鉴，一种文明才能充满生命力。"①

① 习近平. 论坚持推动构建人类命运共同体 [M]. 北京：中央文献出版社，2018：78.

一、人类各种文明是在交流互鉴中走到今天的

单一文明几乎不存在互鉴叙事。只有多样性文明，才能为交流互鉴提供中介、桥梁。自古大江大河就在人类共同分有的世界内孕育了多种文明，人类文明也正是从此开始逐步繁衍生息开来。除此之外，前文所述的不同文明的类型界说、世界五大文化圈。这些都在以铁的事实向世人说明人类文明从其源头上，就是多向度的发展，而非单线式前进。可以说，"多元文明"不仅"构成了世界历史秩序的核心"①，而且"构成我们这个星球的生命本源。"② 因此，正如"'纯而又纯的世界是不存在的'一样，纯而又纯的人类文明或个体文明也是不存在的。"③

需要指出的是，文明的发展并不是一成不变的，它先是伴随民族历史的发展而演进，而后又伴随世界历史的发展，进行着兴衰交替的历史嬗变。不可否认，虽然今天有些文明已经衰败，但其"作为记忆符号的历史意义始终不曾消解。"④ 那些已经或正在申请被列入世界各种遗产名录的文明成果以及各国博物馆内的陈列品就是典型例证。因为，每个文明都凝聚着属于他自身的"集体记忆"。⑤ 而之于整个人类文明的历史演进而言，原始文明就是原始时代人类集体的记忆，农业文明就是农业时代人类集体的记忆，工业文明就是工业时代人类集体的记忆，智能文明就是智能时代人类集体的记忆。但总的来说，归根结底，这些记忆符号共同构筑了当代人类的集体记忆，是人类文明历史发展的见证，更在向我们诉说着人类文明样态从其源头上就不是单一意义的历史演进，而是多样态意义的历史发展。世界因差别而多姿多彩，由此求同存异；也因分歧而需"从求同存异升华到聚同化异。"⑥ 同时正是这种多样性为人类各种文明的交流互鉴提供了基础和可能，而人类各种文明也正是在交流互鉴中其活力得以不断释放，生命得以延续。这是人类各种文明走到今天的秘诀，也是其走向未来的必由之路。在这一点上，中华文明的发展就是最好例证。

然而文明多样性在提供文明交流互鉴基础和可能的同时，还扮演着文明交流互鉴天然隔障的角色。文明与文明的相遇因文化异质必然带来文明间或大或小的摩擦，继而

---

① 陈赟. 文明论视域中的中西哲学及其会通 [J]. 武汉大学学报（哲学社会科学版），2019（4）.

② 习近平. 论坚持推动构建人类命运共同体 [M]. 北京：中央文献出版社，2018：322.

③ 马立志. 深入把握"人类文明交流互鉴"的四点内涵 [J]. 理论探索，2021（4）.

④ 吴海江，徐伟轩. 论习近平文明交流互鉴观的时代内涵 [J]. 社会主义研究，2019（3）.

⑤ 习近平. 论坚持推动构建人类命运共同体 [M]. 北京：中央文献出版社，2018：76.

⑥ 赵明昊. 习近平会见德国社民党主席、副总理加布里尔 [N]. 人民日报，2015-07-16（01）.

"解构着建构人类命运共同体的文化纽带。"① 但这种"解构"并不是绝对的永恒不可消除的。因为，文明间除了具有天然异质隔障，阻碍着他们的交流互鉴外，也应看到，只要善于依循交流互鉴的基本原则：多样性、平等和包容，就能力避"解构"给人类命运共同体文化构建所带来的消极影响，进而让源源不断的交流互鉴动力提高这一文化构建的实践效度。

二、文明交流互鉴要把握好文明天然相通属性

天然相通属性，就是先天存在的一种属性，不是主观臆断的，而是有据可循的，是不以人的主观意志为转移的铁律。这一属性为异质文明交流合作提供了巨大便利，是一种天然人文资源。对此，有学者将其概括为"共有知识"，将其视为认同纽带，是异组织间得以交往，进行统一活动的重要文化资源。② 所以，异共同体间的一致行动需要一定共有知识将其力量凝聚一处。在这里，共有知识是指不同文明间的思想、话语、观念等具有天然存在的共同理解属性。可从宏观、微观维度来理解。

首先，宏观上，"一切美好的事物都是相通的。"③ 无论国家多么强大抑或是弱小，也不论何种社会制度和发展模式，他们在美好梦想上都无不相通。全人类共同价值是这一宏观相通的最好证明。因为，全人类共同价值的主体是不论种族、国别、文明的一切追求美好事物的所有人，代表的是绝大多数人，而"普世价值"的主体则仅限于美西方国家，只代表少数人，或者说就是资本主义。

其次，微观上，具体到不同文明体的某一个或某些思想、观念等具有相通意涵。我们党曾在诸多会议上对中华文明与其他文明之间所具有的共同性意义表达的谚语、古语、成语以及哲学等进行过精辟论述：与墨西哥都讲"有志者事竟成"；与印尼都有"患难与共"的成语；与波兰都有"患难见真情"的谚语；与巴西都有"鞋子论"的谚语；与印度都把"和"视作天下之道，对此，莫迪曾说，中印两国是"两个身体，一种精神"。类似的例子还有"只争朝夕"（中国）与"行事要趁机会好"（西方）、"众人拾柴火焰高"（中国）与"滴水也能装满缸"（尼泊尔）、"人之相知，贵在知心"（中国）与"人心之间，有路相通"（波斯）、"行胜于言"（中国）与"先跨越，再言语"（塞尔维亚）、"遇事无难易，而勇于敢为"（中国）与"没有比缺乏意志更大的困难"（拉美）

---

① 项久雨，侯玉环.论人类命运共同体文化构建的三重意蕴 [J].江淮论坛，2019（5）.

② 苏长和.大国治理 [M].北京：人民日报出版社，2017：34.

③ 习近平谈治国理政：第三卷 [M].北京：外文出版社，2020：469.

等。此外，在"浅显"道德上亚洲与西方有一定共性。[1] 特别是对于文明圈和相近文化传统的国家和民族来说，他们之间的人缘相亲和文缘相通更明显，如亚洲国家和亚洲国家、欧洲国家和欧洲国家之间的相亲和相通就更明显。正因如此，在全人类共同价值上是允许各自对不同价值有着各自理解的。而只要把握住了这种天然相通性，一经交流更易于得到情感和知识上的认同，从而有助于文明交流、理解和互鉴。

三、文明交流互鉴要遵循多样性、平等和包容的实践原则

文明交流互鉴应遵循以下原则，这是人类文明发展定律。

首先，坚持多样性原则。如果说人类文明的历史底色是多元并行不悖的，那么现在乃至未来，人类文明的底色也必然毫无例外是多元并行不悖的。从这个意义上来说，当代人类文明并不因为自己成果获得前所未有的丰富而与过去的人类文明有所不同；相反，这种人类文明成果的前所未有是历史必然提出的证明文明多元共存共生共在的证据。与之相联系，当代世界并不因为自己前所未有的多姿多彩而与过去的世界有所不同；相反，这种多姿多彩的前所未有是历史必然提出的证明世界多彩的证据。因此，文明多样性是交流互鉴的基座，而在以此构建而成的世界里，"接受多样性和寻求共同性"[2] 才是明智之举。

其次，坚持平等原则。这一原则也可以理解为文明之间是可以彼此相容的，由"容"然后"荣"，共同努力，共同合作，共促人类各种文明之花竞相绽放。这种相容，是要懂得欣赏并尊重彼此文明，而非唯我独尊，与其他文明不兼容，就极力想着如何去改造、同化，甚至取而代之。正确的做法是"秉持平等、谦虚的态度"[3]，在与各文明体交往中取彼之长，补己之短，以不断完善和丰富自我文明。换言之，我们要自觉摒弃那种与平等原则格格不入的不端态度，如居高临下、傲慢、偏见等，而是从包容平等视角出发，在尊重他者文化、他者文明中谋求和平共存。

最后，坚持包容原则。历史反复证明，不同文明之间和谐度越高，人类文明发展动力越足，相应地，也就越充满生命力，反之，则会出现动力不足现象。因为文明交往包容就意味着和谐。由此，"包容—和谐"力量不断上升，冲突空间也就被挤压掉了。在这里，要对包容进行正确把握。一方面，包容是坚持独立自主，不随波逐流，是在确保

① 亨廷顿.文明的冲突与世界秩序的重建 [M].周琪，刘绯，张立平等，译.北京：新华出版社，2009：295.
② 亨廷顿.文明的冲突与世界秩序的重建 [M].周琪，刘绯，张立平等，译.北京：新华出版社，2009：294.
③ 习近平.论坚持推动构建人类命运共同体 [M].北京：中央文献出版社，2018：77-78.

"增强本国本民族思想文化自尊、自信、自立"①的基础上，在追求共同发展的道路上继续并肩前行，而非生搬硬套、削足适履。这是交流互鉴中必须要坚守的底线。另一方面，对内以互鉴补短，对外以开放促共赢。②进一步讲，包容不是为了包容而包容，其目的在于互学互鉴；否则，包容就失去了它的存在意义，同时，包容是开放包容，不是闭关自守、固步自封。这样，个体文明乃至人类文明"才能在不断更新中扩容、兼容和变容"③，反之，则会陷入混沌无序的泥沼。

第二节　认同机制：倡导全人类共同价值

认同是基于文化而产生的建构意义过程。任何一项国际合作要顺利开展，进而走向未来，都不能离开价值认同对其不同主体行动的一致规约。相反，如果没有形成价值认同或价值认同较低，那么，其行动力就会因理念和价值认知不统一而分散，也就难以形成合力或出现合力不足的现象，最终导致行动的离散，也就没有未来可言。有学者将这一价值依托阐述为一种共识，指出，"没有一定的共识，共同体的生活就无法进行下去，……共识是主体间共同行动的基础。"④需要指出的是，这里所说的价值认同，不是对人类所有价值形成认同，而是各国各民族在人类文明演进和世界普遍交往过程中形成的"某些基本价值的认可。"⑤公共秩序文化构建作为一项国际行动也是一样，其主体并不是某一个或某几个国家和民族，而是世界各国各民族，是"两制并存"下的各国携手共进的构建活动。但文化天然异质性决定了要将此项活动进行下去，就必须要克服由异质所可能导致的冲突、疑惑等问题。也就是，需要找到一个共同认同的价值观或共识，才能凝聚起构建合力；相反，这个文化构建行动就无从谈起。而人类命运共同体建立于人类共同利益之上，由此，要使这个共同体的构建行动真正实施起来，首当其冲的是需要一个认同机制——倡导全人类共同价值。这样，打造新时代公共秩序在全球就具备了凝聚起同心力的可能。

---

① 习近平. 论坚持推动构建人类命运共同体 [M]. 北京：中央文献出版社，2018：162.
② 习近平. 论坚持推动构建人类命运共同体 [M]. 北京：中央文献出版社，2018：138.
③ 苏长和. 大国治理 [M]. 北京：人民日报出版社，2017：119.
④ 杨宏伟，刘栋. 论构建"人类命运共同体"的"共性"基础 [J]. 教学与研究，2017（1）.
⑤ 陈先达. 论普世价值与价值共识 [J]. 哲学研究，2009（4）.

一、"普世价值"理论本质及全人类共同价值对其的超越

全人类共同价值与"普世价值"相对。或者更确切地说,前者是对后者的世界历史性镜鉴与超越。[①] 只有正确认识二者的本质区别,才能免于陷入思想误区。"普世价值"有着美丽的辞藻叙事,但实际上,其充当的却是西方打造同质世界的工具。西方总是喊着要实现那些所谓美好的价值目标,但问题是这些目标不仅没有实现,而且还使人们陷入了文明失序的危机之中。如美国"9·11"事件及"中东'民主改造战略'"[②]、"四大赤字"等。可以说,为了实现同质世界的目的,资本主义在任何时代都无不奔走于征服和统治异国的活动之中。近代世界纷争自不必说,当代世界的动荡、不稳定、不确定,亦与其"普世价值"诱导息息相关。

在亨廷顿那里,"普世价值"也被称为"普世文明"或"普世主义"。这是西方文明的特产。这一产物,为 19 世纪和 20 世纪西方扩大及其统治非西方国家作了多种辩护。这种辩护的一次又一次扩大和渗入,都十分鲜明地验证了:该主义是西方对付非西方的意识形态。[③] 尽管如此,但这种辩护只是得到了那些持有单一文明思想者的狂热追捧,而"在其他文明中几乎得不到支持"[④],更不要谈认可、认同。特别是伴随全球化发展的越深入,各国的文明、社会和种族的自我意识越增强。此时,在他们看来这种辩护,或者说这种以单一价值观来审视世界的做法,除了让其感到威胁外,就再也没有什么了。因此,将"现代文明=西方文明"的思想或假设,"是完全虚假的同一。"[⑤]

从"普世价值"的前提预设:以二元对立的冲突来消解文明差异来看,就决定了其无法回答或找出一条文明共生共存共荣的和谐之路。或者说,这种预设只是西方的一厢情愿,目的就是为自己打造一个同质世界进行"辩护"而已。首先,"历史终结论"终结了。特别是中国进入新时代这一论调显得更加苍白无力。其次,西方文化=世界文化。这一点在很大程度上,源自西方由来已久的"个人主义"、自我中心主义的世界观和价值观。现代社会虽然具有诸多共同点,但由于其制度、文化的差异,其本质是不可能相同的。即便西方以首获具有现代性的文化[⑥] 在世界现代化大潮中抢占先机,发挥了

① 田鹏颖,周鑫."共同价值"对"普世价值"的世界历史性镜鉴与超越 [J]. 宁夏社会科学,2019(4).

② 林海虹,金大洙. 试析美国的中东"民主改造战略"[J]. 国际论坛,2005(3).

③ 亨廷顿. 文明的冲突与世界秩序的重建 [M]. 周琪,刘绯,张立平等,译. 北京:新华出版社,2009:45.

④ 亨廷顿. 文明的冲突与世界秩序的重建 [M]. 周琪,刘绯,张立平等,译. 北京:新华出版社,2009:45.

⑤ 亨廷顿. 文明的冲突与世界秩序的重建 [M]. 周琪,刘绯,张立平等,译. 北京:新华出版社,2009:48.

⑥ 亨廷顿. 文明的冲突与世界秩序的重建 [M]. 周琪,刘绯,张立平等,译. 北京:新华出版社,2009:48.

带头作用。^①但这显然不能成为西方将其文化顺理成章说成是现代化的万能道路模式，即母版的理由，当然也就谈不上再版或翻版。

现今，这些陈旧思维依然在世界上不时沉渣泛起。如"美国优先""逆全球化"等。可以说，因世上并没有也不可能有普世性的价值，表明其立脚点或前提并非现实的人；因其目标是同质世界，表明其是一种唯我独尊的排他主义。因此，这种割裂主客观的"普世价值"，不过是一种从客观到主观的臆断，它没有其客观依据可查，所以才会出现强权压制等现象。这启示着探寻价值共识必须要从客观实际出发。^②基于此，中国提出超越"普世价值"的全人类共同价值——"和平、发展、公平、正义、民主、自由。"^③

首先，全人类共同价值的提出有其必要性和可能性。命运与共的时代，人类生存的依存性、利益的交互性以及主体的联动性，使得各国各民族在不同领域和不同方面形成了诸多有形或无形的共同利益诉求，在满足这些诉求时便产生了人类共同价值。同时也因其凝聚上述共同利益，所以它被看作是对当代文明基本价值观的总的表述。^④如果在国际交往中都能对这一价值产生一致认同并践行，那么同心打造人类命运共同体就不难实现，体现对人类共同利益的维护。

其次，全人类共同价值的内涵并非纯粹"绝对的、永恒不变的"^⑤，包含有对特殊价值的尊重和承认，体现包容性。同时需要明确的是，全人类共同价值并不是几个字词的简单罗列，一方面，他们彼此之间相互贯通、相互依存、同频共振，共同构成一个相得益彰、交相辉映的有机整体；另一方面，这种罗列有其价值排序选择。也就是，哪个价值在哪个位置不是随意排序放置的。以和平为例，和平是其他一切价值得以被人们提出和需要的首要前提。因为，没有哪个国家可以在战火纷飞的环境中，对实现其他方面的价值作出任何可能回应。对此，有学者进行了较为全面的阐释，他们认为，和平与发展侧重于满足人类基本生存；公平与正义侧重于满足社会健康成长；民主与自由侧重于满足世界政治有序发展。^⑥从这个意义上来讲，当人类连基本生存都无法满足之时，其他两个方面又何从谈起呢？因此，作为全人类共同价值的这些内容，它们既表现为一定

---

① 亨廷顿 . 文明的冲突与世界秩序的重建 [M]. 周琪，刘绯，张立平等，译 . 北京：新华出版社，2009：51.

② 汪辉勇 . 用"公共价值"而不是"普世价值"解决价值共识问题 [J]. 湘潭大学学报（哲学社会科学版），2012（4）.

③ 习近平谈治国理政：第二卷 [M]. 北京：外文出版社，2017：522.

④ 靳诺等 . 全球治理的中国担当 [M]. 北京：中国人民大学出版社，2017：91.

⑤ 靳诺等 . 全球治理的中国担当 [M]. 北京：中国人民大学出版社，2017：97.

⑥ 靳诺等 . 全球治理的中国担当 [M]. 北京：中国人民大学出版社，2017：92.

的"差序格局"，又体现着鲜明的"重叠共识"①；既要有序推动、层层递进，又要一体贯彻、一体实现。一言以蔽之，这表现出全人类共同价值在概念、目标以及包容性上对"普世价值"的全面超越②，也意味着他们"毫无共同之处"。③

二、全人类共同价值：全球治理的价值共识

全人类共同价值的价值共识作用何以彰显？当前因其"反映了世界人民和国际社会的共同愿望"④，体现了整个"地球村"的本质特征，是对人类文明进步和文化交流积极成果的肯定，代表着历史进步趋向，所以具有普遍性，可以作为国际社会行动的指导。由此，这一共同价值不仅构成构建人类命运共同体的价值基础，而且为其提供了价值认同基础，反过来，这一共同价值的实践落地，又是通过诉诸人类命运共同体的构建过程而得以贯彻和实现的，二者体现为一种互相建构的关系。

从前提或立脚点来看，全人类共同价值不奉行谁优先于谁的特例，"不为特殊性利益而戴上不同的颜色"，也没有以谁为中心的赢者通吃的霸道或强盗逻辑，而"是人类几千年文明能够延续所沉淀下来的公共性价值。"⑤特别在建设共同繁荣世界中要"坚持人类优先的理念。"⑥也就是说，以人类社会为前提。这决定了我们在价值理念上不是主张二元对立，而是反对冲突、分裂，倡导接受并尊重文明多样性，追求的是求同存异、聚同化异，关注的是人类整体利益、长远利益、共同利益，以最终实现全球范围内"人—自然—社会"整个系统的共生、共在以及共存，即推动各国并行不悖的可持续发展。从这里不难发现，我们倡导和主张全人类共同价值，并不意味着不承认和否定各国各民族的独特价值，并不意味着不允许各国各民族对全人类共同价值的不同价值内容有各自不同的理解、看法和认知；恰恰相反，"共同价值是建立在承认彼此的特殊价值这样的基础之上的，它承认相对性"，不仅如此，"这种基本共识的前提和基础就是尊重彼此之间不同的看法。"⑦"我们可以讨论涉及价值观、责任、原则、权利、普遍性等理念

① 冯霞，黄晓妹. 构建人类命运共同体的公共性意蕴——基于马克思共同体思想的论证 [J]. 江西师范大学学报（哲学社会科学版），2020（5）.

② 桑建泉. 人类命运共同体的共同价值底蕴研究 [D]. 上海：上海交通大学博士学位论文，2019：52-53.

③ 汪亭友."共同价值"不是西方所谓"普世价值" [J]. 红旗文稿，2016（4）.

④ 汪亭友."共同价值"不是西方所谓"普世价值" [J]. 红旗文稿，2016（4）.

⑤ 邵发军. 习近平"人类命运共同体"思想及其当代价值研究 [J]. 社会主义研究，2017（4）.

⑥ 习近平谈治国理政：第三卷 [M]. 北京：外文出版社，2020：209.

⑦ 靳诺等. 全球治理的中国担当 [M]. 北京：中国人民大学出版社，2017：96-97.

的潜在观点，同时承认不同国家对它们的各种不同解释。"① 这是区分全人类共同价值与"普世价值"的鲜明特征。因此，全人类共同价值是符合联合国宗旨的文化公共产品，是客观现实存在的，是对共性和个性的双重关照。

从提出者来看，虽然全人类共同价值由中国提出，但其目标指向或未来面向却是世界各国合作共赢、成果共享。因其与联合国宗旨和原则相一致，反对一家独大，意蕴着极强的包容性品格和公共性或非排他性气度，鲜明表征着其"不是文明扩张，而是文明外溢"，"充分体现了国际共产主义情怀"②，与新时代的世界潮流契合。如中国在应对全球治理相关议题向世界贡献的一系列中国智慧和中国方案：被写入联合国多项文件的人类命运共同体理念；以共商共建共享为核心的新型全球治理观；正确义利观；新安全观；新型国际关系；致力于破除文化政治地域禁锢，实现"一带一路"沿线各国合作等都是典型例证。

总之，社会存在决定社会意识。人类命运共同体文化构建，是"两制并存"下的构建行动，要使此行动在文化各异的全球场域中，顺利开展并得以持久推进，就必须不断探寻更多有利于凝聚各国各民族行动的价值共识即最大公约数，以促使全人类共同价值更丰盈，各国合作更顺畅，世界前景更美好，人类发展更持续。

第三节 参与机制：推动全球治理体系变革

人类命运共同体文化构建有了动力机制和认同机制还不够，要让这一文化构建行动得以顺利进行，还离不开参与机制。本书把其界定为——推动全球治理体系变革。它是指各国各民族如何以文化的方式全方位、多层次、立体化的参与到全球治理体系变革的进程中，以使这一文化构建行动真正现实地在实践中得以贯彻和展开。

---

① 马丁·阿尔布劳. 中国在人类命运共同体中的角色：走向全球领导力理论 [M]. 严忠志，译. 北京：商务印书馆，2020：118.

② 田鹏颖，周鑫. "共同价值"对"普世价值"的世界历史性镜鉴与超越 [J]. 宁夏社会科学，2019（4）.

一、全球治理新方案

人类命运共同体为全球善治"提供了一个不同于西方治理方案的可能性选择。"[①] 然而，何以理解此处的"不同于"呢？实际上它说的是，人类命运共同体并不寻求现有全球治理体系的替代品，或者说不是对其另起炉灶式的全盘推翻，也不是完全否定颠覆式的建立一种全新的全球治理体系，而是为了弥补其缺陷或不足，对现行全球治理体系所采取的一种创新和完善、关切和回应，因而必然"是'内嵌'于现行全球治理体系中的。"[②] 此外，也有学者将其阐述为是"对西方国际关系理论的继承与超越。"[③]

而我们无论运用哪一种文化形塑人类命运共同体，其目的都无一例外是为了将我们这个星球治理得更加适宜人—自然—社会整个系统和谐共生共存共进，即实现全球善治。由此可见，全球治理和人类命运共同体共处同一进程。或者更确切地说，他们的互动形塑着彼此，是一种互构式发展。对此，有学者立足全球治理和人类命运共同体互构的必要性与可能性、合法性价值要素、共生性主体要素、包容性机制要素等四个方面进行考察后指出，他们是包容共生、共建共享、动态共治的关系。[④] 简言之，人类命运共同体在参与这一体系变革中得以实现乃至完成，同时又会在这一过程中对全球治理进行一种向上的形塑。

虽然，在这里我们主要讲从文化维度的参与来推动全球治理体系变革。但正如前文所述，文化并不仅仅是以一种独立效应而发挥其效用和效能，除此之外，它在安全、经济、政治、生态四个方面，还有着不同的效应和效能。而值得一提的是，文化的核心——价值、样态、思想、观念等，是推动全球治理体系变革从一纸蓝图到现实绘就不可或缺的重要价值和思想指导。文化提供精神动力和智力支持。无论是变革全球治理体系，还是构建人类命运共同体，都离不开文化这个要素的重要支撑。之于前者，制度是进行全球治理的关键手段。而文化与制度是天然的你中有我、我中有你的无法分开关系。之于后者，文化维度原本就是其构建的一个重要内容，并且对其他方面发挥着重要影响。可以说，文化在推进全球治理体系变革和人类命运共同体构建的过程，一方面，能够检验其文化效度的真正效能；另一方面，还能促进人类文化得到新的创造和可能。

---

① 张骜，李桂花. "人类命运共同体"视域下全球治理的挑战与中国方案选择 [J]. 社会主义研究，2020（1）.

② 张骜，李桂花. "人类命运共同体"视域下全球治理的挑战与中国方案选择 [J]. 社会主义研究，2020（1）.

③ 许晓丽. 人类命运共同体理论自洽性的话语体现与时代意义 [J]. 社会主义研究，2020（1）.

④ 徐子棉，覃雪梅. 全球治理与人类命运共同体互构的基本要素 [J]. 大连理工大学学报（社会科学版），2020（1）.

二、全球文化治理

即便文化在构建活动中对其他方面具有种种影响，但从其本身来讲，这种参与机制的作用发挥主要体现在打造网络空间命运共同体（或全球网络治理、国际网络空间治理）。也就是说，人类命运共同体文化构建助推全球治理体系变革，其参与的实践着力点有一个重要方面在于如何打造网络空间命运共同体。这也是全球文化治理的重点和关键，是其与人类命运共同体文化构建的共同域。从参与的理念着力点来看，各国各民族要对其自身各种文化中同全球治理具有共鸣点的治理理念进行挖掘，并贡献于国际社会繁荣有序进步，为人类文明可持续发展事业作出应有贡献。而在这一点上，大国尤应当仁不让、义不容辞地作出与其地位相匹配的贡献，以彰显其大国担当。所以，在全球治理体系变革中，总应有大国要扮演好领导者或引领者的角色，其他国家扮演的则是参与者、建设者或协调者等角色。由此可见，如果大国在人类命运共同体文化构建助推全球治理体系变革的过程中缺位，久而久之，其后果是不可想象的。如美国作为大国成为全球"退群"冠军，在全球公共产品供给上不时缺位，将其自身所标榜的"普世价值"的伪善本质表现的可谓是淋漓尽致。而从角色定位上来说，也更好地诠释了本部分为何要用参与机制。即是说，变革全球治理体系各国各民族—不分种族、不分大小、不分强弱、不分贫富—应秉持"共同但有区别的责任原则"[1]，而非仅仅关涉大国，凸显的是"多边参与、多方参与，由大家商量着办"[2]即共商共建，而非单边主义、孤立主义、霸凌主义，抵制的是一方主导或几方主导的片面化狭隘化，追求的是"'国家个体性'和'类的整体性'的和谐统一"[3]即共享。这也彰显了对各国各民族主体及生活其下的人民主体的尊重，是坚持公平正义原则的表现，符合《联合国宪章》宗旨和原则。

总之，各国各民族特别是大国应当在人类命运共同体文化构建助推全球治理体系变革的过程中，既要站在自身核心利益上，又要站在人类整体利益上来审视自己的定位，扮演好各自的角色，敢于勇于承担责任，积极探索共商共建共享的治理新思路。这样，各国各民族才能在共同分有、命运一体的星球中共在共存共荣，继而携手共进走向美好未来。

——————————

① 习近平.论坚持推动构建人类命运共同体[M].北京：中央文献出版社，2018：291.

② 习近平谈治国理政：第二卷[M].北京：外文出版社，2017：536.

③ 侯耀文.马克思类哲学及其对构建人类命运共同体的启示[J].中共福建省委党校（福建行政学院）学报，2020（4）.

第四节　环境机制：构建新型国际关系

今天，世界各国各民族已然步入命运与共的新时代。在此时代背景下，任何一个国家、一个民族的发展，一方面，离不开稳定的国内环境；另一方面，更无法离开稳定的外部环境。更进一步讲，在人类命运共同体时代，各国发展紧密相联、互相影响。从各国经济发展与全球经济发展来看，没有哪个国家的经济发展可以完全脱离世界经济而独立驶向繁荣之地。经济全球化的正面溢出效应辐射的是世界各国各民族，与之相联系，其负面外溢效应所波及的范围也必然是世界各国。现代民族国家因其经济同在世界市场范围内，决定了闭门搞建设终将难以为继。历史反复证明，越是开放的时代，各国与世界的经济越繁荣，反之，则越迟缓。今天，金融危机遭遇"逆全球化"浪潮，对原本动能不足的世界经济来说可谓是雪上加霜。从各国安全与全球安全来看，命运与共时代，这个"共"字十分清晰地说明："国家—国家—全球"安全已成捆绑之趋。"没有一个国家可以从别国的动荡中收获稳定。"① 这就是说，以往那种谋求绝对安全的空间和条件，在这个时代没有也不可能存在。但西方的"丛林法则"依然尚未消除，而且在世界性危机面前总是会变本加厉地回潮。除此之外，全球性生态危机、恐怖主义和分裂主义的国际化蔓延等，都无一不向我们昭示着共同危机需要"类"价值来将各国各民族凝聚起来，以承担起"类"责任、"类"担当，才能延续我们的"类"生命——当代及子孙后代的持续发展。换言之，这些层出不穷的全球性挑战和问题"考验着国际社会的合作水平与治理能力。"②

一、带有强权政治色彩的现存国际关系难以为继

世界之乱的此起彼伏，是对旧型③和现存国际关系图景的真实反映。特别是与"中

---

① 中共中央党史和文献研究院.习近平关于总体国家安全观论述摘编[M].北京：中央文献出版社，2018：240.

② 靳诺等.全球治理的中国担当[M].北京：中国人民大学出版社，2017：105.

③ 联合国体系诞生是旧型国际关系演进的一个重要分水岭。此前的国际关系是典型的旧型国际关系。联合国成立以来的国际关系，可以算作非典型的旧型国际关系，或者是由旧型国际关系向新型国际关系的过渡阶段。刘建飞.引领：推动构建人类命运共同体[M].北京：中共中央党校出版社，2018：81-82.

国之治"相比，这种真实反映的图景可谓是最为鲜明的讽刺画。"西方学者惊呼，我们正在走进一个'失序的世界'。"[1] 然而，更进一步来说，这实际上是将"国际关系向何处去"的重大现实命题摆在了世人面前。这也预示着，旧型和现存西方主导的国际关系已不能适应时代发展的需要。因为，这种框架和话语体系是带有严重的"强权政治色彩的国际关系。……渗透着西方的价值观和理念。"[2] 如冷战思维、霸权主义、利己主义等，始终如影随形镶嵌于这一体系之中。

在这一国际关系体系中，非西方国家必然总是而且只能处于边缘地位。不仅如此，西方国家对非西方国家是没有任何尊重而言的，所以公平正义、合作共赢始终游离于其视野之外。西方国家间为了谋求尽可能多的私人利益而倡导结盟；零和博弈或对抗不仅存在国际关系之中，而且存在其国家内部和盟友之间。这一点不仅在人类近代史中清晰可见，而且今天依旧存在：欧盟一体化步伐早就出现了跌跌撞撞的内部不团结现象。[3] 从国际方面来看，美国"退群"、单边主义等都是例证。

在这样的国际关系框架中，"新兴经济体和发展中国家的声音与利益被长期忽视，国际共识的达成艰难而坎坷。"[4] 然而不得不指出的是，为了应对全球治理难题，旧型和现存国际关系框架也曾作出应对之策，如以现实主义等为代表的主流体系理论、以霸权稳定论等为代表的中层理论。[5] 但是无论是哪种理论，由于其理论基础都是牢牢地扎根于西方的个体本位主义（如对于传统的现实主义者来说，他们眼中的国际关系主题有且只有一个：除了结盟就是备战和热战即国际冲突[6]；新现实主义者与之类似，是"恶意的"霸权合作论。[7]），而终究无法破解全球治理难题，相反，只会将其推向恶化的歧路、邪路甚至死路。

在此国际关系主题下，战争必然常态化且规模急剧攀升，而和平也不过表现为它的间歇期，或为其而在做的准备期，由此，在这里零和思维不是退场，而是仍活跃。[8] 不言而喻，这与今天国际力量对比更趋平衡的时代现实显然格格不入。因此，应对其适时

① 全国干部培训教材编审指导委员会组织编写.全面推进中国特色大国外交[M].北京：党建读物出版社、人民出版社，2019：64.

② 刘建飞.引领：推动构建人类命运共同体[M].北京：中共中央党校出版社，2018：81.

③ 吴刚.欧洲一体化步伐跌跌撞撞[N].人民日报，2018-1-25（22）.

④ 靳诺等.全球治理的中国担当[M].北京：中国人民大学出版社，2017：106.

⑤ 靳诺等.全球治理的中国担当[M].北京：中国人民大学出版社，2017：106-107.

⑥ 李巍.国际秩序转型与现实制度主义理论的生成[J].外交评论（外交学院学报），2016（1）.

⑦ 宋秀琚.西方主流国际关系理论对"国际合作理论"的不同解读[J].国际论坛，2005（5）.

⑧ 刘建飞.引领：推动构建人类命运共同体[M].北京：中共中央党校出版社，2018：90-91.

完善和创新。也正因如此，以往的各种体系，如维也纳体系、雅尔塔体系等，虽然他们都在一定时期对世界和平起到了一定作用，但因其自身的缺陷、非正当性以及不能跟上时代步伐，而必然被历史不容。

二、新型国际关系：推动公共秩序文化构建的内在要求

为了克服上述乱象和失序，为了各国能够于这个星球和谐共在共存，继而共荣共进，我们党站在人类道义和国际社会高度，"从中华文明崇尚'和合'的思想境界出发，以新中国倡导和平共处五项原则的外交传统为依托"[①]，提出构建新型国际关系。有学者指出，在新型与旧型之间的阶段，可称之为"准新型"——当前以中国为基轴的各种双边关系。而"新型"则是在之前这些阶段的基础上逐渐演化而成。[②] 它超越和创新了传统国际关系理论。[③] 显然，虽然我们讲的是"新型"，但它却并非一种对旧型以及现存国际关系的完全抛弃和彻底否定或推倒重来，相反，它与变革全球治理体系一样，不是另起炉灶，而是对旧型以及现行国际关系的积极扬弃、不合理的修缮，体现的是一种创新和完善。所以，新旧国际关系之间"有很强的继承性，最突出地体现在主权国家依然是基本主体"[④]，而不是也不可能是彻底的决裂关系。需要指出的是，今天国际关系的主体较以往来看，呈现出多元化新特征——既有国家主体，又出现了非国家主体，但归根结底，作为基本主体的国家主体是始终不变的。这是我们在科学对待新型国际关系时，应该正确把握的"变"与"不变"。

从历史长镜头看，新时代中国倡导的新型国际关系并非一蹴而就，而是有其历史嬗变的轨迹可循。最初新型国际关系的表述并不如今天这样，对这一关系的把握是随着中国在全球发展伙伴关系的发展过程中，而不断得以被形塑和凝练最终提出的。在党的十七大和党的十八大报告中，中国在国际关系中要弘扬何种精神的阐述上，前者提出了"协作、共赢精神"，后者提出了"合作共赢的精神"。但需要指出的是，虽然党的十七大报告在国际关系方面进行了阐述，但却未对新型国际关系进行明确界定。党的十八大报告虽然有关涉国际关系的内容，但也没有明确给出新型国际关系的具体界定，只是有了相关思考。这主要通过对合作共赢精神的具体阐述来呈现。正如报告指出，要弘扬这

① 苏格．平易近人：习近平的语言力量（外交卷）[M]．上海：上交通大学出版社，2018：33．

② 刘建飞．引领：推动构建人类命运共同体 [M]．北京：中共中央党校出版社，2018：82．

③ 王毅．构建以合作共赢为核心的新型国际关系 [J]．国际问题研究，2015（3）．

④ 刘建飞．引领：推动构建人类命运共同体 [M]．北京：中共中央党校出版社，2018：82．

一精神何以可能？其中一条就是建立新型全球发展伙伴关系。

2013年我们党指出国际形势的变化和各国希冀共克时艰的愿望，使得我们要向和平、共赢目标迈进，各国应共建以合作共赢为核心的新型国际关系。同年首次提出命运共同体。此后，这一概念便成为我们党在诸多场合公开讲话及相关文章中的高频词。这表现出中国在处理国际关系上的政治决心和坚强意志。与此同时，也说明了中国为维护和推进世界和平与发展事业，将矢志不渝、坚定不移地坚守合作共赢理念。党的十九大报告，在此基础上对这一关系进行了进一步丰富和完善，提出了两个新理念即相互尊重、公平正义，并将它们一道作为构建人类命运共同体的重要内容。文化成为他们应有的智力支持和精神动力，一方面，在于对其落地提出可行的实际性操作方案；另一方面，在于各国各民族从各自的文化出发，对国际关系的形塑不断与时俱进的贡献新的理念。而新型国际关系的建立，既有助于为人类命运共同体文化构建提供良好国际环境，反过来，这一文化构建也会为改善国际关系提供支撑，两者在理念和实践中互动形塑不可分离。

一个良好的国际社会关系网络或良好的国际生态环境，是各国各民族得以互联互通、贸易往来、友好合作、共同进步的重要保障。正如人的发展须臾不能离开良好的自然生态环境一样，人类命运共同体文化构建同样也不能离开良好的国际生态环境。而这个生态环境突出表现为国际社会关系的状态如何。众所周知，人类命运共同体文化构建的主体是"我们"，而非单一的"我"，也并非单一的"他者"，亦非几方。如前所述，"我们"作为构建行动的共同主体，是有着天然的文化异质隔膜的，这使得国与国、民与民在交往中不免要出现冲突、矛盾、疑惑、拒绝等这样或那样的不适，而除了这种原生态上的隔膜，后天国家之间的各种国际争端、利益竞争以及国家间历史遗留等问题，还有可能会加剧这种冲突和矛盾，继而破坏全球国际生态环境。因此，在命运与共时代，这又更加凸显了弥合国际关系的重要性和必要性。而文化作为一种粘合剂，能够在与之交往方的交流中拉紧和拉近彼此的关系；作为一种思想、理念又能为这种弥合提供致思理路，使人们走出国际关系的冲突对立状态。

由此，谁能够清楚的认识到这一点，并将其在实践中积极践行，谁就能够使自己国家在国际发展中变压力为动力、化危机为生机。因为，新型国际关系之新就在其价值观——合作共赢，从而通过各国互利合作，化解全球性挑战和应对事关世界乃至人类进步的重大课题。这种和谐的国际关系本身，就孕育着各国各民族的动力、生机和机遇。这就要求我们必须一起为国际关系民主化、法治化、合理化而持续努力，并将之贯彻到我们对外合作的各方面。而从文化上来说，我们既要形成包容互鉴的新气象，也要以文化来为其他方面的新思路（政治）、新前景（经济）、新局面（安全）①，构筑更多智慧支撑和现实途径。这样各国各民族才能真正现实同心打造人类命运共同体。

应当说，构建新型国际关系在"为21世纪国际关系发展提供了新思路"②的同时，也为新时代公共秩序文化构建营造了良好的环境氛围，各国各民族才能以文化来更好凝聚合力；反过来，后者的构建推进又为前者的构建实现，提供了机遇和更多更好的可能。这与各国各民族走向开放、走向合作的大势相符合。新型国际关系虽然由中国提出，但它却是一种公共性的思想观念。它超越了西方那种霸权治理的僵化、狭隘、冲突的文化思维，主张制度相容下的国家利益最大化的公共性考量与全球善治相得益彰，抵制制度互斥下的国家利益最大化的利己主义盘算和全球治理赤字丛生。也就是，主张国家利益与国际利益的和谐共生，而非"零和博弈"。所形塑的是世界命运的共同掌握；国际规则的共同书写、遵守和维护；全球事务的共同治理和参与以及国际竞争的合法秩序。因此，要推进新时代公共秩序文化构建行稳致远，各国各民族就必须织密织实伙伴关系网，并在其中各司其位，各司其职，各尽其责，同向发力，争取以文化的全方位嵌入，来不断助推做大全球经济，做实全球治理机制，做活全球合作方式。应当说，只要各国各民族展现诚意、坚定信心，秉持同舟共济、合作共赢的理念，落实行动，人类命运共同体文化构建就一定能够取得令人满意的成果。

---

① 王毅.构建以合作共赢为核心的新型国际关系 [J].国际问题研究，2015（3）.
② 王公龙等.构建人类命运共同体思想研究 [M].北京：人民出版社，2019：2（前言）.

第五章

中国推动公共秩序文化建构的必然性

明晰了公共秩序文化建构从哪里来和将到何处去的问题，现在的任务就是要深入探究中国在这一构建行动中处于怎样的状态。而要真正把握这一状态的真实情况，最重要的是应知晓当前中国推动公共秩序文化建构有何必然性？在这里，可从公共秩序文化建构的中国必然之紧迫性、艰巨性、长期性来考察。

第一节　紧迫性：中国推动公共秩序文化建构的价值意蕴

公共秩序文化建构作为当代中国的现实课题，有其客观的现实价值意蕴——是实现中国梦的迫切需要、建设文化强国的必然选择和维护国家文化安全的内在要求。

一、实现中国梦的迫切需要

因为任何国家和民族都处于封闭孤立状态，所以，要实现其梦想，一般纯粹依托其内部条件就可实现。但世界历史时代的到来，特别是当前世界各国已然迈进命运与共的新时代，在此背景下，一个国家、一个民族要实现其梦想，再仅仅依托单纯的内部条件已难以为继。究其根本，外部国际环境变化为其梦想实现，带来了双重效应：一方面，为其实现梦想提供了战略机遇；另一方面，对其实现梦想带来了挑战和问题。因此，无论是把握机遇，还是迎接挑战和应对问题，这都成为各国各民族逐梦中必须要处理好的重大课题。进一步讲，世界历史时代，世界各国命运与共的特性，决定了每个国家和民族要实现其梦想，既要关切自身发展（内），又要合理、正确关切这一梦想的世界维度（外）。这是时代发展赋予一切国家和民族的必然任务，而这样的任务也决定了其方法论是要正确并善于运用好内外辩证法，以有效解决好国内外大局互构的关系。可以说，如果哪个国家或是不能清晰地看到这一点，或是轻视这一点，其梦想就会被现实束缚，从而总是无法抵达。

中国梦的提出应当说是正确运用内外辩证法的典范，或有效把握国内外大局的时代产物。它不仅立足国内社会矛盾变化，不断破题解题，而且放眼世界，始终依据外部国际环境变化，正确把握中国与世界关系，从而调适其政策和策略，最终壮大自我、贡献世界。这是中国梦始终保持勃勃生机的关键所在。进一步讲，中国梦决不是封闭的、单纯只谈论中国自身的利己性，或"民族主义的炫耀"[1]，仅仅"造福中国人民"，它还有其面向世界的开放性和公共性指向和考量，还"造福各国人民。"[2] 简言之，中国梦是与世界梦相呼应的梦，既有自身特殊性，也有世界普遍性，即是与时代潮流相一致的和平梦、开放梦、合作梦、共赢梦。由此，国内外两个大局，就如鸟之双翼、车之两轮，缺一不可，共同构成实现中国梦的有力保障。正因如此，我们党在国内外诸多场合阐明，"中国梦与世界梦息息相通。"[3] 中国的全球治理思路有两个维度：对内服从服务于中国梦，对外助力美好世界实现。因此，当下我们要做好自己的事情，以不断为实现中国梦积累条件和提供有力保障何以可能？那就是，要胸怀"两个大局"，构建人类命运共同体。可以说，人类命运共同体的提出，为将这"两个大局"联结或统筹起来铺设了进阶和提供了可能。这里既蕴含着"国治而后天下平"的价值理念，又彰显了"道济天下"的人道关怀。

中国梦与人类命运共同体有何关系？首先，都是新时代的产物。它们都体现着中国和合文化基因，也是遵循历史命运和条件的价值彰显。历史一再证明，少数资本主义国家为实现其梦想，总是通过采用动荡、分裂、贫富分化、独赢或几方共赢的卑劣手段。

---

① 齐卫平. 党的新时代历史使命中"伟大梦想"的思想和实践意蕴 [J]. 江汉论坛，2018（6）.

② 习近平谈治国理政：第一卷 [M]. 北京：外文出版社，2018：275.

③ 习近平. 在纪念五四运动 100 周年大会上的讲话 [M]. 北京：人民出版社，2019：18.

而在当前各国命运迈入一荣俱荣、一损俱损的时代背景下，这种实现梦想的手段显然没有未来可言。可以说，这是违反时代潮流的必然后果，这种以逆流所换取的短暂梦想，终究会被历史潮流所击碎。中国梦与之截然不同，它顺流而下、顺势而为，并深刻认识到只有这样，才能既为自身实现梦想提供有力保障，又能为别国人民实现梦想提供有力保障。为此，在深刻把握中国与世界的关系后，中国提出人类命运共同体，旨在为实现中国梦积累有力外部保障。简言之，人类命运共同体时代，任何国家民族的梦想都不可避免要从如何顺应时代潮流的世界维度作好顶层设计和制度安排，否则便会偏航，步入歧路。这是时代潮流发展赋予各国在逐梦中必然要完成的现实任务和历史使命。做不到这一点，就没有梦想的实现。从这个意义上来说，人类命运共同体就是中国梦顺应时代潮流（或应变、求变）而生的时代产物。它反映了中国梦的与时俱进，即将其置于"两个大局"来统筹。因此，从顺应时代潮流来看，二者体现了对中国和人类各自历史发展阶段和前途命运的双重考量。

其次，二者都有着奉献世界的世界道义。中国梦作为世界梦的重要有机组成部分，它能否实现直接关乎世界梦。因此，实现中国梦既是中国自己逐梦的必然，又是在对世界梦作贡献的必然。这既强调了梦想的特殊性，各国要不断为自己国家的梦而奋斗，正确处理好自觉坚持和自我发展的关系，即我与我们、我与世界的关系，又站在人类和世界即超越特殊、独特的共同性角度上，强调各国为了实现自己国家人民的梦想，有责任和义务合理关切这一梦想的世界维度——我与他者、他者与世界、我们与世界，从而正确处理好民族主体与人类主体、社会主义与资本主义的关系[1]，以在确保本国发展的同时，为其他国家发展创造条件，真正维护人类和世界的永续发展。可以说，只有将这些关系都厘清和捋顺了，中国梦、世界其他各国人民的梦乃至世界梦才有实现的可能和现实，最终才能真正现实地实现"更高水平'共同性'的'人类利益'。"[2]因此，无论是基于实现中国梦自身来说，还是基于其世界维度来说，他们都彰显着"中国梦是奉献世界的梦"[3]的道义事实和价值。

新时代中国与世界密切度之高史所罕见。一方面，国际大势对中国经济社会的国内大势影响前所未有；另一方面，中国发展对国际社会的影响同样前所未有。其中典型的如面对全球各领域难题，"国际社会期待听到中国声音、看到中国方案。"[4]而作为回

① 田鹏颖.历史唯物主义与"人类命运共同体"[J].马克思主义研究，2018（1）.
② 刘同舫.构建人类命运共同体对历史唯物主义的原创性贡献[J].中国社会科学，2018（7）.
③ 习近平.出席第三届核安全峰会并访问欧洲四国和联合国教科文组织总部、欧盟总部时的演讲[M].北京：人民出版社，2014：26.
④ 习近平.习近平主席新年贺词（2014—2018）[M].北京：人民出版社，2018：13.

应，我们提出了——构建人类命运共同体，它从更高水平和更高层次上不仅为各国将自身命运掌握在他们自己手中何以可能，而且为人类将自身命运掌握在我们自己手中何以可能，贡献了可供参考的新理念、新方案。由此，实现中国梦必须于"两个大局"中来全面统筹和自觉推进。人类命运共同体作为连接"两个大局"的中介，中国加快推进其构建是充分发挥这个中介作用的逻辑必然。这样，才能为实现中国梦营造有力外部保障或有利外部条件。而文化作为人类命运共同体的一个重要有机组成部分，加快其文化构建当然也就自然成为实现中国梦需要的应有之义和必然要求。那么，中国在推进人类命运共同体文化构建中，要如何来满足实现中国梦的需要呢？那就是从文化上既要为全球治理提供更多更大新的中国智慧和方案，为人类发展作出更多更大新的中国贡献，还要向世界传达好中国梦到底是什么样的梦？其精神实质何为？以何实现？它与别国的梦和世界梦有什么关系？在实现其过程中中国将给别国、世界乃至人类能够带来什么？一句话，如何将立体、客观、全面、真实的和平醒狮形象的中国、具有优越性的"中国之制"和"中国之治"、热爱和平的中华民族以及中国人民展现在世界人民面前，中国在推动人类命运共同体文化构建过程中对此应当而且必须有所作为。

需要指出的是，如何把这些问题清晰地呈现在世界舞台上，人类命运共同体文化构建相较于其他四个方面（经济、政治、安全、生态）更具其独特优势：精神动力和智力支撑、国际话语权尤为突出，从而转化为一种发展自我和贡献世界的能力和效能。这种优势体现的是人类命运共同体"五位一体"各司其职的使命和任务，也是避免或克服"木桶效应"的必然要求。当然要使文化的这种优势充分发挥出来，还须臾不能离开其他四个方面的同频共振。总之，人类命运共同体文化构建作为实现中国梦的有力外部保障，不仅能够为其创造更大战略机遇期，而且有助于更好把握和运用好战略机遇期，从而推动中国梦不断朝着最终目标和方向迈进。从而可以得出这样的结论：中国推动人类命运共同体文化构建，是实现中国梦的战略需要，更是其重要的实现路径。或者说，中国融入这一文化构建是实现中国梦的必由之路。

二、建设文化强国的必然选择

"文化兴国运兴，文化强民族强。"[①]文化尤其思想文化是任何国家和民族得以安身立命的灵魂和重要条件，也是其有别于其他国家和民族的精神标识。文化内蕴着这个民族和国家对包括自然界在内的一切事物和生命的历史认知和现实感受。一方面，它予之

---

① 习近平谈治国理政：第三卷 [M]. 北京：外文出版社，2020：32.

精神以追求；另一方面，它予之行为以准则。可以说，一个失去灵魂的国家和民族，就同一个失去灵魂的人一样，如行尸走肉般无所依从，从而必将失去自我，走向死亡。由此，对于任何国家和民族来说，如果不珍惜甚至抛弃或背叛自己历史文化，那么，他们都将无一例外地永远无法站立起来，也就谈不上富，更无所谓强，最终注定以一幕幕历史悲剧收场。文化是评判一个国家和民族是否具有民族精神独立性即国格的重要标尺。一个失去国格的国家就像一个失去人格的人一样，没有任何尊严可言，只能任人宰割、蹂躏和践踏。文化回答了一个国家和民族称之其所是的哲学元追问。同时从中关于国家和民族何以生存、何以发展和壮大等重大问题，我们也都能找到较为准确的答案。因此，一个国家、一个民族的强盛，除了表现在经济上的自立自强之外，还"总是以文化兴盛为支撑的。"[①] 那么，如何夯实这个文化支撑以实现文化强国的目标呢？

首先，贯彻"两创"方针。也就是要处理好文化的继承和创造问题，对中华民族历史进行科学认知和正确运用。而在这其中有一个重要方面是，解决好中华优秀传统文化何以走出去的问题。简言之，中国在实现文化强国过程中，必然伴随着中华优秀传统文化的伟大复兴，而中华优秀传统文化的伟大复兴，既面向中国，又面向世界。其目的是让中华优秀传统文化通过"两创"方针后，在国际社会上形成更高更多的国际认同，从而提升中国方案、中国智慧对世界的贡献率。进一步讲，于"两创"中的中华优秀传统文化推进我国文化强国目标，一方面，强的是中国文化；另一方面，还强调与他国优秀文化一道助推人类文化，从而强之。这是任何国家和民族特别是大国走向文化强国都应该而且必须要完成的文化使命。这就是说，"两创"的实践场域既在中国国内，也在世界场景。对世界场景来说，应坚持有所取舍的原则，即要将中华优秀传统文化的那种强大包容性，充分展现出来，从而使之尽可能多的体现在中国外交的方方面面，最终助推人类可持续发展事业。如促使仁爱、民本、诚信、正义，再一次绽放普照世人之光。[②] 也就是把中华优秀传统文化中那些具有世界意义的文化精髓贡献给全球治理。而中国在推进人类命运共同体文化构建的同时，为实现上述这些目标提供了可能。

其次，吸收外来文化有益成分。中华文明之所以不曾间断走到今天，离不开对外来优秀文化的吸收和运用。新时代中国建设社会主义先进文化，以走向文化强国，也同样要遵循这一重要途径。这也彰显了我们党自始至终就是一个学习型政党，我们的国家和人民历来崇尚学习的良好风尚。吸收外来文化，是一个双向过程，或者说它是通过与别国文化对话和交流，从而得以实现丰富和推动社会主义当代文化发展的。在这一过程

---

① 中共中央文献研究室. 习近平关于社会主义文化建设论述摘编 [M]. 北京：中央文献出版社，2017：3.

② 高金萍. "两创"方针为构建人类命运共同体开辟新路径 [J]. 前线，2018（5）.

中，受益的是各交往方，而非单纯的一方。不仅我们通过交流互鉴学习了外来文化的优长，弥补了自身不足，而且还对交往方的文化、价值、生活方式等有了一定了解，储蓄了彼此互信的人文资本，对化解文化冲突、全球信任赤字大有助益。因为，文化冲突和全球信任赤字的现实基础在很大程度上在于文化异质性。由此，冲突的减少、信任的增多又促进交往方的更深层次交流互鉴，从而有利于实现异质文化并行不悖的目标。这正是人类命运共同体文化构建的核心要义。

再次，讲好中国故事。一方面，这是让世界更好全面了解和认识中华民族、中国共产党、中国特色社会主义、中国人民良好面貌的现实途径；另一方面，是提高国际话语权解决"挨骂"问题的必然选择。为此，要不断加强其国际传播能力建设，创新其传播方式，加快构建中国哲学社会科学，倾力打造更多融通中外的新概念新范畴新表述，并通过陈情和说理相结合的方式，解读中国实践、中国道路，将当代中国价值观念、中国之治、中国之制等传递给世界人民，从而获得他者认可、认同和欣赏，以彰显中国文化发展自我、造福人类、贡献世界的价值与事实，最终以自身魅力和实力而非强制力吸引、影响其余诸国。这与人类命运共同体文化构建的中国实践一致。

三、维护国家文化安全的内在要求

文化安全无论是对于哪一个国家、哪一个民族都具有极端重要性，必须予以高度重视。也正因如此，为了统筹"两个大局"，中国将文化安全置于总体国家安全观的重要位置，让其一道"引领人类命运共同体的构建。"[①] 这既为国际安全贡献了新理念，也为中国何以实现长治久安提供了新遵循。

虽然不同领域的安全在总体国家安全中都有其不可或缺的特殊地位和作用，但是文化安全之于其的地位和作用，与作为总体国家安全重要内容的其他方面有着极为特殊的理论和实践表现。一方面，和其他安全一样文化安全不仅是其有机组成；另一方面，它又扮演总体国家安全之精神引领的重要角色，牵制其他方面安全的效能，具有渗透性和全局性的特质，对社会主流价值取向、国家形象、社会生活方式等有着久而弥深的影响。[②] 特别是当前文化在国际竞争力中所彰显出前所未有的重要作用，更加凸显了其在总体国家安全中的地位和作用。冷战后尤其是时下文化领导权、文化软实力、国际话语权、舆论斗争等在国内外学界政界研究与讨论热潮的常态化是最好证明。中国正是在全

---

① 张然，许苏明.习近平总体国家安全观战略思想探析 [J].思想理论教育导刊，2017（1）.

② 王瑞香.论总体国家安全观视野中的国家文化安全 [J].社会主义研究，2016（5）.

球化背景下看到了文化安全的这种地位和作用，所以不仅提出文化安全，并将其纳入总体国家安全内，而且放眼世界呼吁各国要从文化上来筑牢人类命运共同体意识，以夯实各国文化安全，维护和保障各自的社会主流价值取向、国家形象、社会生活方式的健康，从而确保人类文明有序发展。

实际上，我们党提出国家文化安全就是要让我们看到它随着时代发展呈现出新特征："新旧叠加、时空交错、内外联动"①，以凸显维护国家文化安全已成为各国发展中一项持久且常态的课题。特别是世界历史越向前发展，"两制并存"客观格局的存在，非西方各国各民族的文化保卫战就一刻也不能停歇。可以说，这是非西方国家在命运与共的时代下，维护总体国家安全共同面对的重要文化命题。具体而言，当前国际上除了非西方国家，因经济全球化的资本主义主导，都不同程度深受其文化霸权的侵扰或侵害之外，还有传统安全与非传统安全的相互交织，使得各国文化安全与其他领域安全的整体性和关联性实现了前所未有的新跃升，从而在文化领域面临着前所未有的新问题与新挑战；社会信息化时代的到来，各国文化交往中世界网络场域的打开，加速了西方文化渗透。可以说，时下非西方国家文化安全面临着有史以来最为严峻挑战。

从维护国家主权利益视角看，由于长期以来西方文化占有主导国际事务和制定国际规则优势，他们为了私利总是在国际事务的处理和国际规则的制定中压制处于文化劣势之发展中国家的权利，这必然催生一种畸形现象——不平等的文化对待。一方面，这对劣势国家文化主权产生消极影响；另一方面，又会诱发其陷入新的文化安全困境。当前全球文化主导主体仍然是以美国为首的西方发达国家，其所谓的"合理性"不过是文化霸权的现实表征。而这种行为与文明多样性的本源背道而驰。这也在一定程度上，构成了一些国家制定出台保护文化多样性文件和联合国制定保护人类文化多样性宣言的现实基础。

今天尽管文化霸权已然失去了其绝对生存空间，但它并未也不可能走向终结，相反，总是伴随时代发展不断衍生新样态，为实现其目标而时刻准备和行动着。从2010—2020年度十大社会思潮排行榜可以看出，无论这些思潮如何"别出心裁"演变新样态，但却大多以西方中心主义色彩为主。由此，各国在这种思想文化特别是意识形态的交锋中，面临着一个共同问题：在这种多元异质世界的文化交流中，各国何以并行不悖和谐共生共荣？国家文化安全以何可能？对此，我们倡导人类命运共同体文化构建，既在现实中始终不渝促进文明交流互鉴，又要打造网络空间命运共同体，并呼吁将文化上所生产的有利于全球治理的各种理念付诸实践，以确保和维护人类文化安全和各

---

① 苏长和.大国治理 [M].北京：人民日报出版社，2017：98.

国各民族文化安全。这为我们理解总体国家安全观何以以文化为保障做了注脚。

当然对处于世界变化中的中国来说，其文化领域同样面临着上述国际挑战和问题，其中最为严重或首当其冲的是意识形态安全，关乎国家观念秩序。这是文化安全的第一面向——政治文化安全。它是判断国家政权是否具有合法性的文化基础。思想与意志作为文化的集中表达，它们都是文化的精神产品。然而正如不论如何坚实的堡垒往往非先从外而是从内攻破一般。"一个政权的瓦解往往是从思想领域开始的。"① 如果这里一旦失守，也就几乎宣告其余领域全面失守、沦陷。同时"意识形态决定文化前进方向和发展道路"②，"一定的意识形式的解体足以使整个时代覆灭。"③ 因此，意识形态安全是文化安全的核心，全覆盖于总体国家安全。近年来，伴随中国国际地位不断提升，西方敌对、反华势力不断加紧对中国意识形态的渗透和攻击。他们总是千方百计以宣扬"普世价值"为幌子，行推翻中国共产党领导、中国社会主义制度和"扳倒中国"之实。有学者指出，当前西方意识形态渗透主要有四种新态势：渗透主体的多元化、渗透内容的去政治化、渗透手段的网络化、渗透对象的普泛化。④ 不仅如此，他们还都已全面、深刻的交织在了网络化中，加之当前互联网在中国的普及率和中国网民规模不断攀升，最终促使网络成为"当前意识形态斗争的最前沿"⑤ 和"舆论斗争的主战场"。⑥

首先，在中国内部，西方国家凭借其互联网技术优势，通过物质文化（如享乐主义、拜金主义）、精神文化（如普世价值）、制度文化（如历史虚无主义、新自由主义）等进行渗透⑦，企图消解中国主流意识形态。其中虚无主义作为一种政治思潮渗透的最为严重。因为其在当代中国所展现出的诸多理论样态，在意识形态领域影响很大。从而会给中国文化安全的第二个面向——民族文化安全造成消极影响。可以说，正是西方在网络上对中国意识形态的全面性侵扰，加之"自媒体用户的自主权空前加强导致话语客

---

① 中共中央党史和文献研究院 . 习近平关于总体国家安全观论述摘编 [M]. 北京：中央文献出版社，2018：100.

② 习近平谈治国理政：第三卷 [M]. 北京：外文出版社，2020：32.

③ 马克思恩格斯文集：第 8 卷 [M]. 北京：人民出版社，2009：170.

④ 孙炳炎 . 清醒认识西方意识形态渗透的"四化"新态势 [J]. 理论探索，2020（6）.

⑤ 中共中央党史和文献研究院 . 习近平关于总体国家安全观论述摘编 [M]. 北京：中央文献出版社，2018：117.

⑥ 中共中央党史和文献研究院 . 习近平关于总体国家安全观论述摘编 [M]. 北京：中央文献出版社，2018：103.

⑦ 何茜 . 西方文化渗透下我国网络意识形态安全发展态势与对策研究 [J]. 中国社会科学院研究生院学报，2018（3）.

体流失"①，使得互联网成为我们当前工作中一个最大变量，从而将会极大增加广大青年在"思想文化、政治认同、物质生活及社会风气等多领域的腐蚀风险"②，成为威胁中国意识形态安全的一大挑战和难题。

其次，在国际上，西方国家又凭借其舆论优势，左右世界舆论，罔顾中国发展相较于欧美、发展中国家、西亚北非等一些国家而展现出风景这边独好的现实，不断"唱衰"中国；凭借国际话语权优势，抹黑、妖魔化中国。此起彼伏的"中国威胁论"、"中国崩溃论"等论调甚嚣尘上是最好证明。但这本质是意识形态话语权斗争。如果不能妥善处理好，不仅危害中国意识形态安全，而且危害中国国家主权安全。由此，作好新时代意识形态的伟大斗争，既要从国内牢牢把握意识形态领导权、管理权、话语权，又要通过扩大对外开放，以推动人类命运共同体文化构建为契机，在其过程中用现代传媒做好对外宣传工作；跨文化翻译者，应筑牢文化安全意识，以中国文化特色的英语表达模式，为塑造和维护国家形象，推动国际对话，从而加快国家文化安全建设作出应有贡献③；推进中国共产党与世界政党高层对话会机制化，而为确保这种对话持久稳定运行下去，中国还提出了建立新型政党关系，并积极探索实施相关政策助推构建与之相适应的交流合作网络，从而在与各国政党和政治组织领导人的对话交流中"不断增强中国意识形态的话语权。"④从普遍性上来说，这构成了加快网络空间命运共同体建设的现实基础。

总之，廓清中国推进人类命运共同体文化构建的价值意蕴，只有从中国梦、文化强国、文化安全等高度来认识，才能深刻解答中国在人类命运共同体文化构建过程中何以为中国实现中国梦、建成文化强国、维护国家文化安全创造和延长战略机遇期。只要中国将上述这些真正联结起来，并使之同频共振，就一定会推动势在必行的人类命运共同体文化构建取得更多成果。

---

① 聂智.自媒体中主流意识形态话语权的挑战与应对 [J].思想政治教育研究，2020（1）.

② 郑士鹏，陈树文.新时代青年抵御腐蚀风险探析 [J].毛泽东邓小平理论研究，2020（10）.

③ 曹进，杨明托.跨文化翻译维护国家文化安全的策略研究 [J].国际安全研究，2020（6）.

④ 田伟宏.人类命运共同体视野下提升我国意识形态话语权研究 [J].学校党建与思想教育，2019（7）.

第二节　艰巨性：中国推动公共秩序文化建构的现实困境

公共秩序文化构建的第二个维度是其现实中存在的困境，体现的是这一命题对中国来说是一个艰巨性问题。当前，这一理念在与实践的互动中不断向世界证明其科学性和真理性。然而值得注意的是，虽然这一理念已被多次写入联合国文件，但其在现实中伴随时代发展仍然存在诸多亟待破解的新旧难题：文化异质禀赋、文化霸权主义、大国弱语等，需要持续关注。

一、先天壁垒：文化异质禀赋

先天壁垒是指天生的、自然形成的一种现象。文化异质性关涉文化多样性。异质简言之就是特异的资质、禀赋。这是先天就有的自然属性或特殊规定性。异质文化，是指文化的先天特异资质、禀赋。之所以称之为异质性，从哲学上看，是因为异质或对立是任何事物都具备的一个重要方面。它构成事物的基本规律和内在依据，是区别事物的根本标尺。因此，在这里将异质性或多样性界定为文化的天然禀赋或属性，也是其发展的一个亘古不变的自然规律，不以任何人的意志为转移。这意味着作为规律，多样性是无法而且不能被消除的，如果人为对其进行消除，那么这个规律就会向人类发出警告乃至惩罚，最终会将人类带入荒漠。这也是为何我们要坚决抵制文明冲突的原因所在。

每一种文化就像每一个人一样，都是在特定时空下成长起来，吮吸着自己母亲的乳汁，受其哺育而拥有生命，并塑造属于自己的精神、价值、意志和思想，从而孕育出各自人生境界、生活态度及品质，形成别样人生道路。正如跨文化发展研究学院（IDR Institute）创始人和主管米尔顿·J.贝内特（Milton J.Bennett）在《跨文化交流的建构与实践》中指出，"每个文化依照自己的内部原动力、原则以及成文和不成文的规律来运转，甚至时间和空间对各个文化都是独特的。"有学者指出，"基督教和伊斯兰教文化"历来推崇"'二元对立'"，而中国文化则与之根本不同，她推崇的是"'和而不同''和谐共生'"的"中庸处世哲学"。① 还有学者认为，西方社会是建基于"罪感文化"之上的，而中国文化是一种"积极的反思基因"。② 上述这些学者的分析，一方面，是基于他们不同的事实角度；另一方面，也体现了不同国家文化思考视角的不同，所得出的不同维度的文化结论。可以说，这种结论与思考也都体现着文化异质的作用。此外，即便在西方文化内部也存在着不同经济模式，如，美国以"自由市场"为主，德国以"社会市场"为主。③ 从现实看，以不同单位为坐标系来考察，当今全球有 200 多个国家和地区，以此为单位那就是 200 多种文化、历史、国情和习俗，同时，民族宗教也一样。他们呈现出的多彩自然人文景观，是世界无偿赠与我们的珍贵礼物。从最为日常的人权、财产权、国籍权等法律规定看，他们也同样都因各自国家文化不同而有着不同的标准和保障机制。

由此，不管是以哪一种单位为坐标系的文化，他们都有属于自己的先天或天生的固定惯常思维模式和固有价值观念，从而形成自己的文化惯性，服务于他们。从这个意义上说，"每种文化都可能宣称，自己的道德准则是普遍适用的。"④ 加之文化是一切外交政策发酵、生成的必备酵素。那么，每种文化就都有对国际秩序的自我认知和理想价值。进一步说，正因文化的这种特质，也导致当拥有不同文化的个体或国家主体一经接触，就会易于产生理解距离，从而在不同领域产生不同程度的各种分歧甚至冲突。特别是当前伴随世界历史时代的到来，文化从来没有像今天这样多元，普遍交往从来没有像今天这样频繁，文化融合成为历史大势，而交往或接触越普遍和频繁，因其在价值和观念等方面存在不同程度差异，其引发各自文化上的神经条件反射——疏异感和焦虑感，从而容易产生怀疑、防范、敌意以及抵触等心理，就会越强烈，最终妨碍人类精神交往和交流以及心灵互动，不利于国家间及其人们间的合作与往来，更不利于全球文化融合。这使得文化冲突不可避免地成为了国际交往中的一项常态课题和全球治理的重要议题。在这样的背景下，可以说，无论是哪一种文化在同其异质文化进行接触时，都有可能会陷入到这样或那样的矛盾和冲突中，从而掣肘其往来，制约和谐、和平的落地，也就谈不上其生根开花。

由于文化异质禀赋是横亘在各国各民族交往交流交融中的一个永恒先天壁垒。所

① 孙通, 刘昌明.国际秩序观塑构中的文化特质——兼论"构建人类命运共同体"的文化渊源 [J].太平洋学报, 2019（2）.
② 王震.从墨家"内在超越"看中华文化的反思基因 [J].孔子研究, 2021（1）.
③ 吴海江等.新时代文明交流互鉴思想研究 [M].北京：人民出版社, 2020：15.
④ 马丁·阿尔布劳.中国在人类命运共同体中的角色：走向全球领导力理论 [M].严忠志, 译.北京：商务印书馆, 2020：107.

以，不同主体对不同国家就有不同认识和理解，当面对"人类文明向何处"的课题时，有多少种文化就可能开出多少种药方。这无疑为人类破解共同难题提供了诸多可能，但同时也因文化异质禀赋，导致人们在实现目的和手段上可能截然不同或完全相反，从而将使人们陷入对药方无法形成共同认同的困局，最终削弱文化在人类命运共同体构建中的纽带作用，导致各国间的松手，增添这一构建行动的不确定性和不稳定性，解构着人类命运共同体文化建构。这意味着要建构或重构人命运共同体文化构建，就必须要找到一种能兼顾、兼容、调和一切文化异质禀赋的济世药方。

同时，文化异质性还使得人类命运共同体在认同感上易出现"文化折扣"[1]现象，从而使其接受度大打折扣。因为，异质除了会产生直接的敏感和互斥从而在交往中高筑壁垒外，有时还会诱发误读。这种误读一方面，有误读者自身因对别国文化的理解不到位而产生的情形。也就是解释学上所说的视域条件。所以，这就不可避免会使因文化理解者所视的立足点不同，而出现不同程度的误读。而这种误读同样是由对对方文化理解的不全面或不到位而导致的，也包括立足自己文化的理解来解读他者的文化概念。另一方面，也有因在传播中由于解释学上的语言条件限制而产生的困境。伽达默尔认为，语言条件指一切翻译即解释。由此，谁翻译谁就有解释权，翻译的精准度由解释者决定而非文本。作为翻译者由于其对不同国家语言文化背后的能指和所指了解不全面或不到位，不免会在翻译即解释中出现语言能指和所指上的偏差或谬误，从而导致翻译作品在海外读者眼中出现误读。而此现象与文化异质也颇有因果关联，这体现出锻造专业队伍的必要。这些为我们理解中国共产党为何提出要求打造融通中外的新概念新范畴新表述作了注脚，而且凸显了这一要求的必要性和现实性。此外，文化异质禀赋反映在政治方面，因国家文化主体对国家利益的认知和界定不同，容易使各方在交往中产生质疑、猜忌以及对对方战略意图的误判，从而解构着政治共同体，最终导致国际秩序混乱，这主要是因为文化背后的意识形态性所导致的。从这个意义上说，由于文化异质是先天的一种壁垒，破解全球信任赤字将是一项任重道远的事业。反映在经济方面，文化异质禀赋影响各国对合作与利益的认知和界定，从而解构着经济共同体，最终导致经济全球化蒙阴。同时在安全和生态上的文化异质禀赋不同，还会消解着安全共同体、生态共同体等。当然在这种文化异质对其他领域的影响中，除了文化接触中的先天壁垒障碍，还增添了人为"筑墙"的复杂缘由。

总之，当前世界文化结构仍以民族国家为基础。因此，"文化的潜在不可调和性在

---

① 杨章文. 文化互通：新时代"人类命运共同体"的实践逻辑 [J]. 理论月刊，2018（11）.

当下仍是深层次关注未来的一个巨大根源。"[①] 文化异质作为文化的先天禀赋，它具有盲目的自发性，因而不会也不可能自行消失或人为消除。从这个意义上说，文化冲突是必然的。这凸显的是异质文化接触所导致的不良后果。但这却恰恰与人类命运共同体文化构建的核心理念不容。因为，在它看来，异质文化的接触并非只有冲突、矛盾这些不良结果，还有互鉴、融合、创新等正向维度。如果人为主观恶意夸大冲突、矛盾等，其壁垒高筑，后果不堪设想。历史一再证明，文化冲突当然不可避免，但只要各方运用"求同存异""聚同化异"的方法，就可以将冲突合理管控在一定范围内，从而力避产生无可挽回的灾难性后果。而这种管控所运用的方法，则是由异质文化接触的正向维度所产生的"拉手"效应而得来。可以说，在人类命运共同体文化构建中，对于异质文化接触的价值理念向来是进行一种普遍的肯定，而非相反。它认为异质文化间不是像马克思·韦伯（Max Weber）所说的那样是不可调和的，即绝对的对抗性矛盾，恰恰相反而是相对的辩证性矛盾，就像涂尔干（Émile Durkheim）所说那样，异质文化除了多样性本身，还有着一定程度的统一性。而对于这一矛盾的化解在于接触方是否有诚意，正视文化异质性，并通过正确方法实现"拉手"从而达成共识。实际上，这旨在回应的是没有共同文化经验的人何以并行不悖、实现共同发展的问题。

二、人为筑墙：文化霸权主义

人为"筑墙"与先天壁垒不同，它体现的是后天有人对文化交往实施有意破坏行为。由来已久的文化霸权主义，秉持西方中心主义的逻辑线索，在世界上对不同国家不同程度的刚性或软性侵袭，造成了别国国家秩序乃至世界秩序的混沌。历史地看，总的来说，今天这种混沌既不利于奉文化霸权主义为圭臬的西方国家治理，又致使全球治理蒙阴，阻碍着人类共同发展。可以说，今天即便国际力量格局发生了变化，但是这种思潮仍然不时反潮。所以，文化霸权主义不仅从历史上，而且从现实上，与中国在推进人类命运共同体文化构建中所追求的理念格格不入，从而构成横亘在人类文明发展进程中的一堵"人墙"，不消除此痼疾，人类文明肌体就会告危。而要真正消除痼疾第一步是正确认识痼疾，从而才能实行"靶向治疗"。

文化霸权主义是西方特产，其是伴随全球化的深度发展而奔走于全球。首先，从理论上看，总的来说有三种表现形式：葛兰西最早提出文化霸权理论；亨氏的文明冲突；

---

① 马丁·阿尔布劳.中国在人类命运共同体中的角色：走向全球领导力理论 [M].严忠志，译.北京：商务印书馆，2020：107.

赫伯特·席勒的文化帝国主义。[①] 具体而言，文化霸权主义主要是通过价值、政治制度和话语三个维度实现其目标的。第一，价值维度，就是以西方的核心价值观来改变别国的价值认同，并且将那些与之不同的价值观都说成是非现代、前现代的。第二，政治制度维度，把凡是不实行西方国家制度模式的国家都说成是"专制国家"，并以此为由达到改造别国政体的目的。第三，话语维度，企图通过将西方话语普世化，来改造别国文化和学术生态。[②] 这使得"全球化本质上是资本主义全球化"[③]的时代，"长期以来，关于不同文明类型的评价总有一套'优劣标准'。"[④]

其次，从实践上来看，冷战以后，西方国家对国际竞争力的内容和范畴进行了拓展，其中最重要的一点就是把文化同经济、军事等国际竞争力量等量齐观。并且他们以其在经济、政治、军事等方面的优势，开始了逐步对非西方国家进行文化霸权主义的历史。它以"普世价值"为外衣，在政治、文化等诸多方面极力宣传西方文化、西方民主等的至上性、不可替代性和先进性，非西方文化的愚昧、落后性，而且认为非西方文化需要他们来"拯救"，并将其视为自身责任。当文化霸权主义扩张和入侵那些发展中国家之时，因其尚未完全拥有或根本没有抵抗这种力量的能力，那么，这些发展中国家的传统文化，就会遭到西方文化不同程度的瓦解、侵蚀和侵害，从而引发一系列的文化赤字。需要指出的是，这种文化上的扩张和入侵通常并不仅仅局限于文化一个领域，而是往往与价值理念、政治制度等方面杂糅在一起进行的一种强势侵袭。因此，一般遭文化霸权主义瓦解和侵蚀的国家，至少面临文化、价值和制度三个方面的困境。这就是说，文化赤字还会同时引发其他赤字（如以"颜色革命"也称花朵革命，来颠覆其他国家政治，妄图将其人们思想搞乱，以浑水摸鱼、乱中取胜；阿拉伯之春等）共同发难，从而将被侵袭国带入政局动荡不安乃至被殖民或被控制的风险或灾难之中。

今天文化霸权主义虽然失去了生存的绝对土壤，但是它却并未走向终结。相反，而是伴随时代发展出现了各种新变种、新样态，即"更多地采用软性异化而不是刚性异化的手段"：所谓刚性异化，就是完全漠视他人是否愿意或接受就把自己的意愿强加于别人；[⑤] 所谓软性异化，就是借助网络化、信息化、数字化等新技术手段，开展更为多样化的入侵，如"'信息暴政'、'文化植入'、霸权主义"[⑥]等形式，以对别国实行一种渗

① 孙晓萌，张颖. 从文化霸权视角探析中国的文化选择 [J]. 现代传播（中国传媒大学学报），2016（12）.

② 贾海洋，姜迎春. 试论当代世界文化发展趋势及其面临的挑战 [J]. 思想教育研究，2019（4）.

③ 吴海江等. 新时代文明交流互鉴思想研究 [M]. 北京：人民出版社，2020：5.

④ 吴海江等. 新时代文明交流互鉴思想研究 [M]. 北京：人民出版社，2020：7.

⑤ 黄骏. 多元文化互动中民族文化的不正常变异 [J]. 贵州民族研究，2008（2）.

⑥ 武铁传. 危机与出路：文化全球化时代的民族精神 [J]. 河南师范大学学报（哲学社会科学版），2009（2）.

透式侵袭。对此，有学者将其概括为以下四个方面：第一，借助大众传媒平台垄断新闻主导权。向全世界推销西方价值，并且按照其价值标准来报道和评论别国事件；第二，通过教育文化来获取其对学术之外的政治意图；第三，争夺人才，并予其思想以绝对服务服从于西方的错误诱导，使之完全西化；第四，通过语言。[1] 美国实施"逢中必反"策略，以抹黑、歪曲、妖魔化中国就是最好证明。除此之外，任何让其称之为所谓战略竞争对手的国家，也都无一例外受其文化霸权主义侵扰。大国尚且如此，小国可想而知。同时，有意阻断文化多样性和交往交流，人为高筑文化藩篱的"文化民主主义""保护主义文化""殖民侵略文化"[2]"文化相对主义""文明等级论""文明同化论""文化保守主义""文明对话论"等，也都是人类命运共同体文化构建的挑战和难题。

由此，不难发现，文化霸权主义从根子上说，终究是"一种控制与被控制的权力关系"[3]，是通过人为"筑墙"而引发的文明冲突和矛盾，表现为"一种独断性话语体系。"[4] 而通过上述阐述也让我们清晰看到，文化霸权主义这种强权不过是西方想通过自诩其文明优越，以对别国进行一种刚性或软性的意识形态和民主灌输，从而实现其"同质化"的目的。然而从现实来看，它并未化解文明差异所产生的冲突，相反而是激化了文明间的冲突，给人类带来了血雨腥风；不仅通过以西方自诩的所谓"合法性"干涉别国内政，扰乱了他们的国家秩序，而且进一步破坏了世界的确定性和稳定性。海湾战争、"9·11"事件以及美国在阿富汗、伊拉克、叙利亚等国导致的人间悲剧亦触目惊心。这些都是文化霸权主义带来的"副产品"。

公共秩序文化构建正是深刻认识到文化霸权主义的破坏性、灾难性和持久性，告诫我们解决文明差异所带来的冲突问题以人为"筑墙"方式强制改造别国文明是行不通的。因此，中国将其视为前车之鉴，并在积极吸取这一历史教训的基础上，在人类命运共同体文化构建中强烈呼吁任何文明和民族都不应抱有企图攻击、贬损、遏制、改造、同化、仇视甚至取代其他文明和民族的想法，而是应清醒认识到世界上任何国家和民族的历史文化和社会制度都是千差万别、各有千秋的。也就是说，世界上没有也不可能存在"完全相同的历史文化和社会制度。"[5] 而那些将其刻意划分成高低优劣、三六九等的

---

① 孙晓萌，张颖.从文化霸权视角探析中国的文化选择 [J].现代传播（中国传媒大学学报），2016（12）.

② 骆郁廷，张蓓.构建人类命运共同体的文化挑战与应对 [J].思想政治教育研究，2019（5）；项久雨，侯玉环.论人类命运共同体文化构建的三重意蕴 [J].江淮论坛，2019（5）.

③ 贾海洋，姜迎春.试论当代世界文化发展趋势及其面临的挑战 [J].思想教育研究，2019（4）.

④ 韩震.大国话语 [M].北京：人民日报出版社，2017：64.

⑤ 习近平.让多边主义的火炬照亮人类前行之路 [N].人民日报，2021-01-26（02）.

人，正是漠视或没有看到这一点。因此，各国各民族应当坚信，只有秉持着开放、平等、谦虚、包容、互鉴的态度和原则进行交流，才能使文明同放异彩、和谐共生、相得益彰变为现实，从而才能使人类发展的精神力量永不衰竭，各国才能从中汲取养分，以不断完善自我、丰富自我、发展自我，最终人类文明多样性特征才能得以维护和延续。

三、内在制约：大国弱语明显

内因是事物发展的根据，发挥着决定性作用，意味着"打铁必须自身硬"。内在制约体现的是中国在推进人类命运共同体文化构建中自身利益及其作用受到限制的一个决定性诱因。而在这里，决定性诱因是指大国弱语中的中国国际话语权。国际话语权是话语权的重要内容和诸多类型之一，对其核心要素或基本内涵，学者们从不角度进行了深入分析：两核心要素说，应然上的权利（资格）+ 实然上的权力（影响力大小）[1]；三核心要素说，"国家综合实力"+"国家发展的历史进程"+"话语元素和话语载体"[2]、"权力关系"+"价值理念"+"制度规则"[3]；四核心要素说，"权力关系"+"国家利益"+"软实力"+"国家形象"。[4] 从这些界定中不难发现，无论是何种要素说，他们大多围绕"话语 + 权力和权利"分析，最终落脚点都在维护国家利益和形象上。因此，国际话语权是指，一切国家主体、NGO 等在国际舞台上为维护其国家利益及其形象，而凭借自身综合实力，以话语为载体引导和控制国际舆论来影响或改变别国认知和行动的能力。因而具有非强制性。在一定程度上，它是反映一个国家文化软实力的晴雨表。也就是说，要知晓一个国家的文化软实力如何，通过考察其国际话语权就能得知。这是任何国家在世界历史时代都必须要做好的重大课题。既然国际话语权如此重要，这就需要对中国国际话语权进行综合透视和全景扫描，以明晰其现状。

近年来，中国经过大刀阔斧的改革和开放，虽然现已解决"挨打""挨饿"问题，但"挨骂"问题亟待破解。中国国际话语权经由 2010 年以来的十多年探索，也得到了比历史上任何时候都快的提升速度，在方式上当前对话世界中国更具主动性，并正在向主导型、生动型、多元创新型、广泛性转变[5]，但同西方国家相比，总的来看，在对

① 胡宗山 . 中国国际话语权刍议：现实挑战与能力提升 [J]. 社会主义研究，2014（5）.

② 王翼 . 国际话语权演变特点与中国话语建构 [J]. 毛泽东邓小平理论研究，2016（4）.

③ 唐扬，张多 . 权力、价值与制度：中国国际话语权的三维建构 [J]. 社会主义研究，2019（6）.

④ 赵长峰，吕军 . 近年来国内学界关于中国国际话语权研究述评 [J]. 社会主义研究，2018（3）.

⑤ 对话世界：中国更具主动性（专家视野）[N]. 人民日报海外版，2017-01-09（10）.

其的掌握和运用仍显不足。"'西强我弱'的国际舆论格局"①，不仅依然尚未得到根本改善和扭转，而且中国与西方还仍然存在"不小差距"。对此，不得不承认我们总的是生手。这里的"总的"是说在国际话语权上，我们有称道的地方，但要提升应分领域、分方面，也要整体平衡和一体推进。这样整体实现了提升，一些领域人云亦云、舍己芸人现象也就随之消除。亦步亦趋、盲目随从，体现为一种不自信心态，同时也"很可能出现国际话语语境中'中国失声'现象"②，加之缺乏健全话语体系，话语权发展失衡，在一些方面和场合仍处于"无语"或"失语"状态。不仅如此，这一现象在一些发展中国家屡见不鲜，几乎可以说是一种通病，从而"往往造就了发展中国家知识界自我歧视的现象。"③

　　一方面，从中国自身来说，国际社会对当代中国价值观念的关注前所未有，虽然在这其中不乏客观看待的人，并且这一群体也正在逐渐扩大，但囿于中国在这一方面的阐释技巧、传播力度匮乏，对话语体系、国际传播能力的建设不彰，加之，在对外传播和国际宣传中还存在"'自说自话'、'自娱自乐'的缺陷。"④这些导致中国国际话语权困于声音还比较小，有理说不出、说了传不开的洼地。中国在国际话语场域中的失声、失语现象，不利于将中国实践、中国理论等宣传好和阐释好。相应地，中国在国际上的一些话语也就无法得到其他国际主体、外国民众的了解、理解、认可、认同，更谈不上接受。对人类命运共同体文化构建的国际话语权而言，有学者认为，中国在这方面还存在重视度不足、话语传播领域（经济领域大，其他领域小）和范围（发展中国家影响大，发达国家影响小）不均、主体范围狭窄等困境。⑤也有学者指出，这一文化构建在话语表达强度、导向等方面亟待加强。⑥

　　另一方面，从国际上看，"无语"或"失语"除了表现在自己价值理念难以传播开来，无法让外国民众了解和理解，还意味着当前中国"'挨骂'问题还没有得到根本解决。"⑦由于中国国际话语权长期缺失，导致在这一方面一直处于被动境地，总是受西方强势话语压制，加之西方固有意识形态偏见和文化傲慢，使得他们的一些政客和媒体总是带着"美颜相机"和"灰黑滤镜"，极尽"围住堵截"、肆意抹黑、恶意妖魔化、歪

① 中共中央文献研究室.习近平关于社会主义文化建设论述摘编[M].北京：中央文献出版社，2017：39.
② 吴海江等.新时代文明交流互鉴思想研究[M].北京：人民出版社，2020：77.
③ 韩震.大国话语[M].北京：人民日报出版社，2017：68.
④ 胡宗山.中国国际话语权刍议：现实挑战与能力提升[J].社会主义研究，2014（5）.
⑤ 周继业.不断提升"人类命运共同体"的国际话语权[J].人民论坛，2018（18）.
⑥ 刘昌明，杨慧.构建人类命运共同体：从外交话语到外交话语权[J].理论学刊，2019（4）.
⑦ 中共中央文献研究室.习近平关于社会主义文化建设论述摘编[M].北京：中央文献出版社，2017：211.

曲中国及其政策和制度，攻击中国共产党等之能事，"唱多""唱空""唱衰"嘈杂交织，赞许与困惑并存、理解与疑虑并存、信心与误解并存。[①]西方未曾间断鼓吹"中国崩溃论""中国威胁论""国家资本主义论"等。对人类命运共同体和"一带一路"倡议进行误读和抹黑，如将人类命运共同体说成"国际修正主义、地缘政治挑战、中国霸权工程或出口中国模式的政治工具"[②]；将"一带一路"倡议误读或抹黑为"中国债务陷阱外交论。"[③]这可谓是美西方反华势力善用其国际话语权优势压制、攻击中国的一贯做派。这样，中华文化魅力就难以充分展现，实现中国梦也无法得到良好环境，中国方案和智慧也难以在实现全球善治中充分发挥其效用。这便有所削弱中国助推世界改革之作用，从而成为人类命运共同体文化构建的中国困境。

由此，"争取国际话语权是我们必须解决好的一个重大问题。"[④]这既表现出掌握和运用好国际话语权意义重大，又凸显出中国国际话语权的短板亟待补齐，也说明在这一方面我们的上升空间仍很大。特别是当前伴随中国在国际上发挥越来越重要作用，国际社会越来越关注中国发展及其价值观念何为，并希冀听到和看到应对共同问题与挑战的中国声音和中国方案，加之中国要想将中国角色定位始终做下去，就应抓住这些契机，着力提升国际话语权。然而，提升国际话语权并非一朝一夕就能实现，也不会一帆风顺，它需要统筹各方，艰苦努力，全力以赴，绵绵用力，久久为功。总之，道阻且长，行则将至。中国国际话语权必将伴随我们不可逆转伟大复兴的到来而获全面升级，从而为国际话语体系及其话语权注入一股厚道力量。

第三节　长期性：中国推动公共秩序文化建构的角色

一个和平的世界必须由建设者、贡献者和维护者的集合力量构成。因此，中国将自身角色定位始终做世界和平的建设者、全球发展的贡献者、国际秩序的维护者。[⑤]不仅如此，中国秉持"单则易折，众则难摧"理念，倡议世界各国政党同其一道来做这三

① 习近平.论坚持推动构建人类命运共同体 [M].北京：中央文献出版社，2018：272.
② 何苗，高立伟.驳外界对人类命运共同体的几种错误论调 [J].当代世界与社会主义，2021（4）.
③ 许少民，李江."中国债务陷阱外交论"的发展及其谬误 [J].国际问题研究，2020（1）.
④ 中共中央文献研究室.习近平关于社会主义文化建设论述摘编 [M].北京：中央文献出版社，2017：211.
⑤ 习近平谈治国理政：第二卷 [M].北京：外文出版社，2017：525-526.

者。① 在一定程度上，凸显了中国推动这一文化构建行动之必然的长期性。也就是说，尽管今天中国这一角色定位得到了国际社会公认，但要始终坚持做下去，就决定了其是一个持之以恒的常态事情，是要不断为之奋斗的一项历史伟业。

一、世界和平的建设者

建设者，指国际制度中发挥积极作用的国际行为体。从时间上看，它加入这一制度有一定时间，并从中切身得到一定实际效益，同时有一定的综合实力和话语权；从主观上看，它愿意进一步深度融入国际制度，也不拒绝承担更大国际责任并作出更大贡献；从实践上看，由于当前现存国际制度不合理而未能较好顾及一般参与者，使得合作者间无法真正开启平等对话和协商合作。因此，他们对此不满，内心具有改革和调整这一不合理国际制度及秩序的意愿，并愿意担责、贡献。总之，他们是国际制度的改革者、共建者或利益攸关方。② 中国在推动人类命运共同体文化构建中作出要始终做世界和平建设者的目标定位，既是彰显其负责任大国的表现，也是为中国人民和世界人民谋求福祉的表现。不仅如此，维护世界和平现已被写入党的十九大新党章，作为新时代党的历史任务。

（一）中国始终做世界和平建设者的必要性

中国始终做世界和平建设者并不是一个口号，而是自觉顺应时代发展潮流、赓续"和"文化、以史为师、始终坚持和平外交政策的体现。

首先，顺应时代发展潮流的体现。今天人类社会、世界各国在各个领域所取得前所未有的巨大成就，是在和平与发展的时代潮流中得以实现的。特别是时下中国在顺应这一潮流中迎来了日益走近世界舞台中央的新时代，其与世界的紧密关系也随之迈入了前所未有的新时代，从而成为国际社会关注的重要焦点。实际上，中国早在对这一时代主题作出研判之时，就不断思考何以将这个主题永远延续下去的问题。时至今日，世界走向人类命运共同体的新时代，历史和现实将这一问题的答案清晰呈现在了世人面前：和平与发展成为时代主题以来的历史，其主流是世界各国沿着互利共赢、共同发展不断前进的历史。而且历史越向前发展，世界各国间不同领域内的"蝴蝶效应"和"多米诺骨牌效应"越明显，这恰恰又在一定程度上凸显了和平与发展的必要性和重要性。也正因

① 习近平谈治国理政：第三卷 [M]. 北京：外文出版社，2020：437.
② 靳诺等 . 全球治理的中国担当 [M]. 北京：中国人民大学出版社，2017：74-75.

如此，中国顺势而为提出构建人类命运共同体理念，既从国内出发强调矢志不渝走和平发展之路，又对外宣告始终做世界和平建设者，构建和谐世界。更为重要的是，中国以和平发展实现自身崛起，打破了西方一直以来所信奉的"国强必霸"大国崛起传统模式。中国式现代化道路成就足以证明。可以说，只有顺应时代，才能引领时代，只有引领时代，才能走向世界，开辟未来。因此，只要世界各国都沿着和平与发展的时代主题前进，就能扭转世界变局，从而走向繁荣富强。

其次，赓续"和"文化的体现。和平是内制于中国及其人种的大写文化基因。它成为中华民族和中国人民最鲜明的精神表达和价值体现。由此，我们的文明及人民历来践行"和为贵"的传统。不仅如此，他们还将"和"的价值理念贯穿到处理人与人、人与自然以及国与国的关系之中。不论是 2100 多年前张骞出使西域开拓丝绸之路，还是 600 多年前郑和七次远航太平洋和西印度洋，他们或是留给世人互利合作的佳话，或是留给世人友好交往和文明传播的佳话。总之，凡到之处友谊之花无不竞相绽放，佳话无不传颂。同时纵观中国古代史，无论中国处于何种地位，即便在相当长时期内曾跻身世界强国之列，也都从未对别国进行过任何殖民、侵略等非和平行为，所以那些罔顾史实、千方百计主观渲染中国有称霸基因的人其目的昭然若揭。以经济繁荣和人文交流盛世的唐代为例，当时与之通使交好的国家高达 70 多个，首都长安更是成为各国人员往来的重镇。

再次，以史为师的体现。回顾中国自 1840 年到 1949 年 100 多年间的近代史，不难发现，它是一部百年屈辱史。而且我们党自成立以来，就面临一个重大任务——重整山河，使中国社会尽快摆脱剧烈动荡、落后挨打的悲惨命运，从而推动民族走向独立，国家走向和平稳定，人民走向安居乐业。为此，我们党和人民从 1921 年到 1949 进行了为期 28 年的武装斗争。这段屈辱史和斗争史，这些不堪回首的苦难和切身体会，让我们饱尝了被欺负、被奴役、被压迫的痛苦滋味。更重要的是，让我们党对和平有了深刻认识和孜孜不倦的追求，坚定了维护自身核心利益、追求国际平等与和平的决心，也使得中国形成了"不再重演心理"，同时这一心理又"通过影响中国共产党人的认知模型，进而对中国外交的根本准则、指导原则和战略目标产生潜移默化的深刻而持久的影响。"独立自主和平外交政策、和平共处五项原则、人类命运共同体等的提出和实践就是其影响的结果。① 也正因如此，中国永不会将其悲惨经历强加于任何民族，并呼吁各国为和平应筑牢人类命运共同体意识。通过回顾历史我们也不难发现：无论是我们党的百年历

---

① 李延长，王经民. 不再重演心理：影响中国共产党人外交政策和实践的民族潜意识 [J]. 中共福建省委党校（福建行政学院）学报，2021（5）.

史，还是中华人民共和国成立 70 多年的历史都已证明，中国不论弱小或强大，不论顺境或逆境，都始终坚持和平崛起、和平发展、和平处世，是始终维护世界和平当之无愧的坚定力量。

最后，始终坚持和平外交政策的体现。我们党早就认识到称霸的结局只能是死路一条。因此主张和平外交。毛泽东教导中国世代永不称霸，"就是不希望自己垮台。"① 自此中国共产党人始终秉承这一教导处理国内外相关事务，特别是不同时期国家领导人到访其他国家或在一些国际场合上的讲话、谈话、演讲等几乎都有所着重强调：中国始终坚持和平外交政策，永不称霸，旨在向世界庄严宣告，对于这一政策中国过去是这样，现在也是这样，将来更是如此。为此，中国一贯奉行防御性国防政策。此外，为了表明这一决心和意志，为了永远做世界人民可以信赖的朋友，中国还在联合国发表正式声明，郑重请求世界各国及人民对此进行严格监督，明确指出，无论国际形势如何变化，只要中国称霸，世界人民就有责任揭露、指责，并与我们的人民一同打倒它。② 当然这样的对外政策并不意味着中国要放弃自己的正当权益，相反，它只是以和平崛起的方式来发展自己，并以自我和平发展壮大来为之将来发展夯实更为牢固的和平基础。今天，这一外交政策经过几十年的实践已经并将继续证明，它有利于中国，也有益于世界，应当坚定不移贯彻下去。

（二）中国始终做世界和平建设者的具体体现

中国始终做世界和平建设者的具体体现是多方面的，可以从积极维护世界政治安全体系、有效遂行反恐维稳、国际维和重大任务、走中国特色强军之路等方面分析。

首先，积极维护世界政治安全体系。中国始终致力于提倡以友好协商、对话谈判等和平方式，参与全球热难点问题的政治解决，反对经贸政治化。如由中国开创并被其人民始终沿着正确方向推进的"一国两制"，对国际社会上处理相似问题提供了一种新思路，为世界和平作出了新贡献；中国以协商方式彻底解决与 12 邻国的陆地边界问题，并签订了相关条约（如《中俄睦邻友好合作条约》以下简称《睦邻条约》）；提出新安全观和核安全观等。

其次，有效遂行反恐维稳。自新疆"7·5"暴恐事件至今，10 多年来中国在打击反恐方面的法律体系已经正式成形，在此领域中国可谓实现了跨越式发展，并且中国已

---

① 中共中央文献研究室. 邓小平文集：1949-1974（下卷）[M]. 北京：人民出版社，2014：309.

② 中共中央文献研究室. 邓小平年谱：1975-1997（上卷）[M]. 北京：中央文献出版社，2004：9.

与全部毗邻国家建立了反恐合作机制[1]，正在逐步融入国际反恐体系。

再次，积极参加国际维和。中国现已建立比较先进的维和培训体系，并深入参与联合国维和行动。2015 年中国参加联合国维和行动并作出了 6 项承诺，《中国军队参加联合国维和行动 30 年》白皮书对此进行了记载，书中还系统梳理了 30 年来中国在联合国维和行动中所作出的各项努力、取得的诸多成就，就新时代中国参与此项活动的理念和行动也进行了详细阐释。当前中国是联合国维和行动主要出兵国和出资国。同时，中国—联合国和平与发展基金 2025 年到期后再延 5 年。这真实诠释了中国坚定国际维和的态度，既为维和地和平安宁作了贡献，又为地区和世界和平安宁作了贡献。

最后，走中国特色强军之路。回顾历史，中国说不对任何国家构成军事威胁，是切实体现在理念和行动上的：自新中国成立以来中国裁军高达 11 次，20 世纪 80 年代以来，中国先后裁员额分别为 100 万、50 万、20 万，全军员额从新中国成立之初的 627 万降到 230 万，2015 年中国为了适应当时国情和军情需要，又裁军 30 万使军队总员额降至 200 万。这次裁军比重突破 10%。可以说，像这样裁军规模之大、次数之多的国家在世界上也只此中国一家。这让"中国军事威胁论"不攻自破。[2] 这一点从军费开支情况也能得到验证。同时，中国积极参与全球武器贸易治理，2020 年 7 月 6 日，中国向联合国交存了作为维护地区和世界和平重要举措的《武器贸易条约》，体现了中国维护国际军控体系的决心和诚意。

（三）新时代中国何以始终做世界和平建设者

今天中国在人类命运共同体文化构建中，要继续做好和平建设者，一方面，要继续走好和平发展之路，将那些未竟的和平工作做好，把始终坚持的继续坚持下去，而一个 14 亿多人口的中国和平发展本身就是始终践行做世界和平建设者的集中表现；另一方面，还要在此基础上不断展现新作为、新突破。

首先，贯彻落实《中华人民共和国数据安全法》，同时依托"一带一路"倡议、上合组织，从文化视角出发，以共同预防与打击恐怖主义为目标，加快构建反恐情报的共享与交流机制，如充分发挥民间组织与反恐部门合作；立足现有反恐公约，构建跨国反恐情报体系，织密其网络，在地区反恐合作机构间构建可以联动共享的数据库，增强协

---

[1] 陈功，余泳浩."7·5"事件后中国反恐的 10 年：历程、经验与展望 [J]. 新疆社会科学，2019（4）.

[2] 张军社. 裁军 30 万，中国树起和平榜样 [N]. 人民日报海外版，2015-09-04（01）.

同作战水平；建立地区反恐联盟。^① 而这些都与文化反恐机制建构密切相关。^②

其次，从建设者的含义出发，要积极参与国际治理体系改革与建设，使国际秩序与时俱进地反映国际格局真实情况，也就是推动二者不断朝着公正合理方面发展，从而让来之不易的和平成果更加巩固，不断推动世界和平稳步向前。

总之，中国高擎和平主义大旗日益走近世界舞台中央，这不仅对中国人民来说是福祉，而且对世界人民来说也是福祉。和平作为中国文化及其对外政策最鲜亮底色，是世界认识中国的一个重要价值名片。可以说，这是任何真正了解中国的人或国家，首先必须明确的。这意味着谁不知道这一点，谁就称不上真正了解中国。而这一点从那些真正、客观、深入了解或研究中国的海外政客、国际组织、海外企业、海外个体或海外学者的著作、讲话、交流中也能体会得到。如前民主德国总理汉斯·莫德罗（Hans Modrow）指出，"一个稳定的中国是对人类的一大恩赐。"由其提出的国际性大手笔——"一带一路"对维护全球平衡意义重大。^③ 一言以蔽之，中国向世界宣告始终做世界和平建设者，从本质上是"和"文化基因所决定的，同时也是自觉顺应时代潮流、始终贯彻外交政策，维护自身利益使然。因此，需要久久为功一如既往坚定下去。

二、全球发展的贡献者

贡献者，是指对全球发展作出贡献的一切国际行为体。它强调的是各国不仅要从全球发展中受益，而且应在自己力所能及的范围内为全球发展作出自己的贡献。特别是对于综合实力较强的大国来说，应当自觉对需要帮忙的国家（特别是小国、弱国、贫国），提供力所能及的无偿援助或优惠政策，供给与自身实际地位相适应的全球公共产品，为自己也为世界创造更多合作机会。其目标既注重造福我，同时也注重造福他者，从而推动我们迈向共同发展繁荣的新世界。简言之，无论国家大小强弱均应自觉通过自身发展为全球发展不断作出与之地位和能力相符的贡献，反过来，全球发展了又会惠及各国发展。

---

① 孙频捷."一带一路"背景下多元文化交流与反恐情报融合 [J]. 情报杂志，2018（10）.

② 张红涛. 文化反恐的自治逻辑与建设机制研究 [J]. 理论月刊，2020（7）.

③ 汉斯·莫德罗. 中共建党一百年：前进步伐毫不停歇 [N]. 光明日报，2021-04-26（12）.

（一）中国始终做全球发展贡献者的必然性

中国始终做全球发展贡献者，是中国共产党使命自觉使然、中国作为负责任大国的表现和中国正确看待自身发展与全球发展关系的结果。

首先，中国共产党使命自觉使然。这种使命自觉或使命担当体现为一种思想的延续性、强烈的历史责任感和实践的如一性。从本质上说，中国共产党始终把为人类作贡献作为自己的一项重大责任和重要使命，原本就是对始终做全球发展贡献者最直接的表达和反映。回顾历史，1956 年毛泽东说："中国应当对于人类有较大的贡献。"[①] 1987 年，邓小平会见荷兰首相吕贝尔斯时说，当中国进入中等发达国家水平之时，即 21 世纪的 50 年，国家总的力量大了，从而也能为人类做更多事情。时下，这些掷地有声的话语，正以智慧的中国方案逐渐变为实在成果，惠及世界。进入新时代，党的十九大报告明确指出，"中国共产党始终把为人类作出新的更大的贡献作为自己的使命。"2021 年"达沃斯议程"对话会上，中国表示要义不容辞做好对全人类有益的一切事情。站在新的历史方位上，中国综合实力的巨大提升，不仅使之更加有能力，而且使之更加有信心，以更加积极、更加自觉、更加主动姿态为全球发展继续作更多更大新贡献。因此，中国始终做全球发展贡献者，彰显的是我们党的这一使命自觉。

其次，彰显负责任大国的表现。在全球发展中有实力的大国应当而且必须承担起其所应承担的责任和道义，否则，就是一种"德不配位"的表现，会遭国际社会谴责。对中国这样一个古老又悠久的文明大国来说，在国际上以力所能及的能力，自觉承担作为大国在各项国际事务中应尽的责任和义务，真实诠释了铁肩担道义的国家形象。特别是改革开放以来，进入新时代中国综合实力和国际地位不断提升，在全球发展方面的贡献也随之不断提升。典型的如在全球经济向何处去、"人类文明向何处去"、人类卫生健康安全何以维护等重大时代课题面前都贡献了中国智慧和方案，即构建开放型世界经济、推动文明交流互鉴、构建人类卫生健康共同体。此外，生态文明思想、新发展理念、总体国家安全观、新型全球治理观、"一带一路"倡议等，并将其全部纳入事关"人类向何处去"这一总体答案：构建人类命运共同体之中来统筹，真切回应了在今天这个命运与共时代，各国如何于不同文化、制度、道路等差异中何以共同应对挑战和难题，从而和谐共存、携手共进，确保人类持续发展。今天中国铁肩担道义的国际形象已得到国际社会公认。

最后，正确看待中国发展与全球发展关系的关系。前者是后者的重要组成。特别是

---

① 毛泽东文集：第 7 卷 [M]. 北京：人民出版社，1999：157.

今天中国伴随其与世界关系前所未有的密切相联，深度融入全球经济发展大潮，中国制造逐渐融入世界产业分工体系，现已成为货物贸易第一大国、全球制造业第一大国——驱动全球工业增长的重要引擎、外资流入第二大国，为中国积极有效利用外资提供了便利，锻炼了自主发展能力和提升了国际竞争力。但归根结底，这是一个双向或多向共促过程。全球发展为中国发展提供了可能和现实，离开了全球发展，中国就只能是自顾自的发展，而无法取得今天的历史性成就。由此，"中国—世界"的发展逻辑，将他们紧紧黏合起来，而要发展除了融入彼此，别无他法。由此，中国坚持对外开放基本国策。我们党对这一政策，在国内外场合多次强调、不断重申：到任何时候都不会动摇，并向世界庄严宣告中国开放的大门只会越开越大。这体现的是中国为促进全球发展，愿意一如既往分享其开放的大市场和发展机遇。总之，全球发展给中国发展带来了机遇并使之受益，中国也应该而且必须以自身发展为全球发展创造机遇，为之作出贡献。这彰显了中国发展的价值信号：你好我好大家好。

（二）中国始终做世界发展贡献者的具体体现

贡献既是一种静态的即已经生成的历史事实，也是一种动态的即为当代和未来世界更好发展所提供的理念或进行的实践。从这个意义上说，认识中国始终做世界发展贡献者，可以从历史文化视角、对外开放理念和现实实践视角来探究。

首先，历史文化方面。中国作出始终做世界发展贡献者的角色定位虽然始于现代，但回顾历史，总的说来却是古已有之。这从一定程度上，也体现出中国具有一种贡献世界的优良历史文化传统。前文所提到的"四大发明"，是古代中国对世界发展最大贡献的典型代表。此外，在其他领域也有诸多独特贡献，特别是在 15 世纪以前，中国科技始终位居世界千年领先地位 [①]：人文科学领域，春秋战国百家争鸣、诸子百家学说，在世界思想史上具有举足轻重的作用。音乐领域，明代之时朱载堉首创的十二平均律，既体现了古代中国音乐的水平，后来又被认定为世界通行的标准音调。天文历法领域，今天的日月之食现象，早在殷商时期的甲骨文里就出现了相关记载；今天对哈雷彗星的监测活动，在从秦至清末的 2100 余年中，中国就对其出现进行了高达 27 次的记录；今天对地震方位的测定，早在汉代张衡就发明了地动仪，并且为演示日月星辰其还发明了浑天仪。数学领域，今天我们所用的勾股定理，早在先秦之时中国先人就已提出；3.1415926 的圆周率，也早在南北朝之时就被祖冲之所算出。还有农学、医学、冶金等。同时，古代中国的中外友好交流史，也为加强往来国之间文化互鉴，从而提升各自知识

① 江泽民文选：第 2 卷 [M]. 北京：人民出版社，2006：59.

和文化水平作了重大贡献。这为当代和未来中国不仅赶上，而且超越世界先进水平坚定了信心。

其次，对外开放理念方面。可从党的十八大以来中国对外开放理念的具体体现，考察中国做全球发展贡献者的表现。着眼于开放型世界经济，推动共同发展，2013年党的十八届三中全会提出，构建开放型经济新体制。2015年3月中国指出要实行更加积极主动的开放战略；2015年9月在第70届联合国大会一般性辩论中说，继续奉行互利共赢开放战略，欢迎各国搭乘中国发展"顺风车"。2016年在G20杭州峰会上，就如何构建创新、活力、联动、包容的世界经济，中国提出了"六个首次"，形成了诸多成果。① 有学者认为，这次峰会意味着"中国拯救了G20"。② 党的十九大指出，中国开放型经济新体制正在逐步健全，推动形成全面开放新格局。2018年起举办中国国际进口博览会，现已成为全球共享的国际公共产品提供平台，并强调下一步要建设更高水平开放型经济新体制，让中国市场成为世界的、共享的和大家的市场。2020年面对世界经济大衰退，中国并未终止对外开放，相反，提出了构建新发展格局，推出了一系列扩大开放政策措施，旨在通过不断深化对外合作，为世界各国创造更多需求，同其共享发展机遇和实现互利共赢，从而推动共同发展和人类命运共同体建设。2021年"达沃斯议程"对话会我们党再次向世界庄严宣告，中国始终支持经济全球化，坚持多边主义，坚定实施对外开放基本国策。特别是十四五规划和2035年远景目标纲要以一篇三章的内容进一步对如何坚持实施更大范围、更宽领域、更深层次对外开放，以推动构建人类命运共同体进行了新部署。这些都集中体现了一个持续扩大开放的中国是惠及世界的，始终在对全球发展作贡献。

最后，现实实践方面。中国始终作全球发展贡献者体现在理念上，更体现在扎扎实实的行动上。近年来，中国对非洲经济发展、亚洲经济增长、世界经济增长等都作出了重要贡献。其中"一带一路"倡议、亚投行、金砖国家新开发银行等新平台，为世界经济增长开辟新空间。同时"中国减贫事业的巨大成就，使全球经济增长更加包容"③，

① "六个首次"是指，1.首次全面阐释中国的全球经济治理观；2.首次把创新作为核心成果；3.首次把发展议题置于全球宏观政策协调的突出位置；4.首次形成全球多边投资规则框架；5.首次发布气候变化问题主席声明；6.首次把绿色金融列入二十国集团议程。形成了《创新增长蓝图》《二十国集团落实2030年可持续发展议程行动计划》《二十国集团支持非洲和最不发达国家工业化倡议》《全球基础设施互联互通联盟倡议》等成果。习近平谈治国理政：第二卷 [M].北京：外文出版社，2017：449.
② 靳诺等.全球治理的中国担当 [M].北京：中国人民大学出版社，2017：177.
③ 习近平谈治国理政：第二卷 [M].北京：外文出版社，2017：484.

也"是对世界人权事业的重大贡献。"①《全面建成小康社会：中国人权事业发展的光辉篇章》白皮书对此进行了详细阐述，内蕴立己达人、兼济天下的中国文化情怀。对世界来说，中国贫困治理为持续推进世界减贫事业提供了中国方案。2021年新华社国家高端智库撰写的《中国减贫学》从世界意义上对中国减贫经验进行了两个方面的总结。此外，中国对外援助广泛回应了发展中国家的发展诉求；为提高贸易投资自由化便利化，到2020年11月4日，外商投资准入负面清单由40条减到33条，自贸区增至21个，同时正在培育进口贸易促进创新示范区。2021年11月25日，国务院印发《关于开展营商环境创新试点工作的意见》，旨为加快打造市场化法治化国际化的一流营商环境，更大力度利企便民；如期完成中欧全面投资协定（CECAI）谈判；发出《共同推进RCEP区域工商界合作的中方工商界倡议》；开放空间站、与全球共享北斗系统、向世界开放中国天眼（FAST）、推动国际月球科研站广泛合作并向世界开放，以打造人类外空命运共同体；为畅通世界经济运行脉络，探讨重要医疗物资贸易自由化，提出建立健康码国际互认机制，全面落实20国集团援债倡议，而且对确有困难的国家主动加大援债减债力度；中国是全球生态文明建设的重要参与者、贡献者和引领者，同时为推动世界经济"绿色复苏"，承诺将着力提高国家自主贡献力度，提出"双碳"目标；2021年7月16日，中国碳市场正式上线开市，同时国家相关部门还出台了一系列相应举措。这既凸显了中国为全球发展所作的重要贡献，又是负责任大国的真实写照。

（三）新时代中国何以始终做世界发展贡献者

历史已经并将持续证明，中国始终做全球发展贡献者，是坚持历史正确方向的表率。而新时代中国应秉持人类命运共同体意识，既从文化理念上，又从实际行动上，不断为世界人权和发展事业贡献中国智慧和方案。

首先，开展国际减贫合作。减贫既关乎人权，又关乎发展，是文化领域的一个重要方面。经济社会发展的基础首先离不开健康的人，而一个健康的人，首要是解决好吃喝住穿等基本生存问题——这是"一切人类生存"和"一切历史"的"第一个前提"。②而贫困恰恰涉及的就是第一个前提的问题。由此，它是侵蚀发展根基，损害人类未来的公害，成为诱发危机的重要根源。当前虽然中国解决了绝对贫困，但下一步还要进一步致力于后扶贫时代相对贫困治理的长效机制构建工作，确保扶贫成果真正巩固恒常生效，从而不返贫，将对世界人权和发展的贡献做扎实。同时，从《2021年全球人道主义状

---

① 习近平谈治国理政：第二卷 [M]. 北京：外文出版社，2017：546.

② 马克思恩格斯文集：第1卷 [M]. 北京：人民出版社，2009：531.

况概览》看，到 2021 年，全球仍有 40% 人口生活在国际贫困线以下，1.5 亿人将陷入极端贫困。这意味着我们与远离贫困的共同繁荣世界相差甚远。路虽长，但大家一起行动也就能到达。对中国来说，既要兑现国际援助承诺，又要以多元方式开展和深化各类减贫合作，助推全球减贫事业，从而为共同发展创造良好条件，为使免于匮乏、获得发展、享有尊严的愿景变成现实作贡献。

其次，继续扩大对外开放，高质量共建"一带一路"。时下无论是从全球发展看，还是从中国发展看，不平衡不充分问题都依然严峻。加之中国发展与世界发展是相通的，在问题和挑战上也是相联的。从这个意义上说，加快中国发展本身就是为世界发展在做贡献，而要做好贡献，必须贯彻新发展理念，坚持人民至上，推动绿色发展，深化开放合作，构建新发展格局。从贡献全球发展的角度来说，就是要高质量共建"一带一路"，链接全球合作，从而推动形成共商共建共享共赢的新格局，为破解世界性不平衡不充分问题探寻药方，为实现联动式发展注入新动力和 2030 年可持续发展议程作出贡献。需要指出的是，虽然"一带一路"已取得了一定成果，也获得了一定国家赞赏和认可，但在合作中因文化差异等原因，仍存在不同意见，阻碍合作的增进。这就要求各国应始终秉持和遵循共商共建共享原则来化解分歧。这样，才能真正推进高质量共建"一带一路"，从而提高世界经济韧性。

最后，引领应对气候变化国际合作。人与自然的关系问题是全球议题中常谈常新的话题。一般来说，全球性环境问题，所涉及的领域通常不会仅局限于生态领域，而是会与经济、政治、文化等领域交织叠加。21 世纪的生态危机是最好证明。因此，气候问题是关乎人类发展的重大问题。各国应团结合作共抗之。对于中国来说，要以全面绿色转型促进高质量发展，秉持和遵守联合国有关气候变化的相关原则、公约和协定，参与全球气候治理，并引领应对其国际合作。同时将 2020 年我们党在气候雄心峰会上的碳达峰碳中和承诺变成现实，要做好"两个替代""双脱钩""两控两化"。[①]

总之，中国发展寓于全球发展之中，中国推动自身发展是其贡献全球发展的一个主要内容，中国深度融入全球发展是推动自身发展的现实途径，并为全球发展"注入更多活力、带来更多机遇"，尤其是在世界经济复苏中扮演着"'稳定器'和'发动机'"[②]的重要角色。今天，全球发展向中国人民和世界人民前所未有地证明了中国发展离不开各国参与，同时各国也在其参与中为各自创造了广阔发展空间，分享了发展机遇和利益。可以说，一个保持稳定发展的中国，是贡献世界的中国，一个保持稳定发展的世界，是

---

① 刘振亚. 实现碳达峰碳中和的根本途径 [N]. 学习时报，2021-03-15（08）.

② 习近平. 共倡开放包容　共促和平发展：在伦敦金融城市长晚宴上的演讲 [M]. 北京：人民出版社，2015：7.

有利于中国发展和世界各国发展的世界。

三、国际秩序的维护者

维护者，是指对国际秩序产生积极作为的国际行为体。一方面，它体现在国际行为体遵守国际秩序和准则，自觉规范自身行为。这是每一个国际社会成员（包括国际秩序制定者）都义不容辞的责任。所以，国际秩序问题，应由各国共同商量，而非一家独大或由少数人做主，其核心是共商、共建、共享。另一方面，大国往往是国际秩序变革的推动者。当国际秩序出现问题时，具有一定综合实力和国际话语权的国际行为体即大国，应主动在国际秩序改革中发挥建设性作用：注重的是对现存不合理国际秩序的一种修正和纠偏，从而促动其向公正合理方向发展，以维护大多数国家利益，而非彻底否认现存国际秩序另起炉灶。然而当前现存国际秩序显然是不公正不平衡不合理的。因为，它并未将大多数国家（发展中国家尤为突出）意愿和利益表达出来，未能反映出国际格局变化。也正因如此，受益于现存国际秩序的中国，在自身综合实力和国际话语权不断提升的基础上，作出了始终做国际秩序维护者的角色定位，并着力强调支持扩大发展中国家在国际事务中的代表性和发言权，始终为改革国际治理体系和维护国际秩序而贡献智慧和方案。

（一）中国始终做国际秩序维护者的必然性

始终做国际秩序维护者，是任何国际行为体都必须要持之以恒共同做到的事情。对中国来说，可以从文化传统和地缘优势、维护自身利益和向全球治理引领者转变的必由之路来分析。

首先，文化传统决定中国不会成为国际秩序的挑战者。中国自古薪火相传的"和"文化基因，决定了中国无论是之于国内，还是之于国外所追求的都只是和谐。因此，早在1956年中共八大就指出，我们的国际事务方针即"为世界和平和人类进步的事业而努力。"[1]这就决定了中国不会成为国际秩序的挑战者。

其次，维护自身利益的需要。一般认为，始终做国际秩序维护者，应当是作为受益于国际秩序的每一个国际行为体的责任和义务。因为，一个公正合理的国际秩序本身就是确保自己国家利益在国际社会上得以实现的保障；反之，全球赤字就会波及到每一个国际行为体，从而损害其自身利益。正如有学者指出，当前的战后国际秩序本身就与中

---

① 中共中央文献研究室.建国以来重要文献选编（第9册）[M].北京：中央文献出版社，1994：101.

国自身利益密切相关。一方面，中国的改革开放是融入美国主导下的国际秩序得以落地生效的。作为受益者之一，它对这一秩序不合理部分提出改革倡议并不会也不可能意味对其整体秩序的否定；另一方面，战后国际秩序是中国大国地位确立时代背景，从这个意义上说，当前国际秩序与中国利益原本就存在着高度密切相连的关系。中国应在联合国框架内，既为自身利益，又为世界整体利益的维护以积极作为。① 这是中国的权利与义务。所以，中国应充分利用和履行其在联合国的合法性权利和义务，为维护国际秩序作出应有贡献。

（二）中国始终做国际秩序维护者的具体体现

中国始终做国际秩序维护者，首先坚决反对结盟，因为其是多年来导致国际秩序不合理的重要制约因素，核心是不平等下的一方独占和单赢或几方共赢。而中国历来主张伙伴关系，其核心是在平等原则下，坚持真正的多边主义，实现的是伙伴间的双赢、多赢和共赢，旨在推动国际秩序的公平合理。为此，中国加入了几乎所有普遍性政府间国际组织，同时中国需要始终为发展中国家说话，从而改善其在全球事务、全球规则中的不公平待遇。

首先，中国"朋友圈"日益扩大，我们的朋友遍天下。近年来，中国全球伙伴关系网络"质""量"齐升：从质上看，伙伴关系升级高达 50 余次；从量上看，伙伴关系国54 个，加上党的十八大以前的伙伴关系国现已达 110 个，分布于亚（39 个）、非（16个）、拉（18 个）、欧美（29 个）、大洋洲（8 个）等地区。② 不仅如此，我们党还与 160多个国家的 560 多个政党和政治组织保持经常性联系。中国全球伙伴关系网络的扩容和提质，既表现了对以联合国为核心的国际秩序和国际体系的遵守，又是对现存国际秩序及体系不合理成分的一种现实回应。这种关系的建立惠及网络关系国家乃至世界，是确保各国和世界有序稳定、共同繁荣、持续发展的重要途径。

其次，全球治理的中国作为。今天中国已深度参与全球治理，而且在一些领域已是或正在向引领者角色转变。深度参与的领域，既包括传统领域（如经济和金融等），又包括新兴领域（如海洋、极地、外空、气候变化等）和周边区域合作。在角色方面，如国际经贸规则制定中，我们党提出"要做参与者、引领者"③ 以及前文贡献者的具体体现。从具体表现看，中国坚持权利和义务相平衡，坚持发展优先，倡导各国在国际经济

---

① 靳诺等. 全球治理的中国担当 [M]. 北京：中国人民大学出版社，2017：44-45.

② 任远喆. 中国构建全球伙伴关系网络的动力与趋势探析 [J]. 新疆师范大学学报(哲学社会科学版)，2020(3).

③ 习近平谈治国理政：第二卷 [M]. 北京：外文出版社，2017：100.

合作中应当始终不渝遵循"权利平等、机会平等、规则平等"[①]的原则，构建开放型世界经济体制；尊重各国道路、文化、制度等，不干涉别国内政。这样既能使一些治理赤字转向盈余，还能填补一定治理赤字的解决方案空白。

（三）新时代中国何以始终做国际秩序维护者

中国之所以作出始终做国际秩序维护者的国际角色定位，说明它已具备相当能力和地位，从而能够更好在国际上为自身和发展中国家争得话语权。这既是综合实力的体现，也是文化软实力的象征，凸显了人类命运共同体文化构建的重要性。

一方面，对内不断提高自身国家治理。中国要继续夯实自身的"硬实力"和"软实力"，不断巩固自身在国际上的地位，使综合国力持续提升，为始终做维护者奠定坚实基础。同时还要不断与时俱进促使国际治理与全球治理衔接。

另一方面，对外积极参与全球治理，为发展中国家说话。始终维护和遵守联合国宗旨和原则，坚持尽力而为、量力而行的方法和原则，主动承担国际责任，积极推动全球治理改革的公平公正发展。2021 年 3 月 23 日，人权理事会第 46 届会议通过中国提交的"在人权领域促进合作共赢"决议；加大中国在新兴领域规则制定的参与，以及在文化、生态等领域的合作机制和项目支持力度；同时为发展中国家说话——这是我们党历来所承诺和坚定的一条原则，旨在将做他们的可靠朋友和真诚伙伴的承诺落到实处，具体体现就是"三个支持、一个推动"："三个支持"是指，首先，一个国家在国际事务中有多少代表性和发言权，决定了其诉求和主张是否能得到真正关切，而发展中国家在这方面显然是不够的，所以应支持扩大其在该方面的代表性和发言权；其次，由于全球南方国家代表性和发言权在国际事务中长期严重缺位，导致其在全球治理体系中出现了短板，所以要支持补强全球治理体系中的南方短板；最后，由于凝聚南南合作的力量尚且不足，所以要支持凝聚其力量，需要其内外共同施以援手。"三个支持"既层层递进，又同频共振。"一个推动"，是指推动全球治理体系最大限度公平反映国际格局变化。其实"三个支持"得到真正贯彻落实，"一个推动"也就自然水到渠成。而要将上述这些做到实处，需要绵绵用力、久久为功，是一项长期事业。

总之，中国角色定位既各自独立，又互相联系。首先，和平者是贡献者、维护者的基础。无论是贡献全球发展，还是维护国际秩序，离开和平，就同人隔绝了空气一样注定要死亡。失去和平就谈不上发展，也无所谓维护。其次，贡献者是对其余两者的深化。贡献者本身内蕴着和平者和维护者的因素，和平者和维护者本来就是贡献者的具体

---

① 习近平谈治国理政：第二卷 [M]. 北京：外文出版社，2017：539.

体现。三者可以相互转化。最后，维护者是确保和平者和贡献者的成果得以巩固，未来得以继续的重要保障。这样，通过维护者发挥作用，在三者之间就形成了一个不断上升的良好态势。需要指出的是，虽然今天中国的角色定位已为国际公认，但是否能够始终延续下去，将是人类命运共同体文化构建之中国实践的一项曲折而漫长的课题。

第六章

中国推动公共秩序文化建构的可能性

社会存在决定社会意识。国际社会存在的外部契机和中国社会的自身内部优势为中国实践公共秩序文化建构提供了现实条件。

第一节 中国推动公共秩序文化建构的国际契机

当前命运与共的时代特性赋予了各国发展都必须要争取一个有利的国际环境，都必须善于抓住国际契机谋求自我发展和共同进步。公共秩序文化建构作为造福人类的伟大系统工程，同样如此。特别是中国作为这项工程的提出者、推进者，要确保这项工程在中国的推进下稳中有进、行稳致远，就不仅要善于抓住国际契机，还要善于延长这一文化构建的重要战略机遇期。

一、顺应文化多样化的时代潮流

公共秩序文化构建的中国实践，其困境或挑战就在于文化多样化，其动力和源泉亦来自于此。或者说，没有文化多样化就没有这一文化构建的理论和实践，它既基于此，又为文化多样化时代潮流的薪火赓续提供了可能和现实。人类命运共同体的特色和生命力，就突出表现在全球文化多样化上。可以说，我们这个星球的生命本源皆来自于此。这就像自然界的生命本源都导源于其多样性一样。从人类总体性或整体性视野看，多样性是人类的共同遗产——这是《世界文化多样性宣言》第一条标题，有着提纲挈领般的重要作用。需要说明的是，文化多样化时代潮流，已然向世人宣告文化多样是既定事实，是稳定和确定的状态，它成为多样性的一种理论和现实表征。而作为一种潮流，即成为一种历史规律，作为规律就无法对文化多样性进行人为改造。特别是站在人类永续发展高度，对维护好、实现好这个多样性进行承认、肯定和践行，将是一项功在当代、利在千秋的历史伟业。

从《世界文化多样性宣言》来看，文化多样性有着怎样的现实意义呢？它与民主、发展、人权、创作、国际团结等休戚相关。民主方面，多样性确保了民主的活力，它能够让不同的主体参与并融入其中，从而为凝聚社会合力、维护和谐，提供一定保障。发展方面，多样性从其本身意义出发就内含着多种选择，而非唯一。它是发展源泉和手段得以维护的重要因素。人权方面，多样性关涉的是伦理问题，人之所成为其所是的，成为一个真正意义上的人，首先在于受到尊重，受到法律对人权的保护。这种保护以赋予人民以文化权利的形式呈现在现实生活中。它面向所有人，确保一切文化皆能表现和宣传自己。所以，任何人都不可以而且无权将其剥夺，所有人都应对他人的这种权利做到尊重。创作方面，从源泉看，多样性是创作的动力，每一项创作都源自创作者自身的文化传统，同时也经与他人交流而得到充实和发展。对于那些作为文化遗产的创作源泉，人们不仅要将之开发利用起来，同时应当将之保护和传承下去。为了更好的发展还可以制定一些文化政策，开展一些文化产业。国际团结方面，各方应当建立广泛的伙伴关系，就文化产业进行国际合作。为了更好地将《世界文化多样性宣言》贯彻落地，2001年联合国大会通过了"文明对话"建议。此后文明交流互鉴加速。

各国经过不断的文明对话，越来越发现化解文明冲突之道，不在于强制手段，而在于交往中能够找到更多合作交集，找到更多文明共同点、共同处，以通过交流加强彼此间了解。求同存异、聚同化异的实现程度取决于主体态度，问题不是能否实现，而是愿不愿实现。而且在对话中，一方面，我们能不断了解和认知对方；另一方面，还可以通过合作式对话、交流互鉴等，实现优势互补。这是人类文明的优良传统，诠释了文明溢出效应。公共秩序文化建构的中国实践实际上就是要让中国文化的这种溢出效应不断涌现出来，并将之分享、贡献给国际社会和人类事业，从而在与其他文明体交流互鉴中，形成良好氛围，为自身发展汲取有益成分和谋求更多合作伙伴、互利共赢。同时，这种良性交流又会形成一种全新的溢出效应，那就是解构文明冲突，为世界和平稳定注入力量，为人类文明繁荣纳入新酵素。因为从某种意义上说，文明间的友好相遇，不仅使之发生了物理反应，而且发生了化学反应，从而促成了人类文明整体向上、向前的正向发展趋势。这已经并将持续被证明下去。

从公共秩序文化建构的中国实践看，在文化多样化时代潮流下，就是要始终不懈将《世界文化多样性宣言》付诸行动。为此，在民主上，中国为弥补、修正旧有秩序之民主不均衡、不公正，从而促进国际关系民主化提出了一系列新主张。美国学者认为，中国作为全球化受益者，找不到任何理由"推翻以西方为主导的世界秩序。"[①]但伴随其不断崛起，必然要求这一体制机制的调整、改进和完善。在发展上，中国始终坚持走自己的路，并且在国内外诸多场合多次强调，坚持和平共处五项基本原则，提倡和呼吁各国走自己的路，认为道路发展模式并非唯一，它没有好与坏、高与低之分，只有适不适合之别。每个国家都有决定自己走什么样道路的权利和自由，各国应当予以尊重。为了使自己发展更好，应当而且可以不断加强交流互鉴，以为自身道路发展不断汲取有益养分。同时，抵制那种以改造别国来解决文化文明差异的做法。在人权上，中国不仅为中国人民的美好生活创造条件，而且为世界人民特别是那些贫困的发展中国家人民，提供各种援助措施（如"南南合作援助基金"），以确保他们能够和世界人民一道享有出彩机会。在创作上，提倡传统文化"两创"，实施国际考古合作和非遗申请。在国际合作上，历来倡导和奉行伙伴精神，讲求同舟共济。不仅如此，得益于文化多样化时代潮流，为了实现更好交流互鉴，中国还定期与别国举办高级别人文交流机制、诸多形式的文化年、旅游年，以及与别国在各个领域开展人文合作等。这些既加深了交流合作，又为多样化的落地见效作出了贡献。

总之，文化多样化的时代潮流，不仅为人类命运共同体文化构建的中国实践提供了前提基础和准备，而且在当代和未来的发展中也提供了得以继续走下去的机遇，有助于中国实践公共秩序文化建构走实走远。

二、国际社会期待听到中国声音和看到中国方案

大国往往占据并拥有着国际话语权的至高点，能左右国际局势，控制国际舆论。由此，任何一个大国在国际社会上原本就应当做到永远发出与自身实力和地位相符合的正义声音。这是大国应有的责任和道义。特别是为了让大家共同生于斯、长于斯的这个星球和家园，能够永续传承给子孙后代，对大国来说，维护和实现和谐共处、共同进步与发展，更应责无旁贷。今天，人类发展彻底进入互联互通时代，在各个领域和事件上全

[①] 斯图瓦特·帕特里克，杨文静.全球治理改革与美国的领导地位 [J].现代国际关系，2010（3）.

球都具有了一荣俱荣、一损俱损的整体性特征和连锁效应。这决定了化解共同难题需要各国共同努力，其中大国作用尤甚。但现实地看，当前西方主导的世界秩序却并未将大国应当有的国际责任充分承担起来，反而依然行着分裂世界的勾当。特朗普和拜登政府治下的"美国优先"色彩浓厚就是典型例证。这使得他们对于化解全球赤字，不仅没有给出切实可行方案，反而以个体本位主义加剧了赤字扩大。

与之不同，中国作为新兴负责任大国，近年来，凭借自身改革和把握时代际遇，在内外环境共同作用下，综合实力和国际地位得到了史无前例的提升，其间始终尽力而为的自觉作为，担起了自身应担的国际责任和义务。可以说，一个大国以和平崛起、不断增添世界福祉的信念和姿态，行进在不断为人类作出更大贡献的大道上，必然引发国际社会广泛关注，而且这种关注前所未有"在加深"①，与之相伴随，还有国际社会期待听到中国声音、看到中国方案。因为，其一，大国崛起本来就是国际社会的大事，更何况中国以和平崛起之路跨越了西方所信奉的"修昔底德陷阱"。其二，中国以短短几十年的时间探索出一条成功的现代化道路，打破"现代化＝西方化"神话，为人类现代化贡献了新方案、新选择。特别是当前中国摆脱了绝对贫困，全面建成小康社会，种种人间奇迹成为越来越多国外各界人士关注的焦点，他们亟待"想破解中国成功的秘诀。"②其三，中国与世界紧密关系前所未有，两者互相影响。伴随中国在国际组织中发言权不断提升，为了振兴全球经济、实现全球善治，不断提出破解方案和智慧，为重塑世界经济政治版图作出了重大贡献，也为中国自身发展谋得了战略机遇期。中国在推动全球治理体制改革朝着国际力量对比变化方向发展，所彰显出的公共性气度得到国际社会认可。特别是提出构建人类命运共同体，并以"一带一路"将之付诸实践，对沿线国家经济体乃至世界经济繁荣发展都作出了让世人有目共睹的诸多成就。面对层出不穷的共同难题，中国不仅从自身国家治理出发，而且使之与全球治理联动，不断提出新的方案、贡献新的智慧。这些方案和智慧在理论和实践中所取得的实效，是国际社会的中国期待最为有力的现实基础。但"总的就是希望我国在国际事务中发挥更大作用。"③不仅如此，面对国际社会对中国经济社会发展政策的关注，中国还作了"四个决心不会改变"的回

① 中共中央文献研究室 . 习近平关于社会主义文化建设论述摘编 [M]. 北京：中央文献出版社，2017：209.

② 中共中央宣传部 . 习近平总书记系列重要讲话读本（2016 年版）[M]. 北京：学习出版社、人民出版社，2016：209.

③ 本报评论员 . 中国与世界的紧密联系展现中国外交的广阔前景 [N]. 人民日报，2014-12-03（01）.

答。① 同时在首届进博会上又宣示了中国"三个不会停滞"，在第三届进博会上又宣示了中国"三个不会变"。这些都向世界表明了中国的坚定决心，是对国际社会对中国期待的回应。

加之当前有越来越多的中国人到国际组织中任职，也为中国实践人类命运共同体文化构建提供了巨大便利。一方面，国际社会在主观和客观上都希冀中国发声和提案，而中国作为负责任大国自身在主观上也希望通过国际话语权提升，不断为自身以及后起国家争取公平正义的发展环境，为国际社会提供人文公共产品，助力自身和全球发展。这为中国文化在此构建行动中发挥更多更大作用提供了难得机遇；另一方面，国际社会对中国的关注，亟待中国发声将自身在治国理政上取得的成功经验、奇迹（如扶贫、卫生等领域的经验做法）讲给广大发展中国家乃至世界听，以关切其想了解、理解中国的热切心情。这使得中华文化在传播的同时，能够让别国从中通过互鉴得到一定可供借鉴的经验或启示。

三、海外中国学助力国际社会了解当代中国

在文化和语言各异的国际社会中，中国要顺利推进人类命运共同体文构建，离不开国际社会对中国文化持久深入的了解。可以说，国际社会对中国文化的了解每增进一步，中国实践这一文化构建的阻力就会减小一步，构建人类命运共同体伟大事业就会前进一步。在此方面，海外中国学对助力国际社会了解当代中国起着一定作用，但也要高度重视其局限和不足。

海外中国学是海外学者对中国的研究。20 世纪海外中国学研究掀起三次热潮：第一次，新中国成立之际；第二次，1972 年尼克松访华前后；第三次，改革开放至今。② 特别是党的十八大和党的十九大以来，这一热潮达到了有史以来新高度。究其根本在于，当代中国对世界所产生的前所未有的全面而深刻影响："逐渐从'学习''对标'转向'引领'。"③ 不仅如此，海外中国学研究还产生了一系列新变化，具有鲜明的时代烙印。正如有学者总结道，新世纪以来，该研究呈现出诸多新趋向：中国知识的生产日趋

---

① 四个决心不会改变是指，中国维护世界和平的决心不会改变；中国促进共同发展的决心不会改变；中国打造伙伴关系的决心不会改变；中国支持多边主义的决心不会改变。习近平谈治国理政：第二卷 [M]. 北京：外文出版社，2017：545-547.

② 程曼丽. 华文媒体：面对"中国热"的冷思考 [J]. 新闻记者，2005（11）.

③ 俞正樑，唐喜军. 新战略机遇期：中国引领世界大方向 [J]. 毛泽东邓小平理论研究，2017（8）.

"世界化"、华裔学人是研究重要生力军、研究重心越来越倾向当代中国。① 可以说，从该研究的时代性历史发展与表达中，可以发现中国实力的历史发展情况，或者更确切地说凡是海外中国学的热潮节点，一定是中国大有成就或发生历史性变革的重要时刻和节点，二者成正比。从海外中国学研究热的正向作用来看，它有助于中国文化向世界传播，无疑为他者了解中国提供了机遇即沟通的桥梁，对世界各国更好理解中国文化和认识中国大有助益，而伴随他者对中国了解越深入，越会有利于推进中国对人类命运共同体文化构建的实践进度。

同时，海外中共学作为海外中国学的重要内容，其研究当前也在国际上涌起热潮。海外中共学是海外学者对中国共产党的研究。它对海外了解和认识我们党发挥着重要作用，也是国际社会了解和认识当代中国政治和社会运行机制及其未来走向的一个重要窗口。"读懂今天的中国，必须读懂中国共产党。"② 在中国，中国共产党始终统揽总局、协调各方。他引领中国这艘巨轮，不断破解一个又一个难题，带领中国在短短几十年间迅速和平崛起，实现从一穷二白到世界第二大经济体的跃升，堪称人间奇迹，并为世界作出了巨大贡献，令世界刮目相看，也令世界想探求这背后所蕴含的奥秘，即解码我们党的成功之道。这成为海外中共学的核心议题。

海外中共学研究并非源自当下，而是在我们党成立时就已显端倪。1926 年葛萨廖夫（Gesaliev）的《中国共产党简史》；1937 年斯诺（Snow）的《红星照耀中国》（又名《西行漫记》），让西方了解了中国共产党和红军。美国新闻界曾将之称为"震撼世界的成就"。在其影响下，美国探险家、战地记者哈里森·福尔曼（Harrison Forman）留下了被誉为《西行漫记》姐妹篇的《北行漫记》（也称《红色中国报道》），对中国人民的抗日战争作了真实介绍。有学者认为，海外中共学研究真正萌芽是在 1947 年，标志是美国记者白修德、贾安娜《中国的惊雷》的出版。特别是伴随中国共产党成为执政党，这一研究开始蓬勃兴起。20 世纪 60 年代初见规模且基本成型。③ 新世纪以来，中国共产党带领中国迅速崛起，其与世界其他政党的交流互动也不断加强，促使这一研究逐渐成为国际学术研究热点。这一点通过择 90 年来海外学者不同时期研究中国共产党最富影响力之作提要的《海外中共研究著作要览》（2012）一书可以窥探得知。其中，美国可称之为这一研究的主力军。④ 不仅如此，美国学者的研究还能直接或间接影响其政府

---

① 吴原元 . 新世纪以来海外中国学呈现新趋向 [N]. 中国社会科学报，2020-09-22（01）.

② 习近平向 2021 年"读懂中国"国际会议（广州）开幕式发表视频致辞 [N]. 人民日报，2021-12-03（01）.

③ 田兆臣 . 海外中国共产党研究的缘起与价值 [J]. 国外社会科学，2021（2）.

④ 管永前 . 海外中国共产党研究的基本范式 [J]. 国外社会科学，2021（2）.

决策，其重要性可见一斑。海外中共学研究者大多是前政要或知名学者，研究内容主要涉猎中国共产党的性质、历史、建设、执政方式执行能力、主要人物、软实力等。[①]党的十八大以来，这一研究在规模和内容上都出现了新动向："越来越细致、系统化，也在去除简单化的意识形态色彩。"[②]同时研究规模整体呈井喷式增长，在数量上这一时期超过了新中国成立至党的十八大以前60余年的50%，研究人员遍布全球，研究内容更倾向于党建、典型外交举措、重大事件中的政党形象、执政思想发展等方面。通过近年来持续研究，更多海外学者都能在——中国特色社会主义发展的实质是中国共产党领导——这一点上达成共识，并把研究和分析中国共产党视作认识和理解中国发展的一把钥匙。[③]伴随中国在我们党的领导下不断发展壮大，中共学会越来越成为海外学界、政要们关注的热点，也必将成为世界和时代显学。

需要指出的是，在追踪海外中国学研究的同时，还应进一步明晰他们归根结底实质仍在于"外国学"。因其立场和意识等并不能完全站在中国角度来客观看待和界说中国和中国共产党，而不可避免存在这样或那样的碎片化或片面化解读，甚至歪曲、谬误等与事实不符的现象。这就需要我们及时以平等的姿态与其展开对话和批判，以作出相应回应和澄清。[④]不断实现"他们看我们"与"我们看他们"的一种信息对称。因此，国内学界要对海外中国学进行持久深入研究和深度对话。

此外，还有好莱坞"中国热"、国际直接投资"中国热"，以及各大媒体和社交网站几乎每天都有诸多有关中国信息的大量报道。特别是对于发达国家来说，有学者将21世纪西方在商业投资和媒体上呈现出的"中国热"现象称之为欧洲洛可可式中国风复兴。[⑤]但无论是以何种载体所掀起的中国学热潮，他们对中国的客观、理性传播，都将对外部世界了解和理解中国人文作出不同程度的贡献。而伴随中国不断发展壮大，必将助推中国学和中共学热潮的不断涌现，从而对中国和中国共产党的这种了解和理解也必将越来越深入和持久，从而对提高中国方案和智慧的国际认同大有助益。从这个意义上来说，这种热潮对中国实践人类命运共同体文化构建营造了良好氛围，提供了契机。而此契机属于中国与世界。因为这一文化构建行动不仅源自中国，而且放眼世界，要实现的是中国文化与他者文化以及世界文化，从而全人类文化的共同繁荣和进步。

① 路克利.海外中共学成为国际显学[N].人民日报，2015-05-04（16）.
② 刘少华.海外中共学方兴未艾[N].人民日报海外版，2017-08-16（02）.
③ 高晓林，庞敏.新时代海外中国共产党研究的新动向与前瞻[J].国外社会科学，2021（2）.
④ 吴原元.新世纪以来海外中国学呈现新趋向[N].中国社会科学报，2020-09-22（01）.
⑤ 张欢.佩里·安德森论中国热[J].国外理论动态，2011（6）.

四、全球广泛侨务资源构成中国融入世界的独特力量

中国实践公共秩序文化构建，说到底目的是中国更好与世界沟通，更好融入世界，从而为世界和人类作出中国贡献。但面对当前国际社会对中国方案以及中国、中国共产党的认识境况参差不齐的情形，中国要做到这一点时间紧迫且任重道远。对此，全球广泛的华人华侨作为中国沟通、融入世界的独特力量[①]，能够为之提供巨大助力。这实际上涉及公共秩序与国际移民的问题。全球范围的人口迁徙流动，对国家和国际组织都提出了新要求。对于国家，人类命运共同体为其解决移入、移出矛盾提供了新思路；对于国际组织，各国可以在探讨全球性移民和人口流动问题的解决中增进了解，提高共识。[②]

以中国侨务政策为例，倡导侨胞在人类命运共同体中发挥作用，以夯实民意基础，是处理构建人类命运共同体与国际移民问题的一个缩影。2021 年新修订的《中国共产党统一战线工作条例》明确规定，侨务工作不仅致力于同圆共享中国梦，而且强调统筹国内外侨务工作，涵养侨务资源，着力引导华侨、归侨、侨眷助推构建人类命运共同体。这是新时代我们党重视侨务工作的重要体现，也是新时代党的统一战线理论的新战略、新理念。需要明确的是，既然党赋予侨胞以新要求，那么，侨胞在构建人类命运共同体中有着怎样的作用呢？其一，在民心相通上，他们分布于世界各地和各行各业，是宣介和践行人类命运共同体广泛的人力资源；其二，融通中外经济上，全球性的华商网络对参与和深化"一带一路"倡议大有助益，有利于融通中外新发展；其三，在传承和传播中华文化上，既有融通中外文化的双重优势，又可以推动文化间互学互鉴。[③]由此，广大华侨华人身处这一文化构建的大潮前沿，应充分发挥融通中外、连接东西等独特优势，在对人类命运共同体理念和"一带一路"倡议有所了解和把握的基础上，以接地气的形式向住在国社会和民众宣介好这些理念、倡议的内涵，以扩大民意基础。[④]

总之，新时代以来中国在国际体系中的角色越来越从革命者向建设者、维护者转变，这一点从前文中国角色定位中也能窥探得知。同时，虽然国际社会上一些国家仍然对中国快速壮大存有这样或那样的不同看法或矛盾心理，但从总体上看，大多数国家还是基本能够客观理性看待中国崛起，而且伴随中国在国际体系中不断发挥作用，他们对

---

① 张红 . 海外华侨华人可发挥独特作用 [N]. 人民日报海外版，2019-04-12（06）.

② 李明欢 . 国际移民与人类命运共同体构建：以华侨华人为视角的思考 [J]. 华侨华人历史研究，2018（1）.

③ 曾少聪，李善龙 . 华侨华人与构建人类命运共同体：作用和制约因素 [J]. 云南民族大学学报（哲学社会科学版），2021（5）.

④ 张红 . 海外华侨华人可发挥独特作用 [N]. 人民日报海外版，2019-04-12（06）.

其参与并推动这一体系向公平合理方向改革更多持支持和寄予希望的态度，这种转变促使中国在一定程度上正在从国际经济体系外生变量向重要内生变量过渡。[①] 这种转变意味着中国与世界的关系将更加紧密，互相影响将更加明显和全面，从而在这种互动中，中国实践人类命运共同体文化构建，就必须要做到应势而谋、因势而动、顺势而为。需要指出的是，这里的"势"，既可以是这一文化构建的现实基础，也可以是推进这一文化构建的国际契机。或者说，现实基础和国际契机在一定程度上共处同一进程之中，关键在于作为主体的我们如何来把握和运用好它。

第二节 中国推动公共秩序文化建构的内部优势

中国可能，除了要分析它在国际上有着何以可能之势外，还要立足中国自身，探寻其对推动这一文化构建行动有着怎样的何以可能之优势。在这里，中国优势具有双重维度：其一，源自中国自身；其二，这种优势应当是一种比较优势。他们在本质上体现的应当是具有世界性意义或公共性属性的一种优势。因为，人类命运共同文化构建本身就是一种具有公共性和道义性的事业，而中国的实践推进，所要彰显的就是中国文化益于人类文明、全球治理等方面的那种具有超越意识形态和对抗色彩的势能。因此，这里的中国优势应该而且必须是一种公共性和道义性优势存在，应具有孕育于特殊中的普遍性指向。

一、历久弥新的中华文明奠基文化底蕴

每一种文明都有属于自身的特殊规定性或文化特质，自成体系，都有自己存在的价值。这既是其自身固有的独特精神标识，又是其区别于其他文明体的显著标识。它深刻影响着一个国家、一个民族以及生活其下的人民的生活观念、态度、社会心理和实践等，并且形成各种不同即独特的文化典籍、历史遗产和处世哲学，通过内政、国防、外交等现实国家治理或国际行为表现出来。不仅如此，这一标识，更是一个国家、一个民族生命价值之所在和精神上的坐标轴，内蕴着这个民族和国家能否保持长寿的文化或文明密码。由此，要想了解一个民族或国家何以长寿的秘诀，必须要到其文化或文明

---

① 丁工. 人类命运共同体的构建与中国战略机遇期的存续 [J]. 国际经济评论，2017（6）.

中探寻。对于中华文明来说也不例外，它不仅有着属于自身的固有特质，而且有着保持长寿的文化或文明秘诀。对此我们党概括为："兼收并蓄中历久弥新。"① 中国问题专家马丁·雅克（Martin Jacques）指出，中国经历了五个不同时期，其间中国展示了五次（汉、唐、宋、明初、清初）非凡的自我改造能力，而且在这五次的节点上中国在世界上都曾拥有卓越地位，而这对于其他文明来说，可能也只有一次，至多两次，但经历五次自我改造的除了中国，世界上绝无第二个，特别是现在他正处于第六次成为世界一流大国的前夕，这种非凡能力向世人彰显了中华文明及其治理能力的强大。② 可以说，中华文明作为唯一一个延续至今且从未中断的文化体系，他已然用实践向世人证明其自身一定蕴含着特定优秀文化传统维持其精神命脉，构成其长期生存和发展的特质和秘诀。

需要说明的是，悠久的中华文明对中国实践人类命运共同体文化构建有怎样的作用呢？中国实践人类命运共同体文化构建是一种外交行为，而上述特质对于这一外交既具有重大意义，又为中国大国外交提供了最基础最深厚最持久的力量。实际上，在这里要回答或解决的问题就是，传统文化对外交的影响到底是如何体现的？历史证明，从古至今，在任何国家和民族的外交活动中，文化都是其不可或缺的一种重要且有效的手段，但因时而异。随着各国对文化的重视与日俱增，特别是将之与硬实力相提并论后，其作为一种软实力在外交中发挥的作用更是不容小觑。而外交是内政的延伸，也就是说，这里不仅涉及传统文化对外交的影响，而且涉及其对政治的形塑，即形成了特定的政治文化。在中国，由于其政治文化下的外交策略和目标，不因领导人的换届而改变，总是保持和延续着"一届接着一届干"优点，"可以避免'翻烧饼'"现象，这与美国"'一届隔着一届干'或者'一届对着一届干'"的"相互否决体制"③ 根本不同。这就确保了中国外交政策目标在因时而异中的连贯性。秉持着中华文明优秀特质的中国共产党人在不同时期所形成的和平外交思想及其文化思想就是最好证明。特别是新时代以来，中华优秀传统文化在中国外交中的地位进一步增强，且影响比历史上任何时候都要明显、都要大，不仅提出发展中国特色大国外交，而且明确强调其"必须坚持传统价值。"④ 今天中国外交理念不仅对传统价值进行了赓续和传承，而且凝聚了创新成果，体现着一脉相承和与时俱进的特点。一言以蔽之，回顾历史，立足当前，放眼未来，只要中国外交始终在中华优秀传统价值引领下久久为功、绵绵用力，它就一定能够带领我们乘风破浪，从

---

① 习近平谈治国理政：第三卷 [M]. 北京：外文出版社，2020：471.

② 马丁·雅克，王逸. 中国治理体系强大在哪 [N]. 环球时报，2021-05-13（14）.

③ 苏长和. 大国治理 [M]. 北京：人民日报出版社，2017：121-122.

④ 本报评论员. 中国与世界的紧密联系展现中国外交的广阔前景 [N]. 人民日报，2014-12-03（01）.

胜利走向胜利。

　　总之，中华文明的独特特质，不仅对于中国自身发展来说是内在优势，而且在其实践人类命运共同体文化构建中，也是尤为可贵的重要思想资源。无论从古代中国对外交往的理念与实践看，还是从现代中国对外交往的理念和实践看，它们不仅一以贯之将和平的民族性格传承下来，而且将之现实地全部运用到对外交往的一切实践之中，始终以和合为目标处理国际关系。这种民族性格与当今时代主题和联合国宗旨相容。更重要的是，一个日益走近世界舞台中央的大国在外交上始终秉持和平理念处事，这对于共同发展来说不仅重要，而且可贵，以之助推人类命运共同体文化构建，必将得到国际社会越来越多支持，反过来，这种支持又会壮大这一文化构建行动的力量，从而使之不断向前迈进。因此，中华文明对认识和改造世界、推动人类发展是莫大的福祉。

二、持续提升的中国综合国力夯实经济基础

　　任何国家开展任何国内外活动都必须要有一定的综合国力作为支撑。特别是大国要在国际上开展外交活动，助推人类共同发展，并从中为自身发展"谋势""造势"，更离不开坚实的综合国力，否则将无从谈起。人类命运共同体文化构建的中国实践，同样需要中国自身具备相当的综合国力，才有推动这一文化构建不断走实走深的可能和现实。综合国力重点在综合两个字，即是说，它不是就某一领域单一实力而言的，而是从一个国家的内政、国防、外交等整体实力来考察的。可以说，扎实的综合国力是确保中国在人类命运共同体文化构建中得以行稳致远的重要基础。因为，人类事业发展的引领者、贡献者和推动者，从来都不是也不可能是哪一个综合国力弱小的国家可以做到的。实际上，中国史和世界史早就有相关记录，只要是中国综合国力强盛的时代，就一定是中外文化交流互鉴或海外中国学热的鼎盛时期，就一定是中国为世界作贡献的时期，他们之间可以说是一种正比关系。由此，分析中国综合实力之于中国实践人类命运共同体文化构建来说，所涉及的是中国是否有能力将这一实践进行到底，或者说中国实践这一文化构建的底气足不足的问题。

　　新时代中国综合国力提速增质惊羡世界。可以从国内外两个方面来审视，一方面，在国内总的来说，党和国家事业呈现全面开创新局面。促使人民实现了从短缺、贫穷到充裕、小康的历史性转变。"五位一体"总体布局统筹推进迈出重大步伐、取得重大进展；"四个全面"战略布局协调推进实现了新的跃升、进入新阶段，突出表现在：位列第一位的全面建成小康社会彻底实现，以全面建设社会主义现代化国家为首位的新的战略布局生成，中国正开启并在强国之路上形塑当下和走向未来。

另一方面，在国际上来说，中国出现了诸多新变化，在世界上创造了诸多第一、第二的优异成绩，正以崭新姿态屹立于世界东方，成为国际社会瞩目的焦点。其一，经济实力显著增强。成为世界第一大货物贸易国、工业国等；第二大经济体、服务贸易国、对外投资国等，为走出亚洲乃至国际金融危机都作出了重要贡献。特别是近年来，以每年不低于30%贡献率稳固助推世界经济增长，已高于美、欧、日三者贡献率之和。这为世界经济注入了活力。今天中国已是世界经济增长的主要动力源和稳定器。加之发起亚投行、设立丝路基金以及外贸和外资持续稳定，提升了我国全球经济影响力。其二，国际影响力显著提升。2018年中国在世界银行和IMF中的投票权均为世界第三，仅次于美日；在一些新建国际金融机构中也不乏我们的身影并有重要地位，各种国际组织的中国人就职数量攀升。"国家文化软实力和中华文化影响力大幅提升。"[①] 这突出表现在，诸多中国方案和理念（如新安全观、正确利益观等）前所未有地被国际社会关注、认可，甚至有的连续多次纳入联合国多项文件——人类命运共同体尤其显眼。其三，历史性解决中国绝对贫困，提振世界减贫信心。这一历史性时刻和成就，向世界宣告摆脱贫困不是神话，亦非不可战胜，从而为其他国家解决此类国家治理难题给予了信心和提供了可供借鉴的经验，成为人类减贫史上的大事件，在这一方面的国际发言权和话语权增强。其四，开创中国式现代化道路，向世界人民证明了现代化道路的非直线性、非单一性，不是非西方化不可，而是可以依据自身选择走出符合自身实际的道路。这既为那些后起国家提供了全新选择，注入了希望，又为我们的同行者——发展中国家何以走向现代化，予以经验。对于整个人类来说，这条道路的成功探索，无疑为其提供了中国方案和智慧。尤其是在中国之治和世界之乱的映衬下，这条道路更显熠熠生辉。除此之外，在生态、国防等方面都对世界作出了应有贡献。

新时代以来，中国这种在世界上取得的几乎全方位、开创性历史成就，使得世界聚光灯照射着中国。正是有了这样的综合国力，有了对时代脉搏的精准把握和理性研判，我们才得以提出并使国际社会广泛关注的人类命运共同体，并能够助推全球投身这一事关人类前途命运的伟大工程之中。经由近年来的实践，世界人民尤其是"一带一路"沿线国家和地区的人民越来越看到这一理念作为普照之光的真理性和现实性。在将这种真理性和现实性如实反映在世界场景中，中国不断显著增强的综合国力起到了根本的支撑作用。可以说，有了这样的实力中国才能够在命运与共的时代中更好把握自身与世界以及其他国家的关系，才能为更好推进人类或世界向何处去，提出令人尊重或信服或认可的中国方案。当然这样的方案之所以能够令世人尊重或信服或认可，其本质不单纯仅

① 习近平谈治国理政：第三卷[M].北京：外文出版社，2020：4.

依靠你的综合国力有多强，同时更在于这一方案是否占据真理的至高点和道义性，而非利己主义。在这一方面，中国的集体主义传统"已经渗透到了骨髓里"成为了我们的"文化 DNA"[①]，决定了中国无论在国内，还是在国外都会秉持"天下为公"理念处世和处事。当这一文化 DNA 不断由理念转变为实践，并在实践中不断彰显其和力量、和精神、和价值的真谛。可以说，在综合国力"和"文化加持下，中国国际影响力、感召力必会大幅提速增质，中国文化的传播必将得到良好效果，而这样的"和"文化也必将各国一同带入共同发展的轨道，从而不断向美好世界迈进。这正是中国实践人类命运共同体文化构建行动所要完成的任务。总之，中国综合国力的显著增强为中国实践提供了能力支撑，也就是为将"和"文化理念传递给世界，为将世界打造更加美好贡献中国力量提供了可能。

三、中国式现代化道路创造人类文明新形态

从"道路—文明"的视角看，中国实践人类命运共同体文化构建，首先要向世人证明，你所走的道路本身就是对这一文化构建的践行，或者说，你走的道路本身就是这一文化构建的重要内容，而非游离于这一构建行动之外。由此，让各国真正信服：你的理念和方案，既有助于实现自我国家善治，又有助于助推全球善治；你的行动，既有助于自我发展和核心利益的维护，又有助于推动共同发展和人类共同利益的维护；你的道路所开启的文明，既是对文明多样性的维护和彰显，又内蕴各文明并行不悖的世界道义性价值和事实。简言之，中国道路—文明的关系视阈，既是立足中国自身开辟的一种新型国家现代化之路，又从属于全球性现代化之路，具有世界普遍性意义。只有在这个意义上说，中国道路—文明的关系果实，才能是对形塑人类文明当代和未来具有建设性的方案和智慧。一句话，就是要清晰回答中国式现代化道路何以内蕴人类现代化新方案？

现代化路在何方？有没有一个具体的模式或样本可供各国参考、学习和借鉴？到底只有西方化的一元方案，还是也包含具有非西方化的多元方案？由于这是人类一项全新探索、全新事业，而成为各国走向现代化道路的共同困惑。对中国来说，它与西方现代化道路不同，但由于西方是第一个走上现代化道路的，这使得我们对这一道路的探索，不免要对其进行一定的学习和借鉴。中国创造的是扬弃了西方现代化道路的中国式现代化道路。由此，现代化≠西方化，还有其他发展模式，其版权和如何使用属于独立主权国家及其人民。

①　赵卫，霍小光，李寒芳.凝聚澳门心 共圆中国梦 [N].人民日报，2014-12-22（01）.

（一）中国式现代化道路绝不是其他国家社会主义实践的再版

囿于时代条件和中国国情，在很长一段时间内中国坚持了"以苏为师""走俄国人的路"[①]的做法。但伴随这一做法在实践中推进，其弊端开始在我们身上显露，特别是1976年苏联模式各种缺点和错误从深层次上不断暴露出来。这不得不让当时的邓小平反思：中国怎么搞社会主义？围绕这个问题，他不仅探寻出了社会主义对资本主义具有的优越性，而且总结出了其缺点。所谓优点就是"大大发展生产力"，将全部工作的重点都保证到"建设四个现代化上来"[②]；所谓缺点就是"市场运用得不好，经济搞得不活。"[③]不仅如此，他还对社会主义本质进行了科学、系统的综合概括，并指出要搞中国的社会主义，就要清醒认识到固定模式不仅没有，而且也不可能有。由此，我们是参考别国经验和模式。同时，还要认识到"马、恩、列……是行动的指南，是武器，不是教条。"[④]他们无法也无可能破解其逝世后的一切问题。在邓小平看来，应善于汲取过去故步自封的教训，按照社会经济发展规律办事，实行改革开放政策，分"两步走"，集中精力办好自己的事情——建设有中国特色社会主义——自党的十二大开始它便成为历届党代会主题的核心词。这是对传统社会主义的超越。尤其中国特色社会主义进入新时代，意味着科学社会主义在21世纪的中国焕发出强大生机活力。

然而越向前走，越不能搞历史虚无主义，而要始终不渝坚守"共产党人的政治灵魂"[⑤]，从而避免重蹈苏联模式覆辙。可以说，中国用自身实践向世人证明了"'社会主义社会'……是经常变化和改革的社会"，而非"一成不变"[⑥]的真理性与科学性。这不仅突破和超越了僵化的苏联模式，"使'跨越卡夫丁峡谷'设想成为现实"[⑦]，而且突破和超越了自身一直以来的传统束缚；不仅赋予了社会主义新内涵，而且彰显了其强大生命力，成为世界社会主义发展史上浓墨重彩的一笔，回答了世界社会主义向何处去的问题。

（二）中国式现代化道路绝不是国外现代化发展的翻版

中国道路所建构的现代化是具中国特色，始终遵循走自己的路的原则，而形成的一

---

① 毛泽东选集：第4卷[M].北京：人民出版社，1991：1471.

② 邓小平文选：第3卷[M].北京：人民出版社，1993：224.

③ 邓小平文选：第3卷[M].北京：人民出版社，1993：17.

④ 毛泽东文集：第3卷[M].北京：人民出版社，1996：418.

⑤ 习近平谈治国理政：第二卷[M].北京：外文出版社，2017：326.

⑥ 马克思恩格斯文集：第10卷[M].北京：人民出版社，2009：588.

⑦ 杨春风.马克思"跨越卡夫丁峡谷"设想与中国特色社会主义新时代的世界意义[J].前线，2018（3）.

条全新的现代化道路。它与西方现代化道路有着本质区别，但又并非是对西方现代化的一种全面否定和彻底抛弃，而是秉持吸收外来原则，对其有益成分进行了积极吸收、融合，或者说是建立在彻底扬弃西方文化基础之上，因而超越了两者的绝对对立框架。而这种区别和扬弃在本质上与文化基因密切关联。西方现代化道路导源于他们的扩张、霸权基因，遵循的是"国强必霸"逻辑，走的是霸权和扩张之路。因此"普遍带有扩张性、排他性、虚伪性"①，致使全球赤字频发，文明冲突是其对话模式，工业化、城镇化、农业现代化、信息化"四化"串联式顺序发展。一句话，资本主义文明的进步与不平等的进步共处同一历史进程。由此这不得不使该文明社会中任何机构——为他们自身利益而建立，"都转变为它们原来的目的的反面。"②而那些"文明贩子们"③越发展，随之而来的危机越不可逆，其结果必然是黑暗灾难的降临。

中国式现代化道路导源于其"和平发展思想……的内在基因"④，所要实现的是人口规模巨大的现代化，是全体人民共同富裕的现代化，是物质文明和精神文明相协调的现代化，是人与自然和谐共生的现代化，是走和平发展道路的现代化。所以，它超越了"国强必霸"，具有鲜明的包容性、内源性、和平性，为全球治理提供了中国方案——人类命运共同体，文明交流互鉴是其对话模式，致力于追求构建新型国际关系，"四化"并联式叠加发展。它既是对人类文明多样性的维护，也对推动这一维护工作作出了有益探索，超越了文明冲突。总之，此"道路的开创是对正处于危机之中的西方文明支配下的那种人类存在方式的革命"⑤。

今天，中国道路行稳致远，创造了世所罕见的伟大历史成就，带来了"三个意味着"⑥，历史性消除了绝对贫困，解决了一些西方国家所不能解决的全球性现代难题，做成了一些西方国家所不能做成的大事。历史性向世人宣告了"现代化＝西方化"的破

---

① 宗彩娥，杜玉华．批判与超越：中西现代化模式之比较初探 [J]．思想教育研究，2016（12）.

② 马克思恩格斯文集：第 9 卷 [M]．北京：人民出版社，2009：147.

③ 马克思恩格斯文集：第 2 卷 [M]．北京：人民出版社，2009：626.

④ 习近平．深化合作伙伴关系 共建亚洲美好家园——在新加坡国立大学的演讲 [M]．北京：人民出版社，2015：5.

⑤ 陈学明．论中国道路对人类文明的历史性贡献 [J]．上海师范大学学报（哲学社会科学版），2013（3）.

⑥ 三个意味着是指中国特色社会主义进入新时代，意味着近代以来久经磨难的中华民族迎来了从站起来、富起来到强起来的伟大飞跃，迎来了实现中华民族伟大复兴的光明前景；意味着科学社会主义在二十一世纪的中国焕发出强大生机活力，在世界上高高举起了中国特色社会主义伟大旗帜；意味着中国特色社会主义道路、理论、制度、文化不断发展，拓展了发展中国家走向现代化的途径，给世界上那些既希望加快发展又希望保持自身独立性的国家和民族提供了全新选择，为解决人类问题贡献了中国智慧和中国方案。习近平谈治国理政：第三卷 [M]．北京：外文出版社，2020：8-9.

产，"中国之治"与"西方之乱"的鲜明对比，展现了西方现代化的弊端。可以说，以和平为内核的中国式现代化道路的成功开辟，在人类现代化史上绝对是一件具有里程碑意义的大事件，足以震撼全球，必将标榜人类史册。它向世人宣告非西方国家完全可以依靠自己走出一条成功的现代化新道路。需要指出的是，中国之所以走出一条具有自身特色的现代化道路，从其自身文化传统来说，在于我们党历来主张"物之不齐，物之情也"，认为，道路选择应是各国自身文化传统、历史遭遇和现实国情相结合的结果。如果道路清一色，不仅不现实，而且"这个世界就太单调了。"① 单调就会失去活力，失去活力就会停滞。因此，任何国家的道路选择及其发展都应当由其文化传统、历史遭遇、现实国情和人民说了算。这也正是中国道路的世界性意义彰显，它呼吁各国要共同发展，就要坚持全人类共同价值，"各国都走和平发展道路。"② 而这与人类命运共同体文化构建的理念高度一致，也是中国崛起的外交策略。在这里，新时代中国道路赋予了全球性现代化新内涵，成为人类发展史上浓墨重彩的一笔。可以说，中国道路的这一超越性，就是中国对世界文明作出的原创性贡献，回答了世界以及人类向何处去的问题。

由此，无论是今日之中国，还是明日之中国，要将现代化事业继续持久走下去，就应立足自己的主客观条件。既要立足传统文化，不能数典忘祖，搞"文化虚无主义"，又要坚持社会主义方向，更要始终秉持虚心，汲取一切文明成果，坚定走自己的路。可以说，今天中国道路的成功开辟得益于此，明天这一道路要继续前行，依然不能离开对此的坚守。中国式现代化道路成功开辟，赋予了社会主义和人类文明全新内涵，让人类从中看到世界的确定性和稳定性以及何以将之延续下去的可能性。这种可能性贯通于中国实践人类命运共同体文化构建全过程，这不仅是以中国道路的成功可能开辟一种新文明，来向世人诉说现代化道路的多样性，而且通过这种诉说可以让更多国家从中吸取一定经验，发展自我、捍卫自己国家核心利益，从而共同推动全球性现代化之路朝着美好目标前进。

（三）中国式现代化道路彰显人类文明新形态

从本质上说，"以构建人类命运共同体为核心的人类文明新形态"就是"中国式现代化新道路"。③ 正如前文所述，这一文明新形态超越了文明冲突论、普世价值论、零和博弈思维，同时突破了中西、传统现代的二元对立；在逻辑上正确处理了本来、外来和

---

① 习近平谈治国理政：第一卷 [M]. 北京：外文出版社，2018：315.
② 习近平谈治国理政：第一卷 [M]. 北京：外文出版社，2018：249.
③ 杨金海. 人类文明新形态提出的深远历史意义 [J]. 思想理论教育导刊，2021（7）.

未来的关系。① 这一点从上述中国式现代化道路的特点不难看出。而且这一文明新形态还现实地实现了特殊性与普遍性的统一，是对文明多样性、平等、包容原则的真正践行和积极维护，主张各国以自己独特的社会制度及其发展道路打造人类百花园，抵制"唯我独美""强制别人美我之美"，这突出表现在它秉持全人类共同价值。正如有学者指出，该价值作为人类命运共同体的文化价值境界，立足于创建人类文明新形态，正在以更加包容、开放和公共的气度，为实现利益、责任和生命三个共同体的统一提供价值指引。② 同时，新时代中国式现代化道路真正现实地实现了对"历史终结论""社会主义失败论""中国崩溃论"的彻底解构和超越，跨越了"修昔底德陷阱"，是真正的和平崛起，并将以和平之道赴未来。更重要的是，中国还将携手世界上一切有志于走和平发展道路的进步力量共同前进。

总之，新时代中国式现代化道路的世界性意义及其内蕴的新文明形态意涵，对于全球性现代化来说，首先其本身就是这一全球化的重要组成部分，然后它才能为各国何以更好迈向现代化的美好明天提供中国方案，而新时代中国式现代化道路的成功彰显了这一方案本身，值得各国共同交流互鉴，从中各取优长，从而丰富、发展自我。每个国家的现代化建设好了，全球性现代化也自然会更好。从这个意义上说，新时代中国道路本身就是其实践人类命运共同体文化构建的机遇，后者本身就是前者的一个规定。

四、对外开放基本国策展现互利共赢的国家意志

公共秩序文化构建是世界历史发展到一定阶段的产物。也就是说，它是在全球化背景下产生的，这意味着各国只有保持持续的对外开放，积极融入全球化进程，这一命题才有得以提出和继续下去的前提和保障。与之相联系，中国实践人类命运共同体文化构建，除了要具有先天文明优势、一定综合国力之外，还离不开一定政策支撑。这是关乎其进展顺利与否的重要制度保障。这里的保障主要指我们党所作出的，并始终不动摇的对外开放政策，而且它不仅仅是一项政策，早已被上升为基本国策高度。这一国策与公共秩序文化构建本来就具有一致性。因为，对外开放是经济策略，同时也是文化策略，两者在同一进程中，浑然一体，无法彻底孤立开来。

中国自加入 WTO 后，在短短 20 余年已深度融入世界，一跃成为世界第二大经济体，迎来了引领时代的新阶段。虽然较西方国家开启现代化较晚，但我们却以几十年历

---

① 吴海江，徐伟轩.新时代的文明意义——中国正在开启一种新型文明 [J].理论视野，2018（11）.
② 袁祖社，张媛.人类命运共同体的理论境界与中国道路的实践选择 [J].西安财经大学学报，2021（1）.

程走完了他们几百年才走过的工业化进程，形成了不同的历史风景，走出了中国特色现代化道路，不仅堪称世界奇迹，而且为世界发展贡献了一个又一个方案和智慧，不断助推着全球治理改革。中国的改革开放深刻改变了中国、影响了世界。我们既要看到自身发展对于外部环境的需要，又应知晓"国际社会对我国的期待。"[①] 中国外交前景广阔。因此，今天中国要实践好人类命运共同体文化构建，进一步加强与其他国家的人文交流，还离不开这一政策支撑。而且这样的政策依然是传承和赓续了我们的文化传统。可以说，在人类文明中"没有一种文明像中华文明这样特别重视开放包容在认识世界和改造世界中的作用。"[②]

坚持对外开放政策，既是汲取近代中国闭关锁国之历史经验或教训所成，又是40多年改革开放实践的启示和顺应时代发展的结果；既是满足中国自身发展的需要，又是我们党践行中国外交的宗旨的需要。特别是从文明发展来看，40余年来我们的文化体系及其承载的社会制度、发展道路，极大保卫了世界文明多样性。[③] 中国将自身文化传播向世界，既助推世界更加深入认知和了解中国，又以中国方案的形式向世界贡献着实现全球善治的各种智慧，也在与其他文明的交流中，不断汲取着他们的经验和智慧，通过秉持以我为主、为我所用的原则，来丰富和发展自我，同时，为其他国家治国理政提供了可供借鉴的经验。

通过回顾中国对外政策历程，既能进一步认识我们党对外开放的政治决心和自觉，又能看到当前和未来中国为实践人类命运共同体文化构建，提供着怎样的政策红利。1945年后，我们党认识到不仅民族要独立，政治要自主，而且经济也要独立自主。因此，在对外政策上我们确立了完全的、绝对的独立自主原则。而且，为参加南南合作，从而促进中非经济技术合作，提出了平等互利、讲求实效、形式多样、共同发展"四项原则"。1978年提出对外开放方针。次年中美正式建交，同年试办深圳、珠海、厦门、汕头经济特区，并于1980年批准成立。1979年提出"一国两制"方针，为了全面准确贯彻这一方针，后续作为丰富这一方针的重大实践创举，还提出了建设粤港澳大湾区。[④]1984年将对外开放方针正式上升为基本国策，随后入宪。这意味着它是关乎国家命运的根本之策。同年开放了14个港口城市。随后，相继建立海南经济特区，开发开放上海浦东。同时，中国与其他国家的一些伙伴关系开始逐渐建立，如中俄战略协作伙

① 中共中央党史和文献研究院.习近平关于总体国家安全观论述摘编[M].北京：中央文献出版社，2018：242.

② 苏长和.大国治理[M].北京：人民日报出版社，2017：91.

③ 吴海江等.新时代文明交流互鉴思想研究[M].北京：人民出版社，2020：96.

④ 深入贯彻落实党中央决策部署 扎实推进粤港澳重大合作平台建设[N].人民日报，2021-04-24（01）.

伴、中美建设性战略伙伴等。2000 年成立"中非合作论坛"。2001 年中国入世，同年成立上合组织。2008 年举办北京奥运会。2010 年举办上海世博会。今天中国已入世 20 余年，在与世界 20 余年的互动中，他主动担责，全面履行入世承诺，既激活了中国发展，又激活了世界经济。因此，是造福中国与世界的 20 年。

党的十八大以来，中国对外开放可谓以大踏步节奏快速赶上时代，取得了开创性历史成就，而且当前正在引领时代。我们不仅不断强调要坚持和贯彻这一基本国策，将中国这一对世界的承诺落实和践行好，而且在此基础上，不断强调奉行互利共赢的开放战略。对此，2013 年提出命运共同体理念；设立上海自贸区，目前全国已有 21 个自贸试验区。2015 年提出人类命运共同体概念，详细回答了建设什么样的世界，怎样建设世界的时代课题；提出五大发展理念，2018 年宪法修改将之融入其中，开放排在第四位，是顺应时代潮流，主动参与全球经济治理的科学抉择。党的十九大再次强调，中国开放的大门不会关闭，只有越开越大，其后提出探索建立自由贸易港。2018 年开始举办进博会。2019 年举办亚洲文明对话大会，并与 136 个国家（地区）结成 2629 对友好城市（省州）关系，签署 14 项中外地方合作协议，对促进友城结好、人文交流以及经贸合作大有助益。[1]2020 年提出"双循环"新发展格局，正式签署全球最大自贸区 RCEP，彰显了更高水平开放决心，同时"十四五"规划进一步指出，为了让世界分享中国开放的大市场和发展机遇，要高水平高质量对外开放，并就进出口、外资、"一带一路"等，作出了新部署和新政策供给，以推动形成全面开放新格局。

正是得益于对这一基本国策始终毫不动摇地坚持贯彻和落实，今天中国已"形成全方位、多层次、立体化的外交布局"[2]，并基本形成了与之相适应的全球伙伴关系网络。以新时代以来为例，据统计中国与其他国家已建立或正在进一步发展和深化的伙伴关系国有 40 余个。同时，在这期间一些伙伴关系还进行了相应调整，如中俄从战略协作伙伴关系→全面战略协作伙伴关系、中非从新型伙伴关系→全面战略合作伙伴关系、中乌兹别克斯坦共和国从友好合作伙伴关系→全面战略伙伴关系、中巴从战略合作伙伴关系→全天候战略合作伙伴、中吉从战略伙伴关系→全面战略伙伴关系等。据笔者不完全统计，新时代以来，中国与相关伙伴关系国签署或签订了相关进一步发展和深化伙伴关系的联合宣言或联合公报或行动计划或行动纲领或联合声明高达近 40 个。"朋友圈"日益扩大，伙伴关系含金量不断提质，其间民间、地方外交和人文交流成果丰硕。这不仅促进了不同主体（国家、企业等）之间的经济往来，对世界经济高质量发展大有助益，而

---

① 地方合作分论坛签署 14 项合作协议 [EB/OL]. 新华网，2019-04-26.

② 习近平谈治国理政：第三卷 [M]. 北京：外文出版社，2020：6.

且拉近了伙伴间的心灵距离，增进了政治互信。如全面战略伙伴关系彰显高水平互信。这为中国与其他国家的全面交往与合作提供了良好环境，也使得中国成为世界"乱局中的稳定器、变局中的正能量。"[1] 甚至可以毫不夸张地说，它"正在扮演推动世界发展的主角。"[2] 这既是中国"四海之内皆兄弟"文化传统的当代关照，也是中国对其的世界历史性转化，为世界和平发展稳定作出了重大贡献，证明了中国外交的平等、和平、包容、正义、公共属性。而这正是伙伴关系所倡导的外交理念——"平等""和平""包容"，"突破了非友即敌、或结盟或对抗的冷战思维。"[3]

改革开放 40 多年的历史，不仅让中国赶上时代，吸引外资冠全球，而且使之引领时代。尤其是它在短短 40 余年的发展中，以自身所获得的历史性成就以及对世界所贡献的开创性成就，诠释了开放带来进步，封闭必然落后的真谛。为此，我们党在国内外诸多场合不断强调和重申，中国就是要坚持打开国门搞建设。既然这些成就是由坚持对外开放基本国策而得来，那么，中国要继续往前走，从而争取新时代新胜利，也同样要矢志不渝坚持这一基本国策不动摇。这既是满足自身发展之需，也是中国对积极践行推动经济全球化，以造福世界人民的现实表现。当前要坚持这一基本国策，一方面，要"坚持党对外交工作集中统一领导。"这使我们的外交制度、政策等无论在何种环境下都能展现出"高度连续性和稳定性"，而这恰恰对提升别国与我们打交道的信心至关重要。[4] 另一方面，以持久的制度型开放，助推"共建人类命运共同体。"[5] 这是当前各国对外开放要做好的共同现实课题。这样一来，对外开放基本国策的坚持本身，就是推动共建这一共同体的践行，而且这一基本国策的与时俱进丰富和完善，也就是中国为这一共同体构建提供政策红利。总之，将对外开放基本国策坚持和运用好，既能为世界提供机遇，也能为自身发展谋求机遇。因为，事实证明，人类命运共同体本身就有这样的双重机遇性质。

此外，也有学者从整体或个案出发探索中国在与一些国家或区域共建人类命运共同体方面，存在着诸多可能。刘建飞从人类命运共同体的整体意义上指出，当前的时代主题、国际关系的深刻变化、世界大势的深入发展（社会信息化、文化多样性化）为其提供了机遇；此外，中国在全球治理中具备主客观条件。[6] 江时学在《人类命运共同体研

① 吴绮敏，吴乐珺，赵成. 中国特色大国外交攻坚开拓之年 [N]. 人民日报，2016-12-22（03）.

② 王恬，牟宗琮，张梦旭. 同心打造人类命运共同体 [N]. 人民日报，2016-01-27（01）.

③ 李志永，文君. 推动构建全球伙伴关系网络 [N]. 人民日报，2019-09-20（09）.

④ 苏长和. 中国外交在改革开放中积累的宝贵经验（纪念改革开放四十周年）[N]. 人民日报，2018-06-22（07）.

⑤ 习近平. 在庆祝改革开放 40 周年大会上的讲话 [M]. 北京：人民出版社，2018：32-33.

⑥ 刘建飞. 引领：推动构建人类命运共同体 [M]. 北京：中共中央党校出版社，2018：65-77、210.

究》中以亚洲和中拉命运共同体为例指出，前者人民的和平传统，各国决心团结合作等提供了共建可行性；后者拉美在中国大外交战略中的地位有所提高、中国国际影响力为推动中拉作出了贡献、拉美是海上丝绸之路的自然延伸、拉美与中国加强经贸合作的愿望上升、中拉合作领域不断拓宽。金丹以中国—东盟命运共同体为例，对其有利条件总结为：两个国家在政党制度起源上具有一定相似性且有着天然联系、东盟本身政党类型多样① 等。

　　总之，中国作为人类命运共同体文化构建的推动者，不仅要从国际上，而且要从自身分析推动这一文化构建具备何种现实可能性。这是中国真正将这一文化构建实践起来的必然准备和条件，如鸟之两翼、车之两轮缺一不可。

---

① 金丹 . 中国—东盟命运共同体构想下增强中国政党制度话语权的策略研究——以政党外交为视角 [J]. 广西社会科学，2016（12）.

第七章

中国推动公共秩序文化建构的实践策略

中国实践主要涉及以下两个方面：一是交待中国实践的具体内容主要体现在哪些方面；二是坚持问题导向，依据前文中国实践困境，有的放矢提出走出困境的实践策略，以实现中国突围。

第一节　中国推动公共秩序文化建构的实践内容

中国实践内容是对公共秩序文化构建之实现机制的具体化贯彻和落实，也是其中国化样态的实践表达。可从拉紧人文交流合作共同纽带、弘扬"上海精神"和丝路精神、参与全球文化治理、拓展全球伙伴关系网等四个方面下功夫。

一、动力之维：拉紧人文交流合作共同纽带

人文交流对于促进中国与其他国家的经贸合作以及夯实社会民意基础和维护世界和平都具有重要作用。2018 年中国国内居民出入境共

计高达 3 亿余人次。这是"促进中外文明交流互鉴的重要力量。"[1] 不同文明间因客观差异事实的实然存在，不可避免要导致价值观念差异的必然现实，于是在交往中就出现了隔阂、误解，拉大、拉远了民心距离，阻碍人民友好交往。为了消除阻碍，从而拉小、拉近民心距离，以更好促进和推动不同国家间人民友好交往。这也就是深化人文交流互鉴的重要举措："拉紧人文交流合作的共同纽带。"[2] 并强调人是其最好的载体。这与以往那种"物—物"单向文化交往方式根本不同，"人—人"凸显的是一种双向交往方式。它遵循了文化的开放性、流动性。在这样的流动和开放活动中，经由人对文化的传播和交流，各方在其中取长补短，还能够激发人们的创造创新活力。这正是人文交流的宝贵之处，即文化文明与文化文明相遇所产生的溢出效应。新时代中国拉紧人文交流合作共同纽带，应注重发挥教育、科技、文化事业在人文交流中的作用。

（一）发挥教育在人文交流中的作用

新时代中国教育对外开放的"四梁八柱"已建起，并"形成了大规模、高速推进的新局面。"[3] 然而，时下要发挥教育在人文交流中的作用何以可能呢？

首先，积极参加教科文组织（UNESCO）的一切活动，与之加强各种合作。要在该组织框架下不断与各国积极搭建教育合作平台，拓展该领域交流合作渠道，其中一个重要工作就是要在全球建设好孔子学院。同时经过 4 年的规划建设，2021 年 10 月 7 日，教育类联合国二类机构——联合国教科文组织教师教育中心在上海正式落成和投入运行。这为中国更好参与全球教育交流和治理以及服务人类教育提供了重要平台。

其次，发挥高校在人文交流中的作用，加强与各国教育合作与交流。大学是人类进步的产物。它在人类近现代文明史上的作用举足轻重。由此，面向未来文明何去何从，当代乃至更长时期构建人类命运共同体都依然需要其发挥重要作用。之所以这样说，是因为大学自身对近现代文明发展而言的历史已作出证实，同时也是时代赋予大学的新使命以及其自身的本性使然。[4] 今天大学国际化已成为中国高等教育新使命，而践行这一使命最重要的一个方面，就是立足"两个大局"，把握大势[5]，发挥自身在构建人类命运

① 习近平谈治国理政：第三卷 [M]. 北京：外文出版社，2020：470.

② 习近平谈治国理政：第三卷 [M]. 北京：外文出版社，2020：442.

③ 全国干部培训教材编审指导委员会组织编写. 全面推进中国特色大国外交 [M]. 北京：党建读物出版社、人民出版社，2019：184-185.

④ 汪明义. 大学理应成为构建人类命运共同体的中流砥柱 [J]. 探索与争鸣，2019（9）.

⑤ 坚持中国特色世界一流大学建设目标方向 为服务国家富强民族复兴人民幸福贡献力量 [N]. 人民日报，2021-04-20（01）.

共同体中的重要作用。时下为了适应时代发展需要和人民对教育的多样化或多元化需要，中国适时提出了"双一流"建设，目的在于在开放中加强人文交流，通过交流合作吸引国际优质教育资源、学习建设"双一流"的成功经验，以此尽快"达到世界高等教育的最先进状态。"① 为更好发挥高校在人文交流中的作用，中国启动并实施了"一带一路"高校战略联盟，其现已"步入稳步发展的新阶段。"② 同时，还与其他国家合作建立了相关大学国际联盟交流机制或跨境大学联盟，如中英大学工程教育与研究联盟、北极大学、复旦—拉美大学联盟等。而且中国鼓励不同国家青年来华深造、留学（如提出打造"留学品牌"），并为各国优秀青年提供一定的政府奖学金名额（如"丝绸之路"奖学金项目）和留学生（包括在职硕士）名额以及各种青年交流项目和夏令营等活动。以此，通过对彼此不同知识和文化的了解和理解或生命精神交往，全面开展全球文明对话，从而为世界及地区和平友好相处储备力量。此外，高校还应多参加各种国际教育论坛，如亚洲规划院校联盟大会、荣誉教育国际研讨会等。

（二）发挥科技在人文交流中的作用

科技赋能是新时代各国加强人文交流的重要手段和工具。可以说，今天的人文交流对于科技的需要前所未有，谁能掌握和运用好这一手段和工具，谁就能更好掌握主动权。2020 年中国共产党领导人以"云外交"方式出席了 22 场重要外交活动；对于教学来说，为了尽快开展中文国际教学，中文教育机构不得不转战网络，一时间云端中文课成为教学新模式，线上教学成国际中文教育"主课堂"。这带给我们一个新课题：重新认识科技赋能教育。不仅如此，还上线了"全球中文学习平台"，开展了中华文化体验线上夏令营，均取得了良好效果。③

从中国文化网可以看出，2020 年 3 月以来诸多国外中国文化中心、大使馆等举办了各式各样的线上文化"云"交流活动，如巴黎中国文化中心开辟线上"文化桃源"、尼日利亚中国文化中心邀约网民"云游"内蒙古、"中国春节文化图片展"开启全球线上展出、法国民众踊跃参加"我与中国的邂逅"征集活动、惠灵顿的《世界遗产中国》展览、毛里求斯的中国旅游视频短片、布鲁塞尔线上共享《北京 2019》《心动上海》等精彩短片和《敦煌诗意》艺术作品展、仰光的"美好安徽"并创作了京歌《送瘟神》、

---

① 眭依凡. 基于推进人类命运共同体构建需要的大学国际化选择 [J]. 探索与争鸣，2019（9）.

② 刘志民，朱以财."一带一路"高校战略联盟发展的实然审视与应然向度——价值哲学视角 [J]. 高校教育管理，2020（1）.

③ 赵晓霞. 云端中文课催生教学新模式 [N]. 人民日报海外版，2020-08-28（11）.

马德里的"全景故宫""数字敦煌"、2021 都柏林中国信念庆典全线开幕、"齐赏好景"山东旅游风光展在卢森堡线上展出、"想象中国"马其他儿童绘画比赛颁奖典礼在线举办、苏州民族管弦乐团悉尼线上展现江南风韵等。这些活动是文旅融合的具体表现，可统称"云·游中国"。据统计，截至 2020 年 5 月 12 日，已有 59 家海外中国文化中心和旅游办事处通过对国内外资源及相关渠道的统筹和整合，借助互联网在线上共计举办各种活动高达 350 余种，相关活动项目超 500 项，获得 3000 余万人次关注和 40 余万人次参与网络互动。①

此外，各种在不同国家举办不同中国文化主题的 Vlog 大赛。一些博主通过自媒体等形式对国内外文化现象和国际相关热点话题进行传播，让观看者足不出户（国）就了解了多方文化。如短视频博主李子柒以田园（农村）生活方式传递中国传统文化；被称为"阿木爷爷"的 6 旬中国老人王德文，以中国传统木制工艺打造"鲁班凳""鲁班锁"在海外"爆红"等。我们还可以将媒体融合技术深度应用于互译出版、传播之中，以此搭建学术或思想文化传播新平台，从而更加便捷地促进文化交流。这是融媒体时代的大趋势。这就要求我们要着力提高技术赋能在人文交流中的作用。

（三）发挥文化事业在人文交流中的作用

促进人文交流要善用文化事业。可以说，没有离开文化事业的人文交流，也没有离开人文交流的文化事业，二者紧密相联、相得益彰。在今天这个文化被前所未有重视的时代，开展文化事业助力人文交流是应然之举。何谓文化事业？便于直观观察，用公式来表示就是："文化事业 = 文化产业 + 公共文化服务体系"。但他们并非简单的叠加关系，而是在总体上两两之间存在着一定辩证关系，特别是对于今天中华文化"走出去"来说，更要廓清文化事业的内涵，以此明确其主要方向。②而拉紧人文交流合作共同纽带，就是立足不同国家文化或文明"走出去"和"引进来"，从不断夯实社会民意基础中，汲取和积累人文交流资本，从而促进彼此间人文、经贸等合作走实走深。

首先，从文化事业的主体上说，应当发挥各级各类各行各业主体在人文交流中的作用，以共同打造一个全方位、多渠道、宽领域、深层次的对外交往格局。民间外交、地方外交等都要积极参与进来。贯彻落实高级别人文交流对话机制，邀请不同国家政党领导人赴华访问交流，定期开展相关会议。发挥人大在这一方面的特点和优势，全面加强

① "云·游中国"是海外中国文化中心和旅游办事处首次在国内统筹部署下开展全球联动的线上中国文化和旅游推广活动。王洋. 全球抗疫 展现中国文旅担当 [N]. 中国旅游报，2020-05-12（01）.
② 傅铭. 厘清文化事业与公共文化服务体系及文化产业的关系 [J]. 人民论坛，2017（20）.

人大在多双边议会及其组织的友好交往，这对于增加政治互信，扩大合作和稳定世界或区域和平大有助益，从而对各方发展来说也提供了宝贵机遇。[①] 同时，还要发挥相关专门委员会、各界委员会和理事会等在对外交往中的特点和优势作用。有重点、多领域、多渠道促进中外友好往来。这样，不仅人文交流目标得以实现，而且因不同主体的参与，也让国际社会对各种主体的功能、作用等有了一定了解和认知。其次，在"质"和"量"上来说，要同步提升，以国际标准为指标，加快发展对外文化贸易。积极参加相关国际文化品牌或精品活动，着力打造自己的文化品牌及精品，并将其与旅游融合，从而塑造相关文旅品牌及精品形象，打造兼具中国和世界风格、特点的文化产品，尤其是文艺作品。同时还要着力扩大同不同国家的文化合作，从中学习别国经验，夯实自己。如可依托打造中国文化之都，构建相应文旅共同体，打造相应文化旅游品牌。[②]

此外，还应当充分发挥体育、卫生、智库等在人文交流合作中的重要作用。以体育为例，它是促进人文交流的桥梁。2022 年是中美"乒乓外交"51 周年，至今其历史光芒仍然熠熠生辉。从某种意义上说，50 多年前得益于此"小球转大球"的推动，中美才有了交往、关系正常化乃至建交。在纪念其 40 周年（2011 年）之时，美国旧金山市还专门将 7 月 5 日定为该市"乒乓外交日"。[③] 2014 年"第一届中欧乒乓球友谊赛"和 2015 年"第二届中欧乒乓球友谊赛"，对增进中欧友谊和促进中欧人文交流和对话作出了贡献，而且欧盟官员认为在第二届友谊赛中"中国再次展现了'乒乓外交'的魅力。"[④] 面向当下和未来，我们应当秉持外交为民的宗旨和现实需要，不断对上述外交形式进行维护和必要创新。

总之，拉紧人文交流合作纽带，既要立足自我，又要兼具世界视野，充分发挥不同领域、不同主体在这一交流合作中的作用。既要掌握和运用好传统手段和工具对人文交流合作的作用，又要与时俱进，将新技术赋能人文交流合作的本领掌握好，运用好，永远秉持开放合作的理念和保持开放合作的姿态，深耕文化产业，为世界文化繁荣发展贡献中国力量。

---

① 据显示，2013 年，全国人大已与 14 个国家及欧洲议会确定定期交流机制，成立 106 个双边议会友好小组，加入 15 个多边议会组织，成为 5 个多边议会组织观察员。中共中央文献研究室. 十八大以来重要文献选编：上 [M]. 北京：中央文献出版社，2014：197.

② 杨宏浩，张红喜. 发展共同文化旅游，缔造东亚文旅共同体 [J]. 旅游学刊，2020（7）.

③ 徐启生. 旧金山有了"乒乓外交日" [N]. 光明日报，2011-07-07（08）.

④ 刘军. "乒乓外交"助力中欧友谊 [N]. 光明日报，2015-06-03（12）.

二、认同之维：弘扬"上海精神"和"丝路精神"

全人类共同价值对于人类命运共同体文化构建至关重要。它关涉的是各国能否认同这一文化构建理念，并能否顺利将这一价值贯彻落实到这一文化构建实践行动中的关键所在。对中国来说，要推动这一文化构建行稳致远，可从弘扬与全人类共同价值相通的"上海精神"和"丝路精神"上下功夫。

（一）弘扬"上海精神"

"上海精神"是中国实践人类命运共同体文化构建的一个重要内容。它展现了上合组织的精神面貌，是其"精神内核"①，也是其价值、文化、思想以及理念的集中表达。上合组织框架下的一切行动和成就，都是对这一精神的全面坚守和彻底贯彻落实的结果。它与全人类共同价值相通，通过内容对比就能发现。或者可以说，它本身就是中国所倡导的全人类共同价值在具体实践上的一个缩影，也可以说，它是在区域共同体中的现实表征。如今上合组织已然走过了 20 多个年头，取得了一系列显著成效：成员国经济占全球近 20%，且形成了建设性伙伴关系——不结盟、不对抗、不针对第三方。近年来，上合组织与联合国等国际（地区）组织不断拓展合作，在国际影响力上也得到了相应提高，从而使其成为促进地区乃至世界和平发展的重要力量和贡献者。今天要使该组织继续走向下一个 20 年，立足当下，面向未来，回顾其历程，总结其发展经验，以在历史中汲取前进力量正当其时，也恰逢其势。这就要回答好其之所以能够生生不息，永葆合作生机的根本原因何在？那就是"上海精神"。在这里需要明确"上海精神"的核心要义和科学内涵到底是什么？

在提出时间上"上海精神"远远早于人类命运共同体。冷战后，为适应和顺应全球化和区域化时代要求，中国与俄罗斯联邦、哈萨克斯坦共和国、吉尔吉斯共和国、塔吉克斯坦共和国四国，立足周边外交，为应对"三股势力"，寻求共同安全，发展经济，增进人民福祉，建立上合组织，并经过一定时期发展，形成了立足区域，适应和有利于全球和平发展的"上海精神"。江泽民是其首提者，并概括为："互信、互利、平等、协作，尊重多样文明，谋求共同发展。"②多年来这一精神始终贯穿成员国的一切行动和所有合作领域。

---

① 习近平出席上合组织峰会：传承丝路精神 共创美好明天 [N]. 人民日报，2013-09-14（03）.

② 江泽民文选：第 3 卷 [M]. 北京：人民出版社，2006：258.

2013 年中国共产党领导人在上合组织成员国元首理事会第 13 次会议上的讲话首提"上海精神"。特别是在 13~21 次会议上，以弘扬"上海精神"为主题词的重要讲话共有 5 次（在这其中的其他会议里也有所提及，但不在主题中，而在内容里），分别是第 13、16、18、20、21 次会议。在 13 次会议上对该组织当时面临的机遇和挑战进行分析后指出，大家要应对挑战，必须加强合作，联合自强。而要实现这一点，第一条就是要弘扬"上海精神"，并在此基础上，落实《上海合作组织成员国长期睦邻友好合作条约》（以下简称《条约》），与时偕行，立足该组织框架，在各领域全面开展互利合作，使各成员真正成为"好邻居""好朋友""好伙伴"。从文化领域来说，要加强人文交流和民间交往。宣布设立中国上合基地。需要指出的是，此次讲话对"上海精神"中的"协作"改为了"协商"，其他内容不变。这进一步凸显了这一精神重视国际关系民主化的价值取向。

2016 年第 16 次会议指出，"上海精神"是深刻总结国际关系实践的产物。得益于此，本组织才凝聚起巨大合力，才激发起强大合作的正能量。该精神虽扎根特定时代和现实土壤，但却同时又兼具超越时代和区域的生命力和价值。这体现在其具有的世界性意义：为那些正在探寻或向往睦邻友好、共同发展的国家提供了一定借鉴，对于促进新型国际关系实践，无疑是注入了强大动力。本次会议最重要的成果就是签订了《条约》，为将世代友好理念固定下来和确保各方做国际秩序健康发展的建设性力量，提供了法律保障。在人文领域，中国提出大力支持各方就古迹修复和考古相关工作的合作；继续落实好承诺的青年交流项目；深化卫生领域合作；倡议启动"上海合作组织科技伙伴计划"等。

2018 年第 18 次会议，将弘扬"上海精神"和构建人类命运共同体结合起来。会议首先赞赏了这些年大家所得成绩，同时，称该精神掀开了国际关系史崭新一页。特别是因上海精神在实践和现实中对区域乃至世界和平发展所作的贡献不容置疑，而正在日益广泛地被国际社会所认同。同时此次讲话在"上海精神"基础上，创造性地提出了"五观"：提倡创新、协调、绿色、开放、共享的发展观；践行共同、综合、合作、可持续的安全观；秉持开放、融通、互利、共赢的合作观；树立平等、互鉴、对话、包容的文明观；坚持共商共建共享的全球治理观，他们与"五个世界"相对应。既赋予了"上海精神"新内涵，又体现了其时代性和现实性，"必将在人类命运共同体建构中发挥中流砥柱的作用。"[①] 究其根本，在于它们都是顺应国际关系民主化的产物，对破解文明冲突、解构冷战思维、抵制霸权主义有着共同的现实指向和未来面向。因此，有学者指出，"上海精神""奠定国际政治经济新秩序价值观基础"[②]，是"建立公正合理国际新秩

---

① 史岩. 以"上海精神"破解时代难题 [J]. 红旗文稿，2018（12）.

② 徐立恒，袁凯鹏."上海精神"助推新型国际关系构建 [J]. 理论视野，2018（9）.

序的助推力。"①

2020 年第 20 次会议,在"上海精神"的价值指导下,上合组织再迈上新台阶。上合组织应当继续高擎"上海精神"旗帜,致力于本组织命运共同体建设的同时,还要致力于加强与人类命运共同体的紧密联系。一方面,前者本身就是后者的重要组成;另一方面,后者要着力为推动构建"五个世界"作出更多实践探索。一言以蔽之,中国实践人类命运共同体文化构建,必须弘扬"上海精神"。因为,这既是上合组织的使命与担当,也是"上海精神"的时代价值彰显。但归根到底,这是精神文化对实践行动正向引导作用的彰显。

2021 年第 21 次会议,虽然此次会议上未以"上海精神"为主题词发表重要讲话,但却站在上合组织成立 20 年的重要时间节点上,致力于不忘初心,展望未来。而初心就是"上海精神"。上合组织在此新历史起点上,应继续毫不动摇高举"上海精神",各成员国要在共同发展的历史大潮中发展自我,沿着历史正确方向,构建更加紧密上合组织,为新型国际关系和人类命运共同体构建作出更多更大探索,从而奉献人类和平、进步事业。为此,各成员国应为建设团结合作之路、安危共担之路、开放融通之路、互学互鉴之路、公平正义之路共同努力。

(二)弘扬"丝路精神"

"一带一路"是人类命运共同体的重要实践平台,与之相联系,当然亦是其文化构建的重要实践平台,而内蕴在这一实践平台其中的"丝路精神",必然是其确保这一文化构建得以走实走深的重要精神密码。"丝路精神"致力于地区和谐、共同发展,它与有着认同机制作用的全人类共同价值之间是相通、相契关系。这一点通过"丝路精神"具体内涵与全人类共同价值具体内涵的对比也能得知。

2013 年我们党首提"丝路精神"。并将其概括为 4 组词 16 个字:"团结互信、平等互利、包容互鉴、合作共赢。"强调这是古丝绸之路留给后人们的宝贵启示。在中阿合作论坛第 6 届部长级会议开幕式上的讲话,此精神被凝练和升华为:"和平合作、开放包容、互学互鉴、互利共赢。"从此这一内涵被稳定下来,并在国内外诸多场合被重申。特别是 2017 年"一带一路"国际合作高峰论坛以历史的宏观视野对其核心内涵进行了系统阐释。

和平合作。早在中国汉代和 15 世纪初的明代,中西方之间的和平合作就已开启。

---

① 李葆珍."上海精神":建立公正合理国际新秩序的助推力 [J]. 河南师范大学学报(哲学社会科学版),2011(3).

而且那时就已经留下了海陆丝绸之路的历史印记。如张骞出使西域、郑和下西洋。开放包容。古丝绸之路沿线错落布置着诸多大江大河，这些江河又都孕育了属于他们自己独特的文明，形成了各种宗教文化信仰，诞生了不同人种。虽然，这条路跨越了诸多异质文明，但是在那时就已于求同存异中造就了共同发展的壮丽景观。这启示今人：文明发展得益于开放，而民族共存得益于融合。互学互鉴。对古丝绸之路是商贸与知识交流之路，这是正确的理解和清晰的认知。互利共赢。当时地域大发展大繁荣，既离不开陆上古丝绸之路的开辟和贯通，又离不开海上古丝绸之路的开辟和贯通。这些历史事实启迪着今天的"一带一路"要走实走深，就必须要抓住时代契机，对"丝路精神"进行彻底贯彻和落实，助力破解和平、发展、治理三大赤字。

新时代要弘扬"丝路精神"，必须厘清其核心内涵，并以此为价值遵循，在实践中应聚焦政策沟通、设施联通、贸易畅通、资金融通、民心相通和创新各种合作网络、平台等，以真正使"一带一路"成为和平之路、繁荣之路、开放之路、绿色之路、创新之路、文明之路。

总之，无论是"上海精神"，还是"丝路精神"，它们都是与全人类共同价值相通相契的宝贵精神财富。中国在实践人类命运共同体文化构建过程中，应当以此为指引，不断将上述精神力量贯彻落实到现实实践中，从而既为自身发展营造良好外部环境，又为提高人类命运共同体文化纽带的韧性作出中国贡献。

三、参与之维：推进全球文化治理

中国要在实践人类命运共同体文化构建的内容上对接全球治理，其表现在于积极参与全球文化治理。而要实现和完成这样的目标和任务，可从两个方面来着手：其一，统筹中国国家文化治理与全球文化治理；其二，明确全球网络治理的中国之维。

（一）统筹中国国家文化治理与全球文化治理

两个治理的关系可通过对全球—国家治理的关系窥探得知。从理论上看，治理的原初出场语境本身就着眼于国内治理，而全球治理是其战略任务的重要延伸。[①] 特别是伴随全球化不断向前演进，二者之间开始出现高度依存性、渗透性和互动性。这要求各国在处理他们关系时，既要注意各自相对独立性的一面，又要注重打破他们的边界，以整

---

① 莫凡，谭培文. 从"国家文化治理"走向"全球文化治理"——中国化马克思主义的跨意识形态传播问题研究 [J]. 理论学刊，2020（4）.

体性视角对其进行统筹设计和安排，以免因忽视其中一面而陷入困境。这成为现代国家治理中必须要引起高度重视的现实课题。对于中国来说，将两个统筹起来，体现了中国与时俱进的品格和调适能力；对于贯彻落实依法、依宪治国大有助益；是提升软实力的重要途径。因此，既要以全球治理深化国家治理，又要依托深化国家治理来推进全球治理。① 从实践上看，目前在这两者的关系问题的处理上主要有三种方式：内外政治一元论，就是国内政治从属于国外政治，或者相反；内外政治二元论，就是认为两者是处于两个不同且平衡的领域；内外政治二元协调论，就是将二者合作统筹起来，注意他们的对话协商，追求责任上的平衡，探寻二者问题上的综合治理观。一个良好的全球治理，应当建立在第三种方式即二元协调论上。中国是第三种。② 因为，它追求的是合作最大化，而非利益最大化；采取的是节制行为，而非扩张；是对国际承诺的遵守，而非违背。③ 可以说，时下国家治理与全球治理并非各自绝对孤立而存在，在一定程度上是相通的。特别是世界历史越是向前，这种相通性表现的越明显，两者之间的互动和互构越强烈，从而规制着国家治理必须要不断调适其与全球治理在相关维度上的张力问题。如普遍安全世界中没有所谓的绝对安全；普遍开放世界中没有谁可以退回到封闭小岛；经济全球化的世界中各国经济共在一条船上。总之，全球治理在一定程度上对国家治理有着制约作用，这意味着后者必须在特定领域上作出与前者相适应的调整，反过来，国家治理又可以通过参与全球治理得到破解自身相关问题的经验或机会。由此，全球文化治理作为全球治理一域，当然也必然要求国家文化治理与之保持相应的合作与协商。

两种文化治理何以统筹？有学者认为，最关键的问题是跨意识形态传播，对此应将利益和解和文化理解、产业化和公益化以及学术性和应用性结合起来。④ 实际上，就是要不断探寻中国国家文化治理与全球文化治理的交集域，为了减少国家治理成本与时间考量，国内文化治理的一些政策的制定和实施，应注重与国际接轨，当然其前提是在既不损害自我核心利益，又不凌驾于国际的基础之上。同时在这种接轨互动中还会形成一种互馈链，即是说在这种接轨过程中，应该实现的是国家—全球文化治理的双赢或利益最大公约数。这是两者统筹的正价值和真正意义，也是全球化时代为任何国家文化治理提出的一条规定性；相反，如果中国国家文化治理设计与政策未能在其与全球文化治理交集域上有所涉及，而一旦两者遇到冲突就会增加治理成本和时间。这是由国家—全球

---

① 蔡拓. 全球治理与国家治理：当代中国两大战略考量 [J]. 中国社会科学，2016（6）.

② 苏长和. 大国治理 [M]. 北京：人民日报出版社，2017：20-22.

③ 苏长和. 大国治理 [M]. 北京：人民日报出版社，2017：28-30.

④ 莫凡，谭培文. 从"国家文化治理"走向"全球文化治理"——中国化马克思主义的跨意识形态传播问题研究 [J]. 理论学刊，2020（4）.

治理关系所决定的。

此外，开拓国际文化市场。近年来，虽然中国核心文化产品进出口总额较以往有所提升，但其现状仍不容乐观。对此，有学者指出，2014 在文化产品及其服务出口方面，与同期额度相比均小于 1%。这既表现出了我们在对外文化贸易方面的短板，又表明我们还有很大的上升空间。① 由此，为与国际更好接轨，以扩大中国文化产品国际市场份额，应建立国际文化交易平台，依托自贸区和自贸港的优势条件，积极发展文化贸易。值得一提的是，中国提出了加快对外文化贸易基地建设的任务。目前中国已分别于 2011 年、2012 年、2019 年建设了上海基地、北京基地、深圳基地，它们既都依据各自特色有着属于自己的功能定位和服务，又都建基于这样的作用之上：中国文化走向世界的窗口，世界文化聚集中国的平台。

（二）明确全球网络治理的中国之维

网络空间命运共同体的中国担当与实践如何实现？对这个共同体来说，它旨在说明共同体不仅存在现实空间中，而且存在虚拟空间中，即是说网络空间中人类的命运、利益、发展也正在前所未有的进入到互联互通状态。第二届世界互联网大会正式提出网络空间命运共同体。它主要有如下特点：其一，全球全网高度互联；其二，线上线下高度融合；其三，休戚与共高度依存。如数字经济下各个在网络空间形成了利益共同体；网络攻击、犯罪乃至恐怖主义危害的跨国界蔓延。② 如"斯诺登事件"、"阿拉伯之春'、网络殖民主义、美国利用丹麦监听盟友……正是各国在这一新空间新领域的高度互联以及虚拟和现实的高度融合，使得其全球性利好和挑战成为大家面对的共同现实。由此，网络成为全球治理重要一域。对中国来说，当前网络已成为党和国家工作中一个最大变量。它不仅事关国家文化安全，而且对于很多领域来说，一定程度上都具有牵一发而动全身的连锁效应，从而严重威胁国家主权安全。"没有网络安全就没有国家安全。"它们是"一体两翼"的关系，必须从整体上对其进行统一谋划、部署、实施，以确保做到"协调一致、齐头并进。"③ 时下，中国已然开启强国之路，这意味着加强自身网络安全，不断掌握网络信息化主动权，将成为建设网络强国的重中之重。这就要求必须认真贯彻落实《国家互联网安全战略》《网络安全法》，着力推动网络强国战略、国家大数据战略等落地生效；秉持"4 个原则"，即尊重网络主权、维护和平安全、促进开放合作、构

---

① 杜俊义 . 中国-东盟对外文化贸易基地建设研究 [J]. 广西大学学报（哲学社会科学版），2014（2）.

② 靳诺等 . 全球治理的中国担当 [M]. 北京：中国人民大学出版社，2017：120-122.

③ 习近平谈治国理政：第一卷 [M]. 北京：外文出版社，2018：197-198.

建良好秩序和 "5 点主张"，即加快全球网络基础设施建设，促进互联互通；打造网上文化交流共享平台，促进交流互鉴；推动网络经济创新发展，促进共同繁荣；保障网络安全，促进有序发展；构建互联网治理体系，促进公平正义①。同时加快建设并畅通信息丝绸之路、数字丝绸之路（如加快建设 "中国—东盟信息港"）；加强全球数字安全合作，助力制定与之相关国际规则，如提出《全球数据安全倡议》；积极参加联合国互联网治理相关论坛、会议，推进与不同国家在互联网领域的广泛合作，尤其要重视这方面与发展中国家的合作，这是彰显大国担当的逻辑必然。

总之，中国参与全球文化治理，既要明确自身国家文化治理何以能够抓住全球文化治理提供的机遇发展自己，又要量力而行积极参与全球文化治理，以实现两者的统筹，不断贡献中国力量。

四、环境之维：拓展全球伙伴关系网

如今中国已形成了具有自身特色的大国外交。这主要以对话、结伴理念拓展全球伙伴关系网来体现在中国外交工作之中的。得益于此，"营造了我国发展的和平国际环境和良好周边环境。"② 也就是说，要进一步将这种环境保持下去，还要坚定不移保持我们的外交特色。主要体现在要处理好同大国、周边国家以及发展中国家之间的关系。其核心理念和实践落地都主要围绕着相互尊重、公平正义、合作共赢而展开，以着力扩大中国 "朋友圈"，不断为世界和平发展贡献力量。这体现的是中国外交 "胸怀祖国，兼济天下"③ 的战略抱负。

（一）构建新型大国关系

在这一关系中，中国秉持 "总体稳定、均衡发展"④ 的构建框架。大国关系指中俄、中美和中欧。之所以要将大国关系构建在一个总体稳定、均衡发展的框架内，是因为他们的关系好坏直接影响着国际秩序的优劣，甚至 "是影响世界和平的决定性力量。"⑤

1. 中俄全面战略协作伙伴关系

① 习近平. 在第二届世界互联网大会开幕式上的讲话 [N]. 人民日报，2015-12-17（02）.
② 习近平谈治国理政：第二卷 [M]. 北京：外文出版社，2017：61.
③ 习近平谈治国理政：第三卷 [M]. 北京：外文出版社，2020：422.
④ 习近平谈治国理政：第三卷 [M]. 北京：外文出版社，2020：46.
⑤ 中共中央宣传部. 习近平总书记系列重要讲话读本（2016 年版）[M]. 北京：学习出版社、人民出版社，2016：268.

中俄是世界上最重要的一组双边关系。经过多年来的合作，其在各个领域的合作与发展，都已展现出坚韧性和稳定性。从邻国来说，中国的外交政策始终将周边国家作为首要位置和优先方向。也因此，两国因在国家发展规划上有所契合，使得他们能为彼此"提供重要发展机遇、互为主要优先合作伙伴。"①作为大国，中俄是最好的一组大国关系，特别是在广袤的欧亚、亚太地区，两国紧密协作，为这些地区乃至世界和平发展提供了重要保障，作出了重要贡献。如彻底解决了历史遗留的边界问题，并签署《睦邻条约》。2021年6月在其签署20周年之际，中俄又发表联合声明宣布《睦邻条约》延期。可以说，双方不仅为处理邻国关系树立了典范，而且为处理大国关系、地区以及全球事务都树立了典范。

中俄建交70多年以来，其关系已愈加成熟、稳定、坚韧、"和平、平等和包容。"②进入新时代，双方面向未来全面深化各领域合作，更是开创了新型中俄关系——不结盟、不对抗、不针对第三方，取得了诸多成就。2013年至2021年，中俄签署了7次重要联合声明，其中2013年、2015年和2017年3次都是就深化全面战略协作伙伴关系而签署；2016年和2019年就加强全球战略稳定而签署；2019年就发展新时代全面战略协作伙伴关系而签署；2021年3月23日，就当前全球治理若干问题共同发表了联合声明，展示了中俄坚定捍卫国际秩序的意志。同时在经贸、人文、网络、外空等领域都有突出成果。总之，当前中俄关系正处历史最好时期。为此，新时代要构建全方位、深层次、多领域的中俄互利合作新格局，就要以互信为基石，就战略、政策等进行深入沟通，以提高相互支持力度；继续深化合作共赢，拉紧共同利益纽带；大力促进民心相通，办好中俄青年友好交流年。

2. 中美新型大国关系

世界最瞩目中美关系。二者关系发展的好坏不仅关乎他们自身，而且影响世界。无论是立足历史，还是立足现实和未来，中国在对美关系上历来秉持沿着历史正确方向发展理念，为促使双方合作共赢而不断努力。而且我们认为，只要双方有将这一关系贯彻到底的决心和信心，走出一条不同于历史上大国冲突对抗的新路就不难实现。因此，中国共产党领导人经常通过互访、会晤、通话、通信等方式与美国总统保持密切联系。经过40多年的合作，特别是党的十八大以来通过战略沟通、务实合作和管控分歧等方式，中美在诸多领域取得了重要成就。截至2013年，已建立了90余个对话沟通机制；220余

---

① 习近平谈治国理政：第一卷 [M]. 北京：外文出版社，2018：275.

② 于游，高飞. 构建新型大国关系：中俄伙伴关系外交的经验与启示 [J]. 太平洋学报，2021（1）.

对友好省州（城市）[①]；2017 年双方人员往来高达 532.7 万人次，其中中国访美有 301.77 万人次等。但也应看到，当前美国对中国内政指手画脚，如干涉台海、涉疆等问题，挑起贸易战，而且在多次国内外会议中，大肆渲染"中国威胁论""中国问题"。如特朗普时期的《美国国家安全战略》《国防战略报告》，拜登时期的《2021 年年度威胁评估报告》，都有大肆渲染所谓"中国威胁"的内容。这表明他们在对华政策上有一定延续，但这种延续是恐华、遏华、制华、反华的不友好延续。瞭望智库报道，2021 年 5 月美国参议院正式公布被视为一揽子制华法案的"集合体"的《2021 美国创新与竞争法案》，人为夸大"中国挑战"，妖魔化中国；G7 不仅将自身衰败归咎于中国，而且把中国议题置于议程表首位。这体现的是一种鼓噪的"中国恐惧症"，必将给美国带来负面效应：加剧美内外政策走偏、恶化国内政治斗争、扩大与盟友和伙伴分歧，最终将走向"自我实现预言"的怪圈，必然招致灾难。因此，这注定是有百害而无一益之事。[②] 即便如此，我们仍然"没有一条理由把中美关系搞坏。"因为"合作是中美两国唯一正确的选择。"[③] 由此，双方竞争要田径赛，非决斗赛。可以说，这既是中美历史发展的启迪，重温"乒乓外交"可窥探得知，又是双方为满足各自发展和世界发展现实需要的逻辑必然。

新时代中美双方应做好如下工作：首先，正确判断彼此战略意图。新型大国关系理念，双方就战略意图、发展道路等问题加强沟通和了解，以防止误解误判。其次，推进合作共赢。不断探寻合作最大公约数，既要立足双方利益关切深化不同领域合作，又要立足区域性或世界性难题和挑战不断进行沟通和合作。再次，妥善管控分歧。不以差异论冲突，而是尊重差异，以求同存异、聚同化异的方法，善于在矛盾点处寻求可能合作点，从而将分歧有效管控好，而不是扩大。最后，深耕人民友谊。国家关系根本是民与民关系。加之，美国政坛对中国历史文化知之甚少，以及固有意识形态偏见和傲慢难以扭转，因此，这更凸显了要继续将双方人民友好交往工作做好，以深入了解彼此文明和文化的重要性。

3. 中欧全面战略伙伴关系

欧洲作为多极化世界中重要一级，无论对自身区域来说，还是对世界来说，其和平发展都具有重要意义。中欧从 1975 年建交至今已走过近 47 年，全面战略伙伴关系建立也有近 20 年，在合作上他们已形成三大对话机制：高级别战略对话、经贸高层对话和高级别人文交流对话。2014 年和 2018 年中国还都发表了对欧盟政策文件助推其合

---

① 习近平谈治国理政 [M]. 北京：外文出版社，2014：280.

② 述评：解构"中国恐惧症"：杯弓蛇影，百害无益 [EB/OL]. 新华网，2021-05-06.

③ 习近平谈治国理政：第二卷 [M]. 北京：外文出版社，2017：488.

作。这体现了中国对同欧盟发展好关系的重视。中欧合作除在贸易上展现出巨大正能量，人文合作是其"第三支柱"。[①] 不仅如此，2020 年中欧进出口贸易实现了双向增长，中欧班列首次突破"万列"大关。这在欧盟前十大货物贸易伙伴中是唯一一个，而且首超美国。这凸显出两者经贸合作之重要，也体现了中国全球供应链的强大韧性。同时，2020 年中欧投资协定谈判如期完成，为欧企进入中国市场提供了一定机遇；《中欧地理标志协定》正式签署。[②] 当前双方已是世界上最有影响力的双边关系之一，而且欧盟是中国外交优先方向。新时代立足双方、放眼全球，要将这一关系推向更高质量，应进一步将伙伴关系之桥建好建实，从而夯实其经贸、人文等合作。但也要看到欧方一向以"人权鼻祖"自居，就所谓"新疆人权问题"对中国进行制裁。对这种损害中国主权和利益的坏毛病要实施妥善有效的反制。

总之，大国关系是新型国际关系的重点。中国作为大国本身应具有大国担当自觉，在发展自己的同时，要不断织密织实与其他大国的伙伴关系网。这样，既是提高自身发展的必然选择，又是助推世界发展的内在要求。

（二）深化周边国家关系

远亲不如近邻；居要好邻；是邻必护；邻居好；赛金宝；邻家失火，不救自危、邻居平安，自己也平安……这些俗语都清晰阐述了好邻居何以重要的问题。历史地看，一个国家、一个民族繁荣发展安全与否，除了自身因素外，在外部因素上，首先取决于其与周边国家的关系如何，也就是，首先看周边命运共同体建设的是否牢靠。从这个意义上说，国家发展好坏，除靠内源，第一就要看其周边，这既体现了深化周边关系的重要性，又体现了深化这一关系的现实必要性。由此，贯彻落实好周边外交理念和方针，奋发有为地推进周边外交，打造周边命运共同体，历来居我们外交全局首要位置。新时代中国深化好周边关系，一方面，服从和服务于实现"两个一百年"。这是我们周边外交的战略目标。另一方面，"中国的发展首先惠及邻国。"[③] 这一点从中国对亚洲和世界的经济贡献率足以窥探得知。伴随时代发展，中国既坚定不移贯彻周边外交方针，又不断与时俱进提出了一系列新理念。

① 全国干部培训教材编审指导委员会组织编写 . 全面推进中国特色大国外交 [M]. 北京：党建读物出版社、人民出版社，2019：99.

② 张朋辉 . 中国二〇二〇年成为欧盟最大贸易伙伴 [N]. 人民日报，2021-02-17（03）.

③ 习近平谈治国理政：第一卷 [M]. 北京：外文出版社，2018：114.

1. 落实亲、诚、惠、容理念

这是中国共产党人外交理念的创新和贡献。"亲"，特指民心亲。坚持以邻为善、为伴、睦邻的方针和政策，加强同周边国家政府、民间、社会以及各领域等人员往来，拓宽多元交往渠道，着眼人心上的得、暖之事，以此增进通民心。"诚"，就是讲情谊、讲道义，诚心诚意，关注周边国家合理关切，增进战略互信，秉持公正原则处理相关热点问题，提供力所能及的帮助。"惠"，就是秉持互惠互利原则，探寻更多利益共同点和交汇点，设计和建立一些实实在在、看得见、摸得着的惠及周边国家的合作项目、政策、机制等，不断提升双方利益融合水平，让其真正能搭上中国的便车，分享我们的发展机遇和红利，积极参与区域经济合作，构建区域经济一体化新格局，加快推进 RCEP、中日韩自贸区，发展同东盟友好合作，编织更加紧密的共同利益网络，深化互利共赢格局，从而也使我们在与之共同发展中获得有益助力。"容"，就是包容。亚太之大，是我们大家共同发展的大家园，所以，要秉持求同存异、聚同化异原则，深化同东北亚、东南亚、中亚这些周边国家的公共、民间以及人文外交，以此巩固夯实其社会民意基础。

2. 实施亚洲新安全观

今日之亚洲，不仅是亚洲各国之亚洲，而且是世界之亚洲，更是人类之亚洲。从这个意义上说，亚洲和平、稳定、发展、振兴，既是亚洲人民之福祉，又是世界之福祉，更是人类之福祉。由此，亚洲安全与否，不仅关乎自身，而且关乎世界和人类。对此，我们党站在跟上时代步伐和造福亚洲、世界和人类的高度，提出了亚洲安全观——"共同、综合、合作、可持续。"[①]有学者指出，这"是对新安全观和总体安全观的继承与发展。"[②]或者说是上述安全观在国际上的延伸。其一，共同，就是要关切大家安全，不能落下一个国家和民族。不因内部国家大小、贫富、强弱而在安全上有所歧视。进一步讲，这里的安全集普遍、平等、包容于一身。其二，综合，兼顾传统和非传统安全。即是说，两个安全都要抓，两个安全都要硬，不能顾此失彼，而是要标本兼治。虽然亚洲安全问题的内涵和外延总有拓展、极为复杂，但是只要大家秉持多管齐下、综合施策一起应对，也就不难破解。其三，合作，就是探寻实现共同安全的交汇点和契合点，谋求共同安全利益，培育合作抵御和应对安全风险和挑战的共同意识，加强战略互信和对话沟通，创新解决争端的和平手段，坚决抵制以邻为壑、损人利己，在实现双赢、多赢、共赢上下功夫。其四，可持续，就是实现持久安全，不断夯实发展的根基。也就是说，要确保持久发展，从而两者形成良性循环，实现亚洲整体的可持续安全目标。在这里就

---

① 习近平谈治国理政：第一卷 [M]. 北京：外文出版社，2018：354.

② 王帆，凌胜利. 人类命运共同体：全球治理的中国方案 [M]. 长沙：湖南人民出版社，2017：127.

是要廓清安全和发展的关系：前者是后者条件，后者是前者的基础。中国要贯彻落实好这一安全观，应当利用好亚信平台，加强同各方对话与合作；和平解决各种争端和边界问题，妥善管控热点问题，致力于朝鲜半岛无核化；积极参加亚洲区域内各种安全合作、论坛，弘扬好"上海精神"、"丝路精神"，同相关国家和地区建立常态化交流合作机制，推动文明交流互鉴；坚定不移合作应对亚洲乃至国际金融危机。

总之，深化周边国家关系居于中国外交布局首要位置，具有多维意义：既是中国之幸、亚洲之幸，也是世界之幸、人类之幸。

（三）加强同发展中国家团结合作

发展中国家是中国"走和平发展道路的同路人"[1]，也"是我们在国际事务中的重要同盟军"，更是历来把与之团结合作视为"对外政策的基本立足点。"[2] 那么，加强与之的团结合作何以可能呢？

1. 坚持正确义利观

义是一种理念，它贯彻于我们党和国家的理念之中，延伸到同发展中国家的关系上，体现的是希望他们能够加快发展，实现共同发展，抵制我多你少。利是追求双赢、多赢、共赢，抵制我输你赢。对于义、利的取舍、选择，不能唯利是图、斤斤计较，而是要量力而行对那些贫困国家，提供力所能及的对外援助，体现的是大家好才是真的好。总之，要义利兼顾，弘义融利。

2. 贯彻真、实、亲、诚理念

"真"，就是要尊重发展中国家的尊严和自主性，秉持公道和正义，支持他们的正义立场，在有关核心利益和制度关切上相互支持。"实"，就是开展扎实合作。做践行者非论道者。中国将自身发展、利益以及机遇同发展中国家的发展、利益以及机遇连接起来，如不断扩大投融资以及其他相关领域的互利合作。"亲"，就是深化对话，拉近彼此的心灵距离。加强各方在各层次的人文交流。"诚"，就是坦诚相对一道解决共同问题。换言之，就是要将中非、中拉、中阿命运共同体打造的更加坚实。对此，中国作出了诸多举措，而且这些举措之间具有延续性和稳定性，也有与时俱进的新内容。如中非"461"合作框架、"三大网络"、"十大合作计划"、"八大行动"、《2063 年议程》、"九项

---

[1] 中共中央宣传部. 习近平总书记系列重要讲话读本（2016 年版）[M]. 北京：学习出版社、人民出版社，2016：270-271.

[2] 全国干部培训教材编审指导委员会组织编写. 全面推进中国特色大国外交 [M]. 北京：党建读物出版社、人民出版社，2019：106.

工程"以及《新时代的中非合作》白皮书；中拉"1+3+6"合作框架；中阿"1+2+3"合作格局、探索"石油、贷款、工程"一揽子合作模式、中国实施增进友好"百千万"工程等。

　　总之，中国要实践好人类命运共同体文化构建，就应当着眼于以上几个方面的内容深耕细作。这既是贯彻落实中国角色定位的表现，又能为自身发展谋势、造势，对区域以及世界和人类发展，都具有不同凡响的意义指向。这些内容实践好了，这一文化构建的中国实践就会取得优异成绩，也就能够谱写出中国与世界共鸣的新篇章。

第二节　中国推动公共秩序文化建构的困境突围

　　中国困境突围就是坚持问题导向原则，针对前文中国困境，进行有针对性的实践策略回应，多策并举，对症下药施良方。

一、跨越壁垒：坚持和而不同

　　要正确认识文化异质禀赋，就要坚持辩证法。也就是要一分为二地看待这一问题，不能因异质而全面否定其他文明，而是要站在历史正确一边，对他们进行科学合理的全面肯定。虽然，异质性构成文明交流对话壁垒，但也正是这种异质所彰显出的文明多样性，使得交流的重要性和必要性凸显出来，并且为交流基础上的互鉴提供了可能。这为我们也提出了一项常态性和长期性重大课题：文明何以力避差异产生的冲突从而共存共生共荣？要破解此课题，跨越壁垒，有赖于坚持和而不同。它包含求同存异、聚同化异两个层次。其精神实质彰显的是朋友既可以于志同道合中探寻，也可以于求同存异、聚同化异中探寻。它们是辩证关系。联系在于它们都追求同，进而达致和；区别在于追求同的方式，求同存异是在同的基础上存异，通过保留异，从而达成和的一种正解；聚同化异是为了谋求最大公约数，它在求同存异基础上，又延展出化异的新解，从而实现一种新和的升华。从这个意义上说，聚同化异是求同存异的新层次、新境界。[①]

---

① 王耀华．"求同存异"与"聚同化异"[N]．光明日报，2015-10-23（08）．

（一）坚持求同存异

这里主要对"同"进行正确理解。"同"与"共"有相通之意，简言之求相同利益或共同利益、共识之意。对于那些有利于自身，也有助于人类的项目，通过交流就可以较为容易达成的共识和合作，应当尽快推进以促使之落地生效。这是人类命运共同体时代，最为明显的一种特质。它不仅在文化领域，在任何领域都具有着十分明显的表现。也正因如此，作为五位一体的人类命运共同体需要各国一道以整体性、总体性视角将之不断向前推进，从而各国才能不仅共襄未来，而且共享未来。当然，要真正做到这一点，仅仅注重交往中的求同存异还远远不够，还需要探寻更多更好增进合作、共享未来之策。但不得不承认，求同存异在推进人类历史上发挥的作用至关重要，需要将其持久坚持下去。总之，求同存异旨在尊重差异、包容多样。

（二）坚持聚同化异

如果将上述求同存异，经由交流而形成认同视为一种浅理解的话，聚同化异所探寻的交流则是一种深理解。因为，它所强调的是通过交流探寻主体间的共通性即价值、合作、利益等最大公约数。而要形成这样的公约数，则有赖于不同主体间持久不断的深入交流，进而才能以化异的方式达成和的新解。这就要求在交往中须严格遵循多样性、包容性和平等性的三原则，所秉持的是理解、欣赏与尊重的态度。可以说，聚同化异在国家内部及国与国之间都有着重要意义。或者更确切地说，这是各国都面临的共同性课题。从国内来说，每个国家都必须要有一个价值最大公约数对国家凝聚力进行规约，它体现为一个国家的社会核心价值观及其体系，有了它社会成员间交流产生的误解和摩擦就会大大降低，相反，如果没有这样的核心价值观及其体系，那么，国家内部就会因无法形成团结的面貌，处于不断内耗之中，从而掣肘国家发展和安全。从国际上来说，除了要凝聚全人类共同价值之外，具体到其他领域间的交往与合作时，要使其合作以更大几率推进，就需要经过不断的交流对利益交汇点进行聚同化异的最大化处理，否则局限于潜在合作，就无法实现长久稳定合作。它意味着不仅要找到合作的基本交集，还要致力于以不断的交流来扩大这一交集，从而拉紧人文、经贸等合作纽带。特别是在外交中，不同国家都有其自身立场和利益考量，都有其文化惯性。在这样一个多元文化图景的世界中，要实现共存共生共荣的目标，显然仅仅局限于求同存异就想打破文化的天然壁垒是远远不够的，或者说，求同存异不是破解文化异质壁垒的唯一方法。这不仅凸显了化异的重要性和必要性，而且凸显了化异的艰巨性和长期性。在不懈的聚同化异中，冲突、质疑也会相应有所降低。而它的降低是文明间信任、合作等合力资本的不断聚集和积累，是对分歧的弥合，与"普世价值"以冲突化解差异所导致的悲剧后果截然不同，因为它是聚力，而非分力。可以说，聚同化异旨在凝聚尽可能多、尽可能大的共识，以实现协商合作，而非对抗、斗争。换言之，化异，就是通过不断的交流互鉴来增强对彼此文化的认识和理解。

总之，文化异质交流是人类社会获得整体性和连续性存在的客观依据。它虽然在不同时空视阈下有着不同的主体间性活动，但却始终都统一在交流或继续交流的框架之中。所以，交流成为人类文明发展的逻辑贯穿，而非一时一刻的短暂行为。然而如何交流？和而不同为其提供了实践路向。它是对文明多样性的一种关照和坚守，而且这是一条为了让文明更加有活力的持久发展下去的人间正道。所以，"'和'的要义是差别和对立"①，承认后者是前者存在的前提。也就是说，不同文明要一同共事，从而朝着共存共在共荣迈进，就必须"要有'道不同，互相为谋'的气度。围绕'共'与'互相'，循着……共同性价值理念"②，不断"追求会通之博大"，即于异中寻其相通点，透过有形差别探寻无形联系，"而不是放大差异。"③ 简言之，不仅要求同存异，而且要聚同化异，兼顾两者，使之同频共振。由此可见，文化异质并不是一个张着大口的鸿沟，只要正视文化差异，秉持正确方法，这个鸿沟就可以弥合或跨越。

二、坚持拆墙：发掘中国传统文化积极处世之道同当代的共鸣点

坚持拆墙的中国突围策略，所要回应的是何以破解西方霸权主义的人为筑墙问题。在这一方面，"中国传统文化普遍心理建构"发挥着重要作用。因为，从中西文化来看，前者注重以集体主义对普遍心理进行建构，旨在通过探寻世界人民心理中的"最大公约数"，从而促使他们朝着民心相通、紧密团结目标迈进，也就是说，它不主张唯我独尊、例外心理，而是对由此产生的二元对立思维的一种解构；后者则与之截然相反，它注重的是个人主义所建构的"特殊心理"，核心是西方中心主义。在人类命运共同体中我们的普遍心理建构，主要是通过"和"、"合"理念来对其进行发挥作用的。④ 而这对理解"发掘中华文化中积极的处世之道和治理理念同当今时代的共鸣点"⑤ 提供了注脚，也是对老子"容乃公，公乃全，全乃天"的现时创造，而要将"共鸣点"挖掘出来，并使之

---

① 孙熙国. 中国古代和谐思想的两大源头——以《易经》和《尚书》为中心的考察 [J]. 理论学刊, 2008（8）.

② 苏长和. 大国治理 [M]. 北京：人民日报出版社, 2017：17.

③ 苏长和. 大国治理 [M]. 北京：人民日报出版社, 2017：92-93.

④ 项久雨，侯玉环. 论人类命运共同体文化构建的三重意蕴 [J]. 江淮论坛, 2019（5）.

⑤ 习近平. 论坚持推动构建人类命运共同体 [M]. 北京：中央文献出版社, 2018：261.

作用真正发挥出来何以可能？

（一）廓清何为中国传统文化

中国传统文化从创造的主体上看，是中华各民族；从创造内容上看，包括的是此传统文化中的所有学问。[①] 因此，"从孔夫子到孙中山"都要"给以总结，承继。"[②] 新时代我们党对中国传统文化大体经历的 5 个历史时期以及其在不同时期所形成的不同学术思想和特点进行了科学总结和系统概括。不仅如此，在诸多学说之中，儒家思想长期位列主导，并自始至终与其他学说共处和而不同局面之中。而且在此历程中，我们还形成了各家学说，留下了大量珍贵文化遗产。这些文化中的优秀成分，不仅成为中华文明的重要内容，对我们自身的治国理政有着宝贵启示，而且世界上的一些有识之士认为，其对应对当代人类共同难题也有有益启迪，因此应当结合时代条件，对其进行继承和发扬，而且欢迎各国都加入到这一研究队伍中来，从而使之与世界各国优秀文化一道造福人类。这就是说，要挖掘"共鸣点"其范围是以儒家为主导的所有中华优秀传统文化，而非仅着眼于某一家、某一经典。

（二）廓清何为"共鸣点"的本质内涵

这里所指出的"共鸣点"，就是要我们不断探寻中华优秀传统文化中那些有助于对普遍（或共同）心理建构的文化智慧和资源。所谓普遍（或共同）心理建构，就是那些体现着自我与他者并行不悖的"互适性、公用性、共同性"[③] 即非排他性，同时"抛弃了其差序性"[④] 的理论观点，其现实表征就是全球文化公共产品。历史证明，中国传统文化中积极处世之道所孕育的公共性心理，蕴含着人类发展进步的处世之道、济世之智，对实现全球善治大有助益。正如有学者指出，"公共性是中国全球治理方案的本质指向。"如倡导共商共建共享的"三共"原则，倡导利益共同体、责任共同体、命运共同体、发展共同体的"四体"建构，倡导政策、设施、贸易、资金、民心的"五通"。[⑤] 这就是说，"共鸣点"姓"公"，而且"公"是其生命线，它着眼于"最大公约数"，既有相同或相似，又是普遍的。"共鸣点"的作用体现在推动人类命运共同体文化构建上，

① 谢霄男.中华传统文化的界定、内核及价值 [J].新疆社会科学，2019（5）.

② 毛泽东选集：第 2 卷 [M].北京：人民出版社，1991：534.

③ 郭湛，桑明旭.话语体系的本质属性、发展趋势与内在张力——兼论哲学社会科学话语体系建设的立场和原则 [J].中国高校社会科学，2016（3）.

④ 何君安，闫婷.从"天下大同"到"人类命运共同体"——兼论中国世界主义政治哲学 [J].东南学术，2020（5）.

⑤ 吴美川，张艳涛.中国全球治理方案的公共性向度 [J].理论视野，2021（1）.

所指涉的就是人类公共生活。一言以蔽之，"构建共同体的客观共性要求，……构成了构建'人类命运共同体'的坚实基础和动力源泉"：共生是客观共性要求的坚实根基、共通是客观共性要求的桥梁纽带、共识是客观共性要求的价值依托、共建是客观共性要求的现实路径、共享是客观共性要求的目标追求。[①] 但归根结底，都体现的是世界的不可分性或整体性、人与自然命运的共同性以及人类的公道性，追求的是大家好的共同目标。

（三）通过对我们党如何对待"共鸣点"的实例把握对其的应用

在如何对待"共鸣点"方面，在前文中已进行了交代，那就是实现"两创"。在这里可通过对我们党如何对待"共鸣点"的实例把握对"共鸣点"的应用，对此苏格在《平易近人》中进行了梳理：以孟子的"穷则独善其身，达则兼济天下"诗文来讲述中国梦的内涵，特别是着力阐述其世界意义，并通过对此诗文的运用，指出中国梦与所有国家的美好梦想皆是相通的，而非毫无关联。不仅如此，我们党还将中国梦与"美国梦"、"共筑亚太梦"、"亚非振兴梦想"、"中东国家发展梦"联结起来，并呼吁实现中国梦与他们的相通相连、相融对接；以晚清学者的"孤举者难起，众行者易趋"、管子的"合则强，孤则弱"，呼吁各国应树立合作共赢理念；以老子的"合抱之木，生于毫末"、庄子的"水之积也不厚，则其负大舟也无力"，呼吁国与国之间应当不断夯实社会民意基础，以增强各方的理解和信任；以孔子的"不义而富且贵，于我如浮云"、于右任的"计利当计天下利"，来表达坚决反对国际交往中的"强权即真理""损人利己""你输我赢""一家通吃""一家独大"等"不义之举"，呼吁各国应当以正确义利观行不唯利是图、不恃强凌弱之事，同时，以对中国为人处世哲学的高度概括"惟以心交，方成其久远"，来强调靠心通意合，并将之深化为中国对周边和发展中国家关系的主张，意在说明心意相通才可弘义融利；以礼记的"万物并育而不相害，道并行而不相悖"，来阐述中华文明包容并蓄、和而不同的价值追求，并且呼吁各国应当尊重世界多样性，承认差异和多元，倡导共商、共建、共享的全球治理观；以对《黄帝内经·素问》"智者察同，愚者察异"的现时创造，提炼出"智者求同，愚者求异"来总结中欧关系，并呼吁双方应当寻求共性、增进共识……凡此种种可以发现，对"共鸣点"的应用，既要挖掘、回归原典找到共鸣之智，又不能绝对的照本宣科，而是要跳出原典对共鸣之智进行必要的"两创"，从而激发原典中共鸣之智的济世作用，使之与时代相契。虽然这里"两创"所面对的是人类共性问题，而非仅针对中国自身治国理政问题，但不排除"共鸣点"也对

[①] 杨宏伟，刘栋. 论构建"人类命运共同体"的"共性"基础 [J]. 教学与研究，2017（1）.

其他类似国家治理适用的情况。

总之，对"共鸣点"进行挖掘，以此来进行普遍（或共同）心理建构，从而推动人类命运共同体文化构建，无疑有助于拆掉文化霸权主义之人墙。这无论对个体文明维持其长治久安来说，还是对整个人类文明维持其可持续发展来说，都具有极端重要性。但需要明确的是，"共鸣点"的挖掘必须要体现那种能够超越国界、种族和意识形态，着眼于世界和谐，有利于全球善治以及人类可持续发展的公共性理论观点即共同理想和追求或全人类共同价值，体现的是不可分割的协调统一整体性。这样，"共鸣点"就有助于公共秩序文化构建。特别是世界历史越是向前，世界越是从趋异向趋同转变，越是需要体现共性的公共性理论观点，凸显了这一挖掘工作的重要性、必要性以及迫切性。

三、强化内在：提升中国国际话语权

国际话语权是文化关切的重要一域。它对于国家共同体和政党在国际社会中维护其根本利益，塑造其良好国际形象和党际形象，传播其相关价值理念，从而提高其影响力、吸引力具有重要意义。特别对现代大国来说，提升自身国际话语权是其在国际事务中更好主持公道，更好运用其正义力量，真正发挥其名副其实作用的永恒课题。而对于一个"现代强国"来说，与之相称的国际话语权意味着它必然"占据国际道义的制高点"[1]，能够在文化全球化时代的文化较量中处于有利地位。这是关乎民族未来，影响其前途命运的重大权力，或者说，没有如此强的国际话语权，就不是真正意义上的现代强国。可以说，它是现代强国的标配。由此，着力提升国际话语权，是中国实现现代强国的一项必然任务，而中国在实践人类命运共同体文化构建中，因其国际话语权弱而遭掣肘的现实难题，亟待将此课题做好。

（一）平衡好硬实力与软实力

国际话语权是一国软实力在国际社会上的反映。它要实现巩固和扩大，有赖于坚实的硬实力作为支撑。或者说，硬实力和软实力应当平衡发展，只有看到硬实力中的软实力约束和软实力中的硬实力支撑，并将两者统筹起来，推动其协调发展，一国才能得以确保其国际话语权的长久巩固和扩大。这两种实力被软实力的提出者约瑟夫·S. 奈（Joseph S.Nye）视为综合国力的两种形态。软实力是硬实力的无形延伸，影响并提升硬实力；硬实力，是软实力的有形载体，硬实力支配并作用软实力，因此，两者既相互区

---

① 陈曙光 . 中国话语与话语中国 [J]. 教学与研究，2015（10）.

别，又相互补充。① 硬实力凸显了支配之意。如果一国不能协调处理好两者关系，其综合国力发展就会受到影响。今天，中国在这两者间出现的失衡现象，也就是，中国是经济大国但却并非文化强国的"落差"，从而致使自身在应对文化全球化挑战时，总是受到来自自身内部或外部这样或那样的制约，就是最好证明。这就是说，一个健全的国家综合实力，必然包括软硬两种实力，而且两者要平衡发展，否则就会出现"木桶效应"。也正因如此，这意味着中国要实践好人类命运共同体文化构建，必须要将作为其支撑的硬实力不断夯实的更加坚实而有力。

当前中国要夯实硬实力，从而为其实践人类命运共同体文化构建提供足够支撑，应当在资源、军事、经济和科技等主要方面着手。特别是当前中国已开启现代化强国之路，这为夯实硬实力，从而为软实力提供更加坚实支撑提供了机遇。为此，应准确把握新发展阶段，深入贯彻新发展理念，加快构建新发展格局。并厘清其间逻辑关系，有步骤、有针对开展各项工作。具体而言，坚持社会主义核心价值观，综合统筹各种基本资源，全面深化改革，正视资本作用，积极培育新型文化实践主体②，建设现代化经济体系，大力发展新质生产力，坚持对外开放，全面建成世界一流军队，培育科技创新人才。

总之，夯实硬实力，正确处理好其与软实力之间的关系，旨在说明"挨骂"问题的解决，除了离不开软实力发挥作用之外，同样，离不开硬实力的支撑作用，所以，两者缺一不可。这意味着中国要摆脱国际话语权受制于人的局面，从而解决"挨骂"问题，就必须平衡好软硬实力。

（二）讲好中国故事

"讲故事，是国际传播的最佳方式。"③ 这对国际社会了解、认知和理解中国、中国共产党和中国人民具有重要作用。在这里，关键要弄清楚讲什么、谁来讲、怎么讲等问题，从而助推实现向世界展示一个真实立体全面的中国的目标。

1. 讲什么

中国故事那么多，在国际场合中到底要讲哪些故事才能让别国更好了解、认识和理解中国呢？或者说，讲好中国故事并不是大而全的将所有中国故事都讲给别国听，一方面，中国历史之长，故事之繁，都讲这几乎不可能完成；另一方面，即便能完成，最终

---

① 项久雨. 硬实力与软实力的关系之辨 [J]. 武汉大学学报（哲学社会科学版），2010（6）.

② 张鑫. 文化软实力与经济硬实力发展的不平衡：表现、影响及对策 [J]. 湖湘论坛，2018（4）.

③ 中共中央文献研究室. 习近平关于社会主义文化建设论述摘编 [M]. 北京：中央文献出版社，2017：212.

也会因没有抓住重点或受众需要，而致使讲故事的效果大打折扣，也就失去了讲故事的初衷。这意味着，讲好中国故事要有重点、有针对地讲，而非什么都讲。

首先，供需结合。受众想了解什么，对什么有质疑，就讲什么，实现供需的同频共振。也可以说，这是一个故事的在地化的过程。如我们党曾指出，面对国际社会对我们政策走向的关切，提出了"四个决心不会改变"；又如国际社会当前对中国道路的成功、中国价值观念有着高度关注和浓厚兴趣，那就要向其讲好中国道路及其价值观念的故事，对此主要是将中国梦作为其载体进行阐述。其次，利用各种重大关键场合或平台、渠道主动发声。如善用各种庆祝周年等重大纪事活动、国际会议论坛、主场外交、驻华使节吹风会等，就相关主题、议题主动介绍。再次，挖掘中外历史佳话、友好故事。如我们党曾讲过 2008 年汶川地震后，俄罗斯在第一时间向中国伸出援手的故事；新中国第一代领导人和非洲老一辈政治家共同开启中非关系新纪元的故事；汶川地震后，非洲国家在自身本不富裕的情况下，向中国伸出援手的故事；冼星海大道的故事；在诸多场合讲述古老中国 5000 年的历史故事，向世界澄清中国是有着和平基因的文明、和平、可亲的醒狮。又次，一些西方国家抹黑、妖魔化什么，就及时主动反驳、发声，以对此进行澄清和纠正，争取国际社会理解和支持。如对"中国威胁论"进行反驳；对命运共同体、"一带一路"等误解和抹黑进行澄清和纠正。最后，紧紧围绕"让世界知道中国人民为人类文明进步作出了什么贡献、还要作出什么贡献"[①]；讲中国特色社会主义的故事，讲清其"为什么好"；讲我们党的故事，讲清其"为什么能"；讲 21 世纪和新时代的马克思主义的故事，讲清其"为什么行"；讲中华优秀传统文化的故事，讲清我国文化长寿的基因密码；讲经济政治文化等内外方针政策，讲清其走什么路以及怎么走；讲中国人民奋斗圆梦的故事，讲清其秉持的核心价值观的内涵；以中国考古和历史研究成果，讲好中国历史故事等。在讲述上述故事的同时，我们可以以摆事实、讲道理、诉情感、抓形象的方式，将中国道路、理论、制度、精神以及力量贯穿其中。这样，才易于引起共情，从而说服人、打动人、感染人和影响人。

总之，既要讲当下的现代故事，又要讲古老中国的故事，还要善于挖掘中外人民相互支持和帮助的友好故事，特别是对国外受众想迫切了解的、有质疑的、以及不惑、他者有意歪曲、抹黑的要及时优先回应。由此由听而思而得。

2. 谁来讲

新时代应当充分发挥各级各类主体的主观能动性，奏响交响乐、大合唱，使之在讲好中国故事中都能有所作为，以此来打破传统的在讲故事主体上的单一性，从而提高中国国

---

① 中共中央文献研究室. 习近平关于社会主义文化建设论述摘编 [M]. 北京：中央文献出版社，2017：209.

际传播的实际效能。为此，要充分发挥国家元首、中央同志、各级领导干部、宣传部门、媒体、海外文化阵地（海外中国文化中心）、艺术工作者、短视频创作者、新媒体科普人、各级各类智库人员、各种文艺类综合节目（如东方卫视《这就是中国》、东南卫视《中国正在说》、《远方的家·一带一路》）、出版业（如文旅图书、亚洲经典著作互译计划）、学术期刊及工作者、各类学术团体、理论工作者、哲学社会科学工作者（如依托中国—中东欧研究院等各种平台发声）、学生、老师、记者、华侨华人、非公有制文化企业、文化非营利机构、艺术机构、"国际青年领袖对话"项目青年代表等作用。特别是海外华人应当担负起这项责任。如果这些人都发挥好各自讲好中国故事的作用，那么，其合力是不容小觑的。同时，还要加强文化传媒国际交流合作（如亚洲影视交流合作计划），建立媒体合作论坛机制，通过对各国政要、国际权威组织中的权威人士、不同领域的专家学者以及知名媒体人等进行独家采访。[1] 这有助于提高传播的权威性。"合拍片"，简言之就是以促使中国电影产业国际化的方式，将中国元素及形象融入其中。[2] 发挥中国驻外企业与人员作用，主要涉及中国投资、中外合资以及合作等企业；中国在海外设立的各类公司；中国出境游客、访华人士等。还可以发挥孔子学院、在华外国人、世界文化名人、国际非政府组织、国外学会、"电商外交"[3] 以及基金会等在讲好中国故事中的作用。

　　总之，既要"自己讲"，又要借力以"别人讲"。这样，多元主体共同发力，才能最广泛、最大程度的关切不同受众，从而使中国声音、中国故事真正清晰传递给世界，也让世界能够真正听清、听到我们的声音。

　　3. 怎么讲

　　要讲好中国故事，从怎么讲的角度来说，就是要回答好采取什么方式，用什么话语来讲的问题。具体而言：

　　（1）加快构建中国特色哲学社会科学

　　首先必须对"中国特色"有精准理解和正确把握。它应当沿着"立足中国、借鉴国外，挖掘历史、把握当代，关怀人类、面向未来的思路"[4] 来思考和实践。也就是说，构建中国特色哲学社会科学，它不是一个封闭的、静态的、极端的自我民族主义式的哲学社会科学，相反而是一个开放的、动态的、与人类相关联的哲学社会科学。虽然它是以中国思想和中国理论形态而存在的中国学派，但它同样对认识和改造人类世界具有一

① 高晓虹，李怡滢. 加强国际合作 讲好中国故事 有效影响国际舆论——中央广播电视总台后疫情时代的国际传播实践 [J]. 电视研究，2020（9）.
② 陈瑜. "合拍片"如何讲好中国故事？[J]. 同济大学学报（社会科学版），2019（4）.
③ 张锐，钱霖亮. 电商外交：概念界定与中国实践 [J]. 国际关系研究，2020（6）.
④ 习近平谈治国理政：第二卷 [M]. 北京：外文出版社，2017：338.

定普遍意义。

首先，要体现继承性、民族性。中国特色哲学社会科学所要诉诸的是包括马克思主义、中华优秀传统文化以及国外在内的一切与之相关，并有利于自身发展的古今中外所有资源，然后通过汲取其有益养分，凝练出能够真正称之为中国方案的方案，来助力破解中国和世界在现实中所要应对的重大问题。由此，在这里所谓民族性，并非极端的自我民族主义，因为它抵制一味排斥，主张在与国外以及人类各种有益资源的比较、对照、批判、吸收、升华中实现融通。

其次，要体现原创性、时代性。其实民族性已然对原创性有所囊括，因为民族性本身就具有特殊性，特殊性就是质的区别。而中国特色哲学社会科学的中国特色本质就在其主体性（中华民族）和原创性（质的区别）。也就是，要围绕我们正在做的事情，让中国特色哲学社会科学从我们自己的土壤中生根、发芽、开花、结果，而非亦步亦趋，体现的是中华民族对时代问题敏感度的感知和抓取，并且以自己的精神状态对此问题进行及时的理论创新和回应，一定是马克思主义中国化时代化的原创性最新成果。这是我们区别于其他哲学社会科学的根本标志所在，也是我们建构自己的哲学社会科学的根本方向和基本原则，必须旗帜鲜明地坚持。

最后，要体现系统性、专业性。持续推进学科、学术、话语三大体系建设和创新。不能将学科与教材体系割裂看待，而是要促进他们的协调发展，同频共振。在话语体系上，"要善于提炼标识性概念，打造易于为国际社会所理解和接受的新概念、新范畴、新表述。"[1] 这样讲并"不是针对不同国家形成不同的新概念新表述新范畴"，而是"只能在自己的政治和外交标准下阐释和解释。"[2] 也就是说，我们并不是为了只是迎合不同受众，而打造与他们的标准相契合的各式各样的新概念新表述新范畴，这样的概念表述范畴，无论多么新，也不会被国际社会所接受，因为它已然是支离破碎的存在——既无中国特色，又无世界影响力可言。放眼世界，没有哪个国家的哲学社会科学中的概念表述范畴可以以这样的形态让国际社会所认可的，更谈不上认同。所以，新概念新表述新范畴一定是可以"完成从专有名词向普通名词的转变"[3] 的一种存在，即一定是有着高度的标识性。为此，应从学科、学术、话语三大体系入手，主动对全球治理相关难题，特别是对西方束手无策的新旧难题以及全球治理新领域进行积极的议题设置，以引导探讨方向，把握话语主动权。这样，既不会失去中国特色意涵，又能兼顾国际社会的普遍

① 习近平谈治国理政：第二卷 [M]. 北京：外文出版社，2017：346.

② 苏长和. 大国治理 [M]. 北京：人民日报出版社，2017：172-173.

③ 苏长和. 大国治理 [M]. 北京：人民日报出版社，2017：173.

性理解。同时还要打造一批具有专业性、系统性以及国际影响力的新型智库，并通过中外交流，加速中国学术走出去，使得中国声音传的更远。

（2）创新对外宣传方式

对外宣传是对外工作的重要内容。当前中国已"初步构建起多主体、立体式的大外宣格局"[1]，但仍然面临着诸多新情况，有着需要完成的新任务。实际上，早在抗日战争时期，毛泽东就曾对如何加强抗战力量进行过深刻论述，他认为，其中有一条重要路径，就是善于运用国际宣传——可以通过电影、画册、报章、共同宣言、代表团等诸多宣传手段和方法——来谋求各国的同情，从而实现援助目标。[2] 这意味着做好中国对外宣传工作，必须以多种路径广泛宣介中国主张、中国智慧、中国方案。

首先，注重互联网赋权。当今世界任何国家想要加强自身的全球影响力、吸引力，互联网是必争之地。为此，中国应适时创新国际公众参与门户网站，在内容的推送上，既要关注各国人群的个性化特点及其现实需要，又要注重中国元素的妥善植入，避免唯商业化；要注重语言转换问题，不仅要将汉语转换成世界通用性语言，为了适合各国受众者语言差异性，还要将之转换成他们各自的母语，同时赋予文字、图片、视频等；开发多样化网络文化产品，从形式上要是易于受众接纳和传播的，如网络游戏、Flash、网络漫画等，在内容上要将中国故事融入其中，这就需要发挥运营商的社会责任；积极介入国际知名网站，可通过留言、评论、广告等方式。[3] 由此，面对互联网如此之繁杂的层次和内容，这决定了中国在对外宣传中要真正充分运用好互联网的赋权作用，必须打造一批专业性强的对外宣传队伍，使之分门别类的将不同部分的工作做扎实、做深入。同时，还应加强智能算法在对外宣传中的作用，这样更能掌握受众群体以及个体的网络喜好，从而有针对性的推送相关内容，丰富相关形式。

其次，将"主动发声"与"善于用外国民众容易接受的方式"[4]结合起来。从主动发声看，一方面，要"让正确的声音先入为主"，从而"让人家了解我们希望人家了解的东西"[5]；另一方面，及时反驳政治谣言、奇谈怪论，杜绝韬光养晦或不争论。这样才能最大限度及时澄清、纠正以及遏制甚至消除以讹传讹。从受众看，外宣翻译应善于分析和研究受众意识，既要择其看得下去、容易接受的题材，也要对不能迎合受众的有所

① 加强和改进国际传播工作　展示真实立体全面的中国 [N]. 人民日报，2021-06-02（01）.

② 毛泽东文集：第 2 卷 [M]. 北京：人民出版社社，1993：58.

③ 向征. 用好国际互联网，创新对外宣传方式 [J]. 人民论坛，2017（21）.

④ 中共中央文献研究室. 习近平关于社会主义文化建设论述摘编 [M]. 北京：中央文献出版社，2017：202.

⑤ 中共中央文献研究室. 习近平关于社会主义文化建设论述摘编 [M]. 北京：中央文献出版社，2017：209.

保留。① 也就是，必须学会以"全球化表达、区域化表达、分众化表达"②的方式讲好中国故事。如中国共产党领导人在诸多重要外交场合，引用国外一些名人名言、诗文典故以及俗文俚语等，还有前文中对文化相通属性的把握，引用不同国家间就同一道理有着相同表达的名言等都是最好例证。

最后，把握对外宣传时机。注重抓住重大纪念活动、各种重大场合、全球危机等时刻，主动将中国的理念、价值、方案和智慧介绍和宣传出去。如中国共产党领导人在诸多国内外场合，曾或是对中国梦，或是对中国道路，或是对中华文明，或是对和平发展理念等，从或是历史渊源和现实基础，或是背景和内涵都进行过经常性、反复性的相关阐述。同时，也应把握好人类重大危机时刻。对此，马克思曾说，"在美国我们的宣传由于危机而大有进展。"③ 而诸多中国智慧和方案（如人类命运共同体、全球治理观等）的现实基础，本身就是应对全球治理难题而提出的。对此，应加强应急语言服务，即针对重大突发事件提供快速救援语言产品的服务：既要有官方的政治话语，又要有媒体以及社交等其他方面的话语规则；以主动设置话语议题，解构西方话语对中国形象的妖魔化；以大数据、计算机的语义分析功能捕捉对象话语取向，制定受众考虑的话语策略。④ 这样既能为处理突发事件提供良好舆论氛围，也能更好主动把握话语主动权，而且在这样的交锋中还会有新收获。这种对外宣传时机的把握，体现的是化危为机，在危中寻机。此外，对外宣传时机还要从积极层面寻找，如就中国对新事物新现象等进行的新话语创造，要及时将之宣传开来，以形成引领之势。

（3）提高国际传播能力

一个国家要使其文化在国际舞台上产生一定影响力、吸引力，就须臾不能离开持续不断的国际传播能力建设，对中国来说亦是如此。中华文化魅力在国际舞台上展示的效果如何，有赖于中国国际传播能力的高低。首先，要完善人文交流机制，目的在于充分发挥大众、群体以及人际三者传播合力，广泛覆盖受众群体。其次，打造对外宣传旗舰媒体。其作用在于提高中国故事传播的权威性，着眼于时、度、效的引领性。而要真正让旗舰媒体发挥作用，离不开专业型人才。对此，应当广揽人才，进行相关人才队伍建设，做好在各领域的不同人才配备工作。最后，技术赋能同样应当与国际传播能力建设相衔接，而且一定要衔接好。人工智能时代，可以说谁不能在国际传播中掌握新的传播

---

① 陈小慰. 对外宣传翻译中的文化自觉与受众意识 [J]. 中国翻译，2013（2）.

② 加强和改进国际传播工作　展示真实立体全面的中国 [N]. 人民日报，2021-06-02（01）.

③ 马克思恩格斯全集：第 50 卷 [M]. 北京：人民出版社，1985：456.

④ 郑泽芝，徐铂. 应急语言服务的基本概念及要素分析 [J]. 北京联合大学学报（人文社会科学版），2020（3）.

技术，谁就无法占领国际传播高地。这就要求要充分运用各种新兴传播技术，使之嵌入传播载体，助力中国文化走出去，如 5G、VR 全景、短视频等。同时，加强汉语国际推广、涉外媒体和网络建设等。此外，还应将国际传播能力建设"纳入党委（党组）意识形态工作责任制"[①]，以加强组织保障和财政支持。其实在这里，就涉及了新闻学、传播学等学科知识。也就是说，提升中国国际传播能力，不仅要立足中国学派的理论知识，而且要借助其他相关学科对传播规律和知识的科学运用。这样多学科综合运用、发挥，才能将我们的能力锻造得更加坚实。

　　总之，中国要实践好人类命运共同体文化构建，既要明确其在实践中进行了怎样的探索，取得了哪些成效和经验，又要立足当下、放眼未来，对自身要实践的内容进行深刻把握，对自身身处的困境进行突围。这样才能在发展自身中，提升自身在人类命运共同体文化构建中的实践效度，从而在促使其整体文化构建中作出中国贡献。

---

① 加强和改进国际传播工作　展示真实立体全面的中国 [N]. 人民日报，2021-06-02（01）.

结 语

　　因应"人类文明向何处去"的时代议题，公共秩序文化构建得以出场。一方面，它作为向真正共同体的过渡阶段和走向世界历史未来的必经过程，时下中国推进这一文化构建，开启了马克思主义理论发展新时代，从而为实现由"必然王国"走向"自由王国"积累文化条件。因为，"文化上的每一个进步，都是迈向自由的一步。"① 特别是当前我们仍处在马克思主义所指明的历史时代。而"两制并存"的长期性，决定了中国实践公共秩序文化构建，从而为实现由"必然王国"走向"自由王国"积累文化条件的艰巨性、复杂性和长期性。

　　另一方面，它作为中华优秀传统文化现时创造，中国对这一文化构建的实践，也开启了为解决人类问题和贡献更多更大新的中国方案的新时代。正如钱穆曾指出，中国文化中"天人合一"观对世界人类未来求生存可有之贡献。汤因比就钱穆这一观点谈其感悟时指出，以20世纪末为界，在这以前的近两三个世纪，西方文化对世界文化的影响，对促进人类长足发展都发挥了巨大作用，这是其正向价值的一面。然而，在20世纪末，西方文化的弊端开始日益显露，这成为东西方诸多学者共识。在汤因比看来，补救这一弊端何以可能？那就是：重视"天人合一"的意义。因为，它对人类社会健康发展有着独一无二的价

---

① 马克思恩格斯文集：第 9 卷 [M]. 北京：人民出版社，2009：120.

值。① 但这与其说凸显了西方文化弊端，毋宁说凸显了东西文化互补合作、携手共建美好世界的紧迫性、重要性、可能性和现实性。同时，公共秩序文化构建实践超越了"文明冲突论""文明优越论""普世价值"，揭示了人类文明的未来面向：不是废除文明或文化差异，而是要在各文明不断交流互鉴基础上，沿着人类文明多样性基本特征和方向共赴共存共在共荣的美好未来。也就是，不断为实现"三个超越"而努力。

今天中国在和平崛起中"创造了中国式现代化新道路，创造了人类文明新形态"②，向世界"宣告了各国最终都要以西方制度模式为归宿的单线式历史观的破产"③，历史性地消除了绝对贫困，在促进全球治理体系改革朝着公平、正义方向发展发挥了至关重要作用，为破解人类共同难题提出了诸多可行性较强的新理念、新方案。"中国之治"与"西方之乱"使国际社会瞩目中国。可以说，国际社会特别是发展中国家既期待中国分享发展经验，又期待中国在国际秩序改革、应对全球性问题与挑战中，继续发挥建设性作用，贡献中国智慧和方案。由此，中国越是以和平崛起方式走向复兴，越积极参与全球治理，越有助于全球治理难题的破解，从而越有助于推动人类进步。

这意味着国际社会要真正读懂中国发展经验、中国智慧和方案，了解当代中国将是国际社会 21 世纪的一项重大时代课题，而了解当代中国首要必须读懂中国共产党。这项课题比历史上任何时期都更具紧迫性和必要性。时下，中国实践人类命运共同体文化构建正是对这一课题的有效推进，并有助于落实中国大国责任，提升国际社会对中国和中国共产党的认知和了解。这是作为"国之大者"的中国风格、中国气派，也是作为"始终把为人类作出新的更大的贡献作为自己的使命"④ 的"党之大者"的风格和气派。这决定了中国和中国共产党在实践公共秩序文化构建中的长期性，彰显了思想自信和实践自觉的统一。

作为人类命运共同体的首倡者，中国必然要践行好公共秩序文化构建行动。特别是中国在这一文化构建中不仅有着自身的价值意蕴、现实困境以及清晰的精准定位或正确角色观，而且有着有利于进行这一文化构建的国内外条件，这决定了中国能将这一文化构建进行下去，并能构建好。这也是践行言必行、行必果之文化传统的真实写照。从中国与世界地互动看，从世界对中国的单方面定义，面临"被开出球籍的危险"，到恢复赶超意识、觉醒开门走向和融入世界，再到今天"彻底摆脱被开除球籍的危险，创造了

① 汤一介.读钱穆先生《中国文化对人类未来可有之贡献》[J].北京大学学报（哲学社会科学版），1995（4）.
② 习近平.在庆祝中国共产党成立 100 周年大会上的讲话 [M].北京：人民出版社，2021：14.
③ 中共中央文献研究室.习近平关于社会主义政治建设论述摘编 [M].北京：中央文献出版社，2017：7.
④ 习近平谈治国理政：第三卷 [M].北京：外文出版社，2020：45.

人类社会发展史上惊天动地的发展奇迹。"① 在这一过程中，中国不仅对自己在世界格局中的角色有着清晰定位，而且伴随中国综合国力持续提升，"中国应当对于人类有较大的贡献"的底气更足、信心更大、意愿更强、成就更多。今天一个负责任大国的中国形象不仅正在东方树立，而且正在国际社会树立，一个为中国人民同时也为世界人民谋幸福的中国共产党形象正在被国际社会所普遍认知。

---

① 习近平. 在庆祝中国共产党成立 95 周年大会上的讲话 [M]. 北京：人民出版社，2016：4.

参 考 文 献

一、中文文献

（一）著作

[1] 马克思恩格斯全集（第 2 卷）[M]. 北京：人民出版社，1957.

[2] 马克思恩格斯全集（第 3 卷）[M]. 北京：人民出版社，1960.

[3] 马克思恩格斯全集（第 4 卷）[M]. 北京：人民出版社，1958.

[4] 马克思恩格斯全集（第 16 卷）[M]. 北京：人民出版社，2007.

[5] 马克思恩格斯全集（第 35 卷）[M]. 北京：人民出版社，2013.

[6] 马克思恩格斯全集（第 50 卷）[M]. 北京：人民出版社，1985.

[7] 马克思恩格斯文集（第 1~10 卷）[M]. 北京：人民出版社，2009.

[8] 毛泽东选集（第 1~4 卷）[M]. 北京：人民出版社，1991.

[9] 毛泽东文集（第 1~2 卷）[M]. 北京：人民出版社，1993.

[10] 毛泽东文集（第 3~5 卷）[M]. 北京：人民出版社，1996.

[11] 毛泽东文集（第 6~8 卷）[M]. 北京：人民出版社，1999.

[12] 邓小平文选（第 1~2 卷）[M]. 北京：人民出版社，1994.

[13] 邓小平文选（第 3 卷）[M]. 北京：人民出版社，1993.

[14] 江泽民文选（第 1~3 卷）[M]. 北京：人民出版社，2006.

[15] 胡锦涛文选（第 1~3 卷）[M]. 北京：人民出版社，2016.

[16] 习近平谈治国理政（第一卷）[M]. 北京：外文出版社，2018.

[17] 习近平谈治国理政（第二卷）[M]. 北京：外文出版社，2017.

[18] 习近平谈治国理政（第三卷）[M]. 北京：外文出版社，2020.

[19] 中共中央关于党的百年奋斗重大成就和历史经验的决议 [M]. 北京：人民出版社，2021.

[20] 习近平 . 在庆祝中国共产党成立 100 周年大会上的讲话 [M]. 北京：人民出版社，2021.

[21] 习近平 . 论坚持推动构建人类命运共同体 [M]. 北京：中央文献出版社，2018.

[22] 蔡武 . 中国文化年鉴（2023）[M]. 北京：新华出版社，2013.

[23] 中华人民共和国文化部.中国文化年鉴（2014）[M].北京：新华出版社，2014.

[24] 中华人民共和国文化部.中国文化年鉴（2015）[M].北京：国家图书馆出版社，2016.

[25] 中华人民共和国文化和旅游部.中国文化年鉴（2016）[M].北京：国家图书馆出版社，2017.

[26] [德] 斯宾格勒.西方的没落 [M].江月译.长沙：湖南文艺出版社，2011.

[27] [德] 滕尼斯.共同体与社会 [M].张巍卓译.北京：商务印书馆，2019.

[28] [德] 莱布尼茨.中国近事——为了照亮我们这个时代的历史 [M].[法] 梅谦立，杨保筠译.郑州：大象出版社，2005.

[29] [美] 托夫勒.预测与前提——托夫勒未来对话录 [M].粟旺，胜德，徐复译.北京：国际文化出版公司，1984.

[30] [美] 伯克.文明的冲突：战争与欧洲国家体制的形成 [M].王晋新译.上海：上海三联书店，2006.

[31] [美] 费正清.美国与中国 [M].张理京译.北京：世界知识出版社，1999.

[32] [美] 亨廷顿，哈里森.文化的重要作用：价值观如何影响人类进步 [M].程克雄译.北京：新华出版社，2010.

[33] [美] 亨廷顿.文明的冲突与世界秩序的重建 [M].周琪，刘绯，张立平等译.北京：新华出版社，2009.

[34] [美] 莱西.文明的冲突：东西方文明的第一次交锋 [M].李崇华译.北京：新世界出版社，2016.

[35] [美] 贝内特.跨文化交流的建构与实践 [M].关世杰，何惺译.北京：北京大学出版社，2012.

[36] [美] 麦克尼尔.西方的兴起：人类共同体史 [M].孙岳，陈志坚，于展等译.北京：中信出版社，2015.

[37] [日] 望月清司.马克思历史理论的研究 [M].韩立新译.北京：北京师范大学出版社，2009.

[38] [英] 汤因比，[日] 池田大作.展望 21 世纪：汤因比与池田大作对话录 [M].荀春生等译.北京：国际文化出版公司，1997.

[39] [英] 汤因比.历史研究 [M].郭小凌等译.上海：上海人民出版社，2010.

[40] [英] 鲍曼.共同体 [M].欧阳景根译.南京：江苏人民出版社，2003.

[41] [英] 阿尔布劳.中国在人类命运共同体中的角色：走向全球领导力理论 [M].严忠志译.北京：商务印书馆，2020.

[42] [英] 沃特森.文化多元主义 [M].叶兴艺译.长春：吉林人民出版社，2005.

[43] [英] 伊格尔顿.文化的观念 [M].方杰译.南京：南京大学出版社，2006.

[44] [明] 王守仁 . 王阳明全集・一 [M]. 吴光，钱明，董平等编校 . 上海：上海古籍出版社，2014.

[45] 常士闇 . 异中求和：当代西方多元文化主义政治思想研究 [M]. 北京：人民出版社，2009.

[46] 陈先达 . 文化自信：做理想信念坚定的中国人 [M]. 长春：吉林人民出版社，2017.

[47] 陈先达 . 文化自信中的传统与当代 [M]. 北京：北京师范大学出版社，2017.

[48] 陈正良 . 软实力发展战略视域下的中国国际话语权研究 [M]. 北京：人民出版社，2016.

[49] 戴知贤 . 毛泽东文化思想研究 [M]. 北京：中国人民大学出版社，1992.

[50] 单世联 . 论文化观念与文化生产 [M]. 北京：新星出版社，2014.

[51] 方克立 . 新世纪的文化思考 [M]. 天津：南开大学出版社，2019.

[52] 费孝通，麻国庆 . 美好社会与美美与共：费孝通对现时代的思考 [M]. 北京：生活书店出版有限公司，2019.

[53] 费孝通 . 中国文化的重建 [M]. 上海：华东师范大学出版社，2013.

[54] 费孝通全集（1995-1996）（第 15 卷）[M]. 呼和浩特：内蒙古人民出版社，2009.

[55] 冯天瑜，何晓明，周积明 . 中华文化史 [M]. 上海：上海人民出版社，1990.

[56] 冯天瑜 . 中国人文传统与中西人文精神讲演录 [M]. 长沙：湖南教育出版社，2010.

[57] 冯友兰 . 贞元六书（下）[M]. 北京：中华书局，2014.

[58] 耿化敏，夏璐 . 改革开放 40 年的中国文化 [M]. 北京：中共党史出版社，2018.

[59] 郭晓明 . 中国文化国际传播研究：以中国主题图书国际传播为案例 [M]. 北京：人民出版社，2017.

[60] 国语・郑语 . 上海：上海古籍出版社，2015.

[61] 韩震 . 大国话语 [M]. 北京：人民日报出版社，2017.

[62] 何兆武，柳卸林 . 中国印象（上、下）[M]. 桂林：广西师范大学出版社，2001.

[63] 贺麟 . 文化与人生 [M]. 上海：上海人民出版社，2010.

[64] 胡惠林 . 中国国家文化安全论 [M]. 上海：上海人民出版社，2005.

[65] 季羡林，张培锋 . 季羡林文化沉思录 [M]. 长春：时代文艺出版社，2013.

[66] 季羡林 . 季羡林谈文化 [M]. 北京：人民日报出版社，2011.

[67] 江时学 . 人类命运共同体研究 [M]. 北京：世界知识出版社，2018.

[68] 姜义华 . 世界文明视阈下的中华文明 [M]. 上海：复旦大学出版社，2016.

[69] 姜义华 . 中华文明的经脉 [M]. 北京：商务印书馆，2019.

[70] 金良年 . 论语译注 [M]. 上海：上海古籍出版社，2004.

[71] 靳诺等 . 全球治理的中国担当 [M]. 北京：中国人民大学出版社，2017.

[72] 雷仲康译注 . 庄子 [M]. 上海：书海出版社，2001.

[73] 李丽红 . 多元文化主义 [M]. 杭州：浙江大学出版社，2011.

[74] 梁漱溟 . 东西文化及其哲学 [M]. 北京：商务印书馆，2010.

[75] 梁漱溟 . 中国文化要义 [M]. 上海：学林出版社，1987.

[76] 钱穆 . 从中国历史来看中国民族性及中国文化 [M]. 北京：中华书局，2016.

[77] 苏长和 . 大国治理 [M]. 北京：人民日报出版社，2017.

[78] 王公龙等 . 构建人类命运共同体思想研究 [M]. 北京：人民出版社，2019.

[79] 吴海江等 . 新时代文明交流互鉴思想研究 [M]. 北京：人民出版社，2020.

[80] 叶险明 . 马克思的世界历史理论与现时代 [M]. 北京：清华大学出版社，1995.

（二）期刊

[1] 王毅 . 构建以合作共赢为核心的新型国际关系 [J]. 国际问题研究，2015（3）.

[2] 汤一介 . 读钱穆先生《中国文化对人类未来可有之贡献》[J]. 北京大学学报（哲学社会科学版），1995（4）.

[3] 汤一介 . 走出"中西古今"之争，融会"中西古今"之学 [J]. 学术月刊，2004（7）.

[4] 陈先达 . 论普世价值与价值共识 [J]. 哲学研究，2009（4）.

[5] 韩庆祥，王炳林，郭湛等 . 人类命运共同体与共同价值 [J]. 社会主义核心价值观研究，2017（4）.

[6] 陈锡喜 . "人类命运共同体"视域下中国道路世界意义的再审视 [J]. 毛泽东邓小平理论研究，2017（2）.

[7] 陈曙光 . 中国道路开启现代性文明的新形态 [J]. 江海学刊，2020（3）.

[8] 陈曙光 . 中国话语与话语中国 [J]. 教学与研究，2015（10）.

[9] 陈学明 . 论中国道路对人类文明的历史性贡献 [J]. 上海师范大学学报（哲学社会科学版），2013（3）.

[10] 石云霞 . 关于人类命运共同体与"自由人联合体"的关系问题 [J]. 马克思主义与现实，2020（1）.

[11] 石云霞 . 人类命运共同体与"自由人联合体"关系之思考 [J]. 学校党建与思想教育，2018（17）.

[12] 石云霞 . 习近平人类命运共同体思想科学体系研究 [J]. 中国特色社会主义研究，2018（2）.

[13] 石云霞 . 中国道路的世界逻辑——学习习近平人类命运共同体思想的思考 [J]. 思想理论教育，2018（4）.

[14] 刘同舫 . 构建人类命运共同体对历史唯物主义的原创性贡献 [J]. 中国社会科学，2018（7）.

[15] 刘同舫 . 全球现代性问题与人类命运共同体智慧 [J]. 福建论坛（人文社会科学版），2019（9）.

[16] 刘同舫 . 人类命运共同体对全球治理体系的历史性重构 [J]. 四川大学学报（哲学社会科学版），2020（5）.

[17] 田鹏颖，周鑫 . "共同价值"对"普世价值"的世界历史性镜鉴与超越 [J]. 宁夏社会科学，2019（4）.

[18] 田鹏颖 . 历史唯物主义与"人类命运共同体"[J]. 马克思主义研究，2018（1）.

[19] 巴里·布赞，刘伟华 . 权力、文化、反霸权与国际社会：走向更为地区化的世界秩序？[J]. 世界经济与政治，2010（11）.

[20] 彼得·卡赞斯坦，刘伟华 . 多元多维文明构成的世界 [J]. 世界经济与政治，2010（11）.

[21] 邴正 . 邴正：文明交流互鉴何以可贵 [J]. 红旗文稿，2019（10）.

[22] 蔡拓 . 全球治理与国家治理：当代中国两大战略考量 [J]. 中国社会科学，2016（6）.

[23] 蔡拓 . 世界主义的类型分析 [J]. 国际观察，2018（1）.

[24] 蔡拓 . 世界主义与人类命运共同体的比较分析 [J]. 国际政治研究，2018（6）.

[25] 曹进，杨明托 . 跨文化翻译维护国家文化安全的策略研究 [J]. 国际安全研究，2020（6）.

[26] 曹绿 . 习近平新时代文明交流互鉴观论析 [J]. 宁夏社会科学，2020（6）.

[27] 曹顺庆，张帅东 . 构建人类命运共同体意识下的文明冲突与变异 [J]. 学术界，2019（12）.

[28] 陈功，余泳浩 . "7·5"事件后中国反恐的 10 年：历程、经验与展望 [J]. 新疆社会科学，2019（4）.

[29] 陈炜 . 重思多元文化主义：主张、内在逻辑与局限 [J]. 政治思想史，2020（3）.

[30] 陈鹏 . 构建人类命运共同体对全球价值链的影响探析 [J]. 青海社会科学，2020（1）.

[31] 陈小慰 . 对外宣传翻译中的文化自觉与受众意识 [J]. 中国翻译，2013（2）.

[32] 陈鑫 . "人类命运共同体"国际传播的困境与出路 [J]. 宁夏社会科学，2018（5）.

[33] 陈赟 . 文明论视域中的中西哲学及其会通 [J]. 武汉大学学报（哲学社会科学版），2019（4）.

[34] 陈志敏 . 国家治理、全球治理与世界秩序建构 [J]. 中国社会科学，2016（6）.

[35] 恩佐·科伦波，郭莲 . 多元文化主义：西方社会有关多元文化的争论概述 [J]. 国外理论动态，2017（4）.

[36] 郭树勇 . 人类命运共同体面向的新型国际合作理论 [J]. 世界经济与政治，2020（5）.

[37] 郭湛，桑明旭 . 话语体系的本质属性、发展趋势与内在张力——兼论哲学社会科学话语体系建设的立场和原则 [J]. 中国高校社会科学，2016（3）.

[38] 何星亮 . 文明交流互鉴与人类命运共同体建设 [J]. 人民论坛，2019（21）.

[39] 田兆臣 . 海外中国共产党研究的缘起与价值 [J]. 国外社会科学，2021（2）.

[40] 汪明义 . 大学理应成为构建人类命运共同体的中流砥柱 [J]. 探索与争鸣，2019（9）.

[41] 汪亭友 . "共同价值"不是西方所谓"普世价值"[J]. 红旗文稿，2016（4）.

[42] 王岩，吴媚霞 . 中国式现代化新道路与人类文明新形态的内在逻辑理路 [J]. 思想理论教育，2021（11）.

[43] 王存刚 . 中国外交全球战略环境的新特点与新趋势 [J]. 国际展望，2020（1）.

[44] 吴海江，徐伟轩 . 论习近平文明交流互鉴观的时代内涵 [J]. 社会主义研究，2019（3）.

[45] 吴海江，徐伟轩 . 新时代的文明意义——中国正在开启一种新型文明 [J]. 理论视野，2018（11）.

[46] 吴志成，李佳轩 . 全球信任赤字治理的中国视角 [J]. 政治学研究，2020（6）.

[47] 吴志成 . 全球治理对国家治理的影响 [J]. 中国社会科学，2016（6）.

[48] 项久雨，侯玉环 . 论人类命运共同体文化构建的三重意蕴 [J]. 江淮论坛，2019（5）.

[49] 叶小文 . 人类命运共同体的文化共识 [J]. 新疆师范大学学报（哲学社会科学版），2016（3）.

[50] 张立文 . 和合、和谐与现代意义 [J]. 江汉论坛，2007（2）.

[51] 张立文 . 中国传统和合文化与人类命运共同体 [J]. 中国人民大学学报，2019（3）.

[52] 张立文 . 走向人类命运共同体的新世界 [J]. 人民论坛·学术前沿，2017（12）.

二、英文文献

[1] Torsten Meireis，Gabriele Rippl.Cultural Sustainability：Perspectives from the Humanities and Social Sciences[M].London：Routledge Taylor&Francis Group，2018.

[2] Ed-ward B.Tylor.The Origins of Culture[M].New York：Harper and Row，1958.

[3] Dawson R S.The legacy of China[M].Oxford University Press，1971.

[4] Ibn Khaldun.An Introduction to History[M].Princeton：Princet on University Press，2005.

[5] Jongsuk Chay.Culture and International Relations[M].Praeger，1990.

[6] B.Russell.The Problem of China[M].London：George Allen&Unwin LTD，1960.

[7] Michael J.Mazarr，Timothy R.Heathand，Astrid Stuth Cevallos.China and the International Order[M].RAND，2018.

[8] Pearl S.Buck.China：Past and Present[M].New York：The John Day Company，1972.

[9] Slavoj Zizek，F.W.J. von Schelling.The Abyss of Freedom/Ages of the World（The Body，In Theory：Histories of Cultural Materialism）[M].University of Michigan Press，1997.

[10] Leibniz G，Widmaier R.Leibniz korrespondiert mit China：der Briefwechs-el mit den Jesuitenmissionaren（1689-1714）[M].V.Klostermann，1990.